프랑스 대혁명

La révolution française
by Albert Soboul

팡 세 총 서 3

La Révolution Française

프랑스 대혁명

알베르 소불 지음 | 양영란 옮김

두레

──────────────── | 일러두기 | ────────────────

1. 이 책은 알베르 소불Albert Soboul, 1914~82이 쓴 방대한 프랑스 대혁명사를 압
   축해서 정리한 것으로 평가받고 있다. 사건 중심으로 혁명사를 서술하기보
   다는 사건의 전개를 따르되 그 내용을 중심으로 간결하게 정리한, 다시 말
   하면 '개념적으로' 혁명사를 압축한 책이라는 뜻이다.
2. '지은이 주注'는 본문에 '■'로 표시하고, 본문 아래쪽에 '각주foot note'로 처
   리했다.
3. '옮긴이 주'는 본문 속에서 괄호 안에 설명을 넣은 뒤 '옮긴이'라고 표시했다.
4. '편집자 주'는 본문에 일련번호[1), 2), 3), ……]로 표시하고, 설명은 책의 뒤
   쪽에 '후주後注'로 실었다.
5. '편집자 주'와, 등장인물에 대한 '인물 해설'(인물 해설에 실린 인물들은 본문에
   '*'로 표시), '프랑스 대혁명사 연표'는 독자들이 이 책을 더 깊이 이해하는
   데 도움을 주기 위해 두레출판사 편집부에서 작성했다.
6. 책은 『 』, 잡지나 신문은 《 》, 글이나 논문은 「 」, 노래나 작품은 〈 〉등으
   로 표시했다.
7. 인명과 지명, 간행물 등의 원어는 처음 나올 때만 한글과 병기했다.
8. 이 책에 실린 도판은 원서에는 없는 것으로 두레출판사 편집부가 추가한 것
   이다.

| 머리말 |

프랑스 대혁명의 원인과 특징

프랑스의 역사에서 대혁명은 부르주아 사회와 자본주의 사회의 도래를 알리는 전환점이었다. 이 혁명의 본질적인 특성은 귀족 중심 체제와 특권적인 봉건 질서를 파괴하여 국민을 하나로 통일시켰다는 데에 있다. 토크빌Tocqueville[1]이 『구체제와 대혁명L'Ancien Régime et la Révolution』제2권, 1장에서 말한 바에 따른다면, "도처에 산재해 있는 중세 제도의 잔재를 제거하는 것이 대혁명의 고유한 목표"였다. 대혁명이 갖는 더욱 명확한 역사적 의미는 이 혁명이 궁극적으로 자유민주주의의 확립으로 이어졌다는 사실이다. 이러한 두 가지 관점에 세계사적인 관점을 더해 본다면 프랑스 대혁명은 충분히 부르주아 혁명의 고전적인 본보기로 간주될 만하다.

프랑스 대혁명의 역사는 두 가지 부류의 문제를 제기한다. 우선 일반적인 부류의 문제를 보자. 이 부류에 속하는 문제들은 봉건주의가 근대 자본주의로 이행하는 역사적 법칙과 관련돼 있다. 다음으로는 특수하고 개별적인 부류의 문제들로, 이들은 주로 '앙시앵 레짐 Ancien Régime', 즉 '구체제' 말기의 프랑스 사회가 지녔던 특수한 구조와 관련돼 있으며, 또한 다양한 형태의 부르주아 혁명과 비교할 때 나타나는 프랑스 혁명만의 고유한 특징과 관련이 있다.

여기서 잠시 어휘의 문제를 짚고 넘어갈 필요가 있다. 우리는 이 책에서 자주 사용되는 봉건제도féodalité, 봉건주의féodalisme 같은 용어들에 가해지는 비판적인 견해들을 잘 알고 있다. 조르주 르페브르 Georges Lefebvre는 "봉건주의에서 자본주의로의 이행"에 관한 토론에 대해 언급하면서, 그와 같은 용어들은 적절하지 않다고 주장했다. 그렇다면 대혁명으로 파괴된 사회 경제적 조직, 즉 봉신제封臣制가 여전히 살아남아 공권력을 분할해 가지고 있을 뿐만 아니라, 농민들에게 부역과 현물세 및 화폐로 내는 세금, 그리고 그 밖의 여러 부과금을 강요하면서, 농부들의 초과노동이 낳은 생산물을 영주들이 지속적으로 직접 모두 차지해버리는 이런 특징의 사회 경제적 조직 유형을 무어라고 불러야 하는가?

분명히 봉건제도라는 단어에는 체제의 물질적인 기반까지도 포함하는, 더 광범위한 의미를 부여하는 것이 적절할 것이다. 아무튼 당시 사람들은 이런 의미로 이 말을 이해했다. 하긴 제도에 정통한 법률가들이나 공권력의 분할에 민감했던 철학자들보다는 봉건제도의 무게를 온몸으로 견뎌야 했던 농부들과 그 봉건성을 타파해버린 혁명가들이 그런 의미를 훨씬 뚜렷하게 느꼈을 것이다.

어느 누구보다도 통찰력이 뛰어났던 관찰자 토크빌 또한 봉건제도라는 말을 광범위한 의미로 이해했다. 그는 『구체제와 대혁명』(제1권, 5장)에서, 대혁명은 "이전 사회의 귀족적이며 봉건적인 제도로부터 생겨난 모든 것"을 완전히 파괴했다고 설파했다. 그가 말하는 봉건제도란 따라서 법이라는 제한적인 의미가 아닌 경제적, 사회적, 역사적 개념, 즉 토지 소유라는 특정한 형태의 소유에 토대를 둔 역사적 생산양식, 다시 말해서 근대 자본과 자본주의적 생산양식 이전에 있었던 생산양식을 뜻하는 것으로 이해해야 한다. 이와 같은 의미로서의 봉건제도란 두말할 필요도 없이 그 발전 단계에 따라, 나라나 지방에 따라 각기 다른 다양한 뉘앙스를 풍길 수 있다. 프랑스 대혁명의 역사적 역할은 이렇게 정의된 봉건제도를 타파하여 자본주의 사회로 이행시켰다는 데에서 찾을 수 있다.

■■■■■

- 제한적인 의미의 봉건제도에 관해서는 마르크 블로크Marc Bloch의 명저 『봉건사회』 제1권 『종속관계의 형성』(파리, 1939년)과 『제9회 국제역사학 대회, I』에 게재된 로베르 부트뤼시Robert Boutruche의 「인간 대 인간의 관계 초기」(파리, 1959년)를 참조하라. 봉건주의에서 자본주의로 이행하는 문제와 관련해서는 폴 말러 스위지Paul M. Sweezy, 모리스 허버트 돕Maurice H. Dobb, H. K. 다카나시, 루트 힐튼Root Hilton, 크리스토퍼 힐Christopher Hill이 함께 참여한 『봉건주의에서 자본주의로의 이행: 심포지엄』(런던, 1954년)와 루트 힐튼의 「봉건주의의 보편적인 위기가 있었는가?」(『아날, 경제, 사회, 문명』, 1951년, 1호)와

I. 봉건주의와 자본주의

18세기 말, 프랑스는 본질적으로 아리스토크라시, 즉 귀족과 성직자로 이루어진 특권 계급이 중심이 된 사회 구조를 유지하고 있었다.[2] 이 구조는 발생 당시의 특징, 곧 토지가 사회적 부의 유일한 형태이며, 또한 토지를 소유한 자들이 그것을 경작하는 사람들을 지배할 권리를 가졌던 시대적 배경을 고스란히 간직하고 있었다. 카페Capet 왕조[카페 왕조(987~1382)는 라인 강 남부 지역에서 유래. 메로빙거, 카롤링거 왕조에 이어 프랑스 왕국의 세 번째 왕조였다-옮긴이]는 장기간의 노력 끝에 영주들이 누리던 제왕적인 특권을 몰수했다. 하지만 그래도 영주들은 여전히 상당한 사회적, 경제적 특권을 유지하고 있었다. 그런데 영주의 권력이란 항상 농민들을 예속시키는 데 역점을 두게 마련이다.

　상업의 부활과 수공업 생산의 발전은, 10~11세기 이래로 새로운 형태의 부, 곧 동산動産을 창조했으며, 그로 말미암아 부르주아지라고 하는 새로운 계급의 탄생을 가져왔다. 부르주아지는 14세기부터

■■■■■

줄리오 프로카치Giulio Procacci, 조르주 르페브르, 알베르 소불이 참여한 「역사적인 토론: 봉건주의에서 자본주의로」(《팡세》지, 1956년, 65호), 알베르 소불의 「프랑스 대혁명과 봉건제도, 봉건적 선취제도에 관한 소고」(《르뷔 이스토리크》, 1968년, 487호, 33쪽) 등을 참조할 것.

이미 삼부회Ètats généraux³⁾에 참가할 수 있게 됨으로써 그 중요성을 분명하게 인정받았다. 봉건사회의 틀 안에서 부르주아지는 15~16세기에 이루어진 위대한 발견들과 식민지 경영에 한껏 고무되고, 또한 늘 돈에 궁했던 왕정에 자금을 조달하는 등, 자본주의의 발전 속도에 발맞추어 도약을 거듭했다. 18세기에 들어오면서 부르주아지는 금융과 상업, 산업 등의 분야에서 단연 선두 자리를 차지했으며, 국가 경영에 필요한 인적 자원인 행정가들을 왕정체제에 제공했다. 한편, 귀족 계급은, 나날이 그 역할이 줄어든 건 사실이지만, 그렇다고 해서 사회적 서열의 제일 윗자리마저 내준 건 아니었다.

귀족 계급이 배타적인 폐쇄적 특권 계급으로 경직되어가는 사이에, 부르주아지는 그 수에서는 물론이고 경제력, 문화, 의식 등 모든 면에서 성장해나갔다. 계몽사상이 발전하여 기존 질서의 이념적인 토대가 붕괴되는 동안 부르주아지의 계급의식은 한층 공고해졌다. 진보를 믿고, 새롭게 떠오르는 계급이라는 긍정적인 의식으로 무장한 부르주아지는 대다수 국민들의 보편적인 이익을 대변하면서 국가적 임무를 수행한다는 확신에 차 있었다. 또한, 진보적인 계급인 부르주아지는 대다수 민중은 물론 반기를 든 귀족들까지 끌어들이는 막강한 흡인력을 발휘했다. 그러나 사회 경제적 현실이 가져다준 부르주아지의 야심은 귀족 중심의 법과 제도에 가로막혀 충돌할 수밖에 없었다.

이러한 특성은 프랑스에서만 나타난 현상이 아니었다. 봉건사회

봉건제를 풍자한 그림으로, 민중의 등에 올라탄 왕과 귀족을 비판하고 있다.

의 틀 속에서였지만, 유럽 전역에서 귀족 세력이 쇠퇴하는 것과는 반대로 부르주아지는 빠르게 상승해갔다. 그렇다고는 하나, 자본주의 경제의 발달은 유럽 각국에서 매우 다양한 양상으로 전개되었다. 다시 말해서, 이러한 특성은 17세기에 이미 부르주아지 혁명을 이루어낸 네덜란드나 영국으로부터, 부르주아지가 별다른 영향력을 갖지 못한 채 소수 집단으로 남아 있던 중부 유럽과 동유럽의 거대 왕정국가에 이르기까지, 매우 다양한 형태로 나타났다.

18세기 후반 프랑스의 경우, 부르주아지 권력의 토대가 되었던 자본주의 경제의 도약은 봉건적인 사회의 틀 때문에, 소유, 생산, 교환 등 제반 분야에서의 전통적인 조직과 규제 때문에 억제되고 있었다. "이 같은 족쇄들은 타파돼야 했으며, 따라서 타파되었다"고, 『공산당선언Manifeste du Parti Communiste』의 저자들은 썼다. 봉건주의에서 자본주의로 넘어갈 때의 문제는 이런 것이었다. 당시 가장 선견지명이 있다고 인정받던 사람들이 이 문제를 그냥 지나칠 리 없었다. 혁명을 주도했던 부르주아지는, 텐Taine이 원했던 것처럼 추상적인 이상주의에 경도되는 대신, 경제 현실에 대해 명확한 의식을 갖고 있었으며, 이 확고한 경제 의식이야말로 부르주아지의 힘이었고, 부르주아지를 승리로 이끈 견인차였다.

바르나브Antoine Barnave*는, 마르크스보다 무려 반세기나 앞서서, 최초로 부르주아 혁명 이론을 정립한 사람이다. 산업 활동이 왕성하게 벌어지던 도피네 지방에 살았던 덕분에 바르나브는 산업 소유권

앙투안 바르나브.

이 그 소유권을 쥐고 있는 계급의 정치적 지배권으로 이어진다는 사실을 몸소 체험할 수 있었다. 제조업 감독관 롤랑Roland* 이 1785년에 쓴 보고서대로라면, 산업 활동은 활동에 참여하는 기업들의 다양성과 한 곳으로 집중되는 밀집성, 그리고 많은 생산량 등으로 인해 도피네 지방을 프랑스 왕국 전체에서 가장 으뜸가는 산업화 지방으로 만들었다고 한다. 바르나브는 1792년에 썼지만 1843년에야 간행된 그의 저서 『프랑스 대혁명 서설Introduction à la Révolution française』에서, 소유권, 즉 사유재산이 제도에 영향을 미친다는 점을 전제로 한 다음, 토지를 가진 귀족에 의해 생겨난 제도들은 새로운 사회의 출현에 제약을 가하고 이를 저지한다고 단언했다. "귀족의 지배는 농업에 종사하는 민중이 기술을 알지 못하거나 무시하는 한 지속되며, 따라서 토지 소유만이 유일한 부로 간주된다……." "기술과 상업이 민중peuple의 삶 속을 파고들어 노동자 계급을 돕는 새로운 부의 수단이 되는 순간, 정치적 법률 속엔 혁명이 준비된다. 부의 새로운 분배는 권력의 새로운 분배를 준비한다. 토지를 소유하는 것이 귀족 계급을 상승시킨 것과 마찬가지로, 산업을 소유하는 것은 민중의 권력을 증대시킨다. 그리고 민중은 자유를 획득한다……."

그런데 여기서 바르나브의 민중이란 부르주아지를 뜻한다는 점을 상기할 필요가 있다. 이처럼 정치 제도와 경제적 움직임 사이의 대응관계를 명확히 밝힌 바르나브는 여기에 정신의 움직임까지 첨가했다. "기술, 산업, 그리고 상업이 민중이라고 하는 노동자 계급에게 부를 가져다줌에 따라, 대토지 소유주들은 점점 가난해지며, 따라서 재산에 의해 계급 간의 간격이 좁혀지게 되면, 교육의 진보는 계급 간의 간격을 줄여주고, 오래도록 잊혀왔던 평등이라는 근원적인 사고를 일깨워준다."

부르주아지는 귀족과의 평등과 더불어 자유를 요구했다. 정치적 자유는 물론이고, 이보다도 경제적 자유, 그러니까 기업을 경영하며 이윤을 창출할 수 있는 자유를 한층 절실하게 갈망했다는 말이다. 자본주의는 필연적으로 자유를 요구하는데, 발전하기 위해서는 반드시 자유가 필요하기 때문이다. 다시 말해서 임금노동의 조건이라고 할 수 있는 신체의 자유, 재산을 이동시킬 수 있는 조건인 재산의 자유liberté des biens, 과학 기술 연구와 발견을 위해 필요한 조건인 정신의 자유 등, 그야말로 모든 형태의 자유가 필요하기 때문이었다.

부르주아 혁명의 뿌리 깊은 원인을 봉건제도의 잔재에서 찾아야 한다는 것, 새로운 생산과 교환 수단의 발전에 걸림돌이 되는 낡은 사회의 모순에서 찾아야 한다는 것은 이미 16세기 말의 네덜란드 혁명과 17세기의 영국 혁명에서 여실하게 드러난 바 있다. 하지만 이러한 양상이 프랑스 대혁명의 모든 특성을 설명해주지는 못한다. 프

왕족의 이미지는 점점 저주스러운 짐승으로 비유되어 우롱의 대상이 되었다. 왕은 우둔한 대식가로, 왕비는 기가 세고 악덕으로 가득 찬 권력의 화신으로 그려졌다. 뿔 달린 짐승으로 묘사된 왕(위)과 돼지로 그려진 왕(아래).

랑스 대혁명은 그 격렬함으로 말미암아 부르주아지를 권좌에 올려
놓은 계급투쟁 가운데 가장 주목할 만한 사건이었던 만큼, 그 원인
은 앙시앵 레짐하의 프랑스 사회가 지닌 특성 속에서 찾아야만 하는
것이다.

II. 구조와 경제 동향

1. 사회적 대립

프랑스의 특권 계급(즉, 귀족과 고위 성직자. 그러나 성직자 신분은 사회
적으로 하나의 일체성을 이루고 있지 못했다)[4]은 사회적, 정치적으로 이
중의 문제를 안고 있었다.

　우선 사회적 측면에서 볼 때, 우리는 프랑스의 귀족이 특권 계급
내에서 갖고 있던 서열상의 미묘한 차이나 대립에 대해 주목하기보
다는 그것이 가진 (계급적) 동질성이나 특수성에 대해 더 주목할 필
요가 있다. 프랑스의 귀족과는 달리, 세제상의 특혜나 귀족으로서의
특권 상실 *préjugé de dérogeans*(귀족의 품위에 어긋나는 행위를 했을 때 귀족
의 특권을 박탈하는 것을 가리킨다. 예를 들어, 해상무역이나 도매상이 아
닌 일반 소매상인, 수공업, 집달리, 공증인 등은 귀족이 종사해서는 안 되

는 업종이었다. 귀족은 자기 손으로 직접 일을 하거나 일정 면적 이상의 땅을 직접 경작해서도 안 되었다. 이럴 경우 특권을 박탈당한 귀족은 평민 대접을 받았다 – 옮긴이) 같은 것을 알지 못했던 영국의 귀족과 비교해보면 그것이 확연하게 드러난다.

　의문의 여지 없이 프랑스 귀족이 전적으로 동질적이었던 것은 아니다. 역사의 추이에 따라 귀족이라는 신분 안에도 차별적인 요소들이 도입되었기 때문이다. 가령, 전통적인 대검 귀족帶劍 貴族, noblesse d'épée[5]과 후천적으로 획득된 법복 귀족法服 貴族, noblesse de robe,[6] 궁정 귀족과 지방 귀족 등은 모두 본래 혈통에 따른 귀족이라는 점에서는 다를 바 없지만, 생활양식에서는 무시할 수 없는 차이를 보였던 것이다.

　분명 18세기에도 돈은 부르주아지뿐만 아니라 귀족에게도 중요한 요소로 작용했으며, 이로 인해서 귀족의 서열마저 해체되는 경향이 나타났다. 귀족은, 비록 대검 귀족이라고 할지라도, 가난하면 아무것도 아닌 별 볼 일 없는 존재로 전락했다. 따라서 귀족 신분을 유지하거나 획득하기 위해서는 부자여야 했으며, 서열을 유지하기 위해서도 역시 부자여야 했다. 상층부에 속하는 귀족들 가운데서는 돈과 기업가 정신, 풍습이나 사고 등으로 미루어 부르주아지에 가깝다고 판단되는 일부 소수 귀족들이 떨어져 나가기도 했다. 하지만 고집스럽게도 기존의 특혜와 전통적인 사고방식에 집착하는 대다수 귀족들은 이러한 물갈이와는 무관했다.

LA POULLE D'AUTRYCHE

반反라파예트파가 그린 것으로 보이는 그림이다. 라파예트와 왕비가 새가 되어 정사하는 모습(위)
과, 표범으로 그려진 왕비와 오스트리아의 암탉으로 그려진 마리 앙투아네트(아래).

귀족의 배타주의가 18세기에 들어와서 처음 그 모습을 드러냈다고는 할 수 없지만, 구체제 말기에 눈에 띄게 강화된 건 확실하다. 군대(이 문제와 관련해서 가장 유명한 정책은 1781년에 발표된 칙령이다),[7] 교회(1789년 당시 주교란 주교는 모두 귀족이었다), 그리고 고위 행정직은 어떤 방식으로든 모두 평민에게는 문호를 닫아버렸다. 시에예스 Emmanuel-Joseph Sièyes*가 그의 소책자 『제3신분은 무엇인가?』에서 지적했듯이, "정책을 집행하는 권력의 모든 분야는 교회, 법法, 검劍을 제공하는 신분의 손아귀 속으로 들어갔다. 귀족들 사이에서는 일종의 동업자 정신이 작용하여, 귀족이 귀족만을 편애하는 기류가 형성되었다. 이로 인해 부당한 권력 찬탈이 모든 분야에서 철저하게 이루어졌다. 그야말로 귀족들이 통치하는 시대였다."

검과 법, 그리고 뒤늦게 여기에 합류한 금융은 이해관계로 인한 연대감 때문에 신속하게 융합되어갔다. 출신의 다양성과 차이는 공동으로 누리는 특혜가 확장되어가는 과정에서 재빨리 사라져갔다. 지방 소귀족의 경우엔 그들이 갖고 있던 조건에 한층 더 강력한 집착을 보였다. 그들에게는 그야말로 생존이 달린 문제였기 때문이다. 영주의 기득권을 포기하라거나, 세금만 내라고 해도 이들은 파산으로 내몰렸을 것이다. 귀족의 특권 상실에 관한 전례前例는 장자(맏아들)가 아닌 아들들을 궁핍으로 내몰았다. 장자 상속권 때문에, 가문의 이름을 물려받은 자만이 재산을 차지할 수 있었기 때문이다. 알베르 마티에Albert Mathiez[8]의 표현을 따르면, 일부 지방에서는 진짜

'평민 같은 귀족'이 어떤 타협도 거부하면서 전통을 고수하며 살아가고 있었다.

에마뉘엘 조제프 시에예스.

한 나라에서 "귀족의 신분을 어느 위치에 놓아야 하는가?"라고 시에예스는 물었다. 모든 신분 가운데서도 가장 잘못된 신분은 "모든 것이 움직여 변화하는데도 하나의 계급 전체가 부동의 태도를 고집하는 것을 명예로 삼으며, 생산에는 전혀 도움을 주지 않으면서 생산품 가운데 가장 좋은 부분을 소비하는 계급일 것이다. 그런 계급은 의심할 여지 없이 그 무위도식 때문에 그 나라 전체에서 이방인이나 다름없다고 해야 할 것이다." 특권의 존재가 문제될 때, '왕국의 첫째가는 귀족'인 왕은 체념한 채 '자신의 충직한 귀족들'을 버릴 수 있을까? 군주제에서는, 귀족체제에서도 마찬가지지만, 반동反動, 반혁명만이 유일한 탈출구였다.

이번엔 정치적인 문제를 살펴보자. 귀족 계급은 18세기에 들어오면서 절대왕정체제를 집요하게 잠식해 들어갔다. 부르주아적 사고의 발전과 계몽주의 철학의 대두에 힘입어, 이 세기엔 불랭빌리에Henri de Boulainvilliers, 몽테스키외Montesquieu,[9] 르 페지Le Paige 등의 예에서 볼 수 있듯이 귀족 이데올로기에 반대되는 움직임이 일어났다. 프랑

Voila un grand miracle, cette fois ci, la justice est du côté du plus fort,
le courage remettra les choses dans l'ordre de l'équité,
et les droits du plus utile seront mieux balancé.

신분 간의 싸움을 시소 게임으로 풍자한 그림. 왼쪽이 민중, 오른쪽이 성직자와 귀족이다.

스의 귀족이란 본래 게르만 정복자들 출신으로서, 무기세武器稅를 지불하고 로마 제국의 속국 상태에 놓인 갈로-로맹 지역의 영주 자리를 차지했던 사람들인데, 이를 고려해보면 봉건제도는 정복을 통해 정당화되었다고 볼 수 있다. 귀족제는 군주제보다 앞선 제도로, 귀족제하에서 왕은 세습되는 것이 아니라 선출되었다. 귀족 계급은, 이처럼 유서 깊은 이데올로기를 무기로, 종심終審재판소, 지방 삼부회, 성직자 회의 등으로 이루어진 배타적인 성채 속에 굳건히 뿌리내린 채, 고등법원의 칙령기록권, 건의권 등을 유용 내지 남용하면서, 대검 귀족, 법복 귀족 할 것 없이 모두 18세기 내내 왕권에 도전했다. 법원과 삼부회는 입으로는 납세자를 보호한다는 그럴 듯한 명분을 앞세웠지만, 세제개혁 시도를 모조리 거부하면서 궁극적으로는 자기들의 특권을 지키는 데에만 급급했다.

모포Maupeou는 1771년에 사법 과두제司法 寡頭制, l'origarchie judiciaire를 타파했다. 그런데 루이 16세Louis XVI*가 즉위하면서 타파되었던 사법 과두제를 부활시켜 이를 자신의 권한 아래에 두었다. 이것이 계기가 되어 튀르고Turgot는 실각했다. 그 이후로 중앙 권력에 대항하기 위해 의기투합한 대검 귀족, 법복 귀족들이 자유의 이름으로 벌이는 (왕권에 대한) 공격이 만연하게 되었으며, 고등법원과 지방 삼부회는 이들을 지지했다.

귀족의 이러한 반대는 알베르 마티에가 "특권 계급의 반란"이라고 이름 붙이고, 조르주 르페브르[10]는 "귀족 혁명(1787~1788)"이라고 부른 사건에 이르러 그 절정에 도달했다. "귀족들은 혁명을 시작했고, 평민들은 그 혁명을 완성시켰다"고 샤토브리앙Chateaubriand은 썼다. 1787년 2월 22일에 소집된 명사회Assemblée des Notables[11]에서부터 1788년 9월 23일 파리 고등법원의 결정(8월 8일 자문회의 결과에 따라 1789년 5월 1일에 소집된 삼부회는, 1614년과 마찬가지로, 세 가지 신분의 대표들이 각각 같은 수만큼 모여서 따로 투표하기로 했다)이 있기까지, 칼론Calonne과 그의 후계자 로메니 드 브리엔Loménie de Brienne이 제안한 개혁안은 명사회의 저항과, 그 뒤로 이어진 귀족원Cour des Pairs과 지방 고등법원의 반발로 번번이 저지되었다. 왕권에 대항해서 자신들의 의지를 관철시킨 귀족들은 의기양양했다.

그런데 "귀족 혁명"이라니? 이 표현은 상당히 모호해 보인다. 귀족들은 과연 입헌제와 삼부회에서 통과되는 세금을 받아들이고, 지방 삼부회에 대한 행정권을 포기하려 했을까(귀족제의 구조를 유지함으로써 귀족은 삼부회와 지방 삼부회를 지배할 수 있었다)? 그리고 개인의 자유에 대해 진정 어린 관심을 보였던 것일까? 그러기는커녕 귀족은 세제상의 평등을 인정하려 들지 않았으며, 영주의 권한을 유지하는 데에는 만장일치로 찬성이었다. 거기에는 의심할 여지가 조금도 없었다. 귀족은 자신들의 정치적 지배권을 다시 확립하고 과거에 누리던 사회적 특권을 되찾기 위해 절대왕권을 상대로 투쟁을 벌였다. 귀족들은 (혁명에 맞서) 반혁명 운동을 벌일 때까지 이 투쟁을 끈질기게 계속했다.

이 '중간 과정'에 대한 문제의식이 최근 다시 부상하고 있는데, 그러나 초점은 이 중간 과정에 해당되는 시기의 사회적 제반 요소들이 아니라 군주제가 과연 개혁할 의지가 있었느냐의 여부에 맞추어져 있는 듯하다.[*] 개혁은 칼론이 제안하고 브리엔에 의해 다시금 탄력을 받은 조세 개혁은 물론, 금융과 상업에 관련된 중앙 행정에서 군사 개혁에 이르기까지, 그리고 지방 의회의 개혁에서 사법 개혁, 비기독교 신자들의 호적 문제에 이르기까지 그 내용이 다양했다. 로메

■■■■■

* 장 에그레(Jean Egret)의 『전기 프랑스 대혁명, 1787~1788』(파리, 1962년).

니 드 브리엔과 그의 협력자들은 용감하게도 이미 사형선고를 받은 거나 다름없는 체제의 혁신을 시도했던 것이다. 그런데 과연 그들에게 이처럼 광범위한 사회적 요소들을 변화시킬 역량이 있었던가?

특권층의 대다수는 희생을 감수할 준비가 전혀 되어 있지 않았다. 비록 제한적이고 부분적이라 하더라도, 개혁은 그들의 이익을 침해하고, 그들이 누리는 특권을 위협하는 것이었다. 영주의 재판권이 부당하다는 비난을 받았다고 해도 봉건적 권리에 손을 댄다는 것은 절대로 용납할 수 없었다. 군사 개혁이라고 해 봐야 궁정 귀족의 특권을 계속 존중해주었으므로, 평민은 여전히 장교가 될 수 없었다. 귀족의 환심을 사기 위해서 지방 장관의 권한은 지방 의회로 분산되었다. 하지만 (의회 내에서의) 계급 구분은 계속 유지되었으며, 의회의 의장직은 특권층에게만 허락되었다.

귀족과 성직자는 세제상의 특혜를 일부 상실하긴 했으나 사회적 우월성은 그대로 유지했으며, 성직자는 특히 전통적인 행정적 자율성을 보장받았다. 요컨대, 개혁이라고 해봐야 구체제를 지탱해오던 귀족제의 구조 자체를 근본적으로 문제 삼지는 않았던 것이다. 그러니 부르주아 혁명의 서곡에 해당한다고 볼 수 있는 이 시기를 가리켜 과연 '전기前期 혁명'이라고 해도 좋을 것인가? 그러므로 이 '중간 과정'에서의 방점傍點은 개혁을 하기 위한 시도보다는 개가를 올린 귀족들의 저항에 찍혀져야 할 것으로 보인다. 하지만 귀족들은 왕권을 약화시킴으로써 그것이 자신들이 누리는 특권의 가장 자연스럽고 믿을 만한 보호자를 파멸로 몰아가는 것임을 알아차리지 못했다. 귀족의 반란은 제3신분에게 길을 열어주었던 것이다.

***

제3신분은, 모든 서열을 전부 뭉뚱그려서, 평민이란 평민을 모두 포함하고 있었다. 시에예스에 의하면, 이 신분은 전체 국민의 96퍼센트에 해당되었다.[12] 제3신분이라고 하는 법적 총체 내부에는 따라서 매우 다양한 사회적 요소들이 포진해 있으며, 이들 각자의 특수한 입장과 행동이 혁명의 흐름을 다양화시켰다.

부르주아지가 혁명을 주도했음은 오늘날에 와서는 너무도 명백한 사실로 받아들여지고 있다. 그렇더라도 18세기 프랑스 사회에서 부르주아지가 아직 동질적인 계급을 이루지 못하고 있었다는 문제는 그대로 남는다. 일부 분파는, 정도가 다르긴 하지만, 지배 계급이 누리는 특혜에 참여함으로써, 구체제에 편입되어 있었다. 가령, 토지 자산에 참여하고 영주로부터 인정받은 권리를 이용한다거나, 국가 기구에 소속되거나, 전통적인 형태의 금융과 경제에 관련된 책임을 맡아 특권을 누렸던 것이다. 이들 구체제에 편입되어 있던 부르주아지 분파들은 각기 정도는 다르지만, 어쨌거나 대혁명으로 고통을 받았다.

상업과 산업 분야에서 활동한 상층의 대부르주아지에 대해선, 이들이 구체제 사회와 대혁명 시기에 어떤 역할을 맡았는지 정확하게 알아볼 필요가 있다. 이 무렵의 자본주의는 본질적으로 상업적인 것에 머물러 있었다. 그것은 생산에서 상당히 중요한 분야를 지배했는데, 도매상인 겸 제조업자들이 일꾼들에게 일감을 주어 가내 작업장에서 일을 시키는 것이었다. 그곳이 도시든 농촌이든 상관이 없었다. 역사적으로 볼 때 과도기적인 것이었다고는 하나, 상업자본주의는 본질적으로 자신의 모태가 되는 구식 생산체제, 구식 교환체제에 혁명을 가져다주지는 않았다. 상업자본주의와 밀접한 관계를 맺고 있던 부르주아지 분파는 초반부에 일찌감치 혁명이 아닌 타협적 해결을 지지한다고 표명했다. 이런 관점에서 본다면, 왕당파로부터 푀이양파Feuillants,[13] 그리고 지롱드파Girondins[14]에 이르는 움직임에는 일련의 연속성이 있음을 강조해야 하지 않을까? 왕당파의 대변인인 무니에Mounier*는 후에 경험이 주는 교훈을 따르고, 무모한 혁신에는 반대하며, 기존 정부 형태는 유지하면서 자유를 유지하기 위해 필요한 수정을 가하도록 요구하는 것이 자신의 목표였다고 기록했다.

한편, 항구 지역과 식민지 상업을 담당하는 부르주아지와 밀접하게 연결되어 있던 지롱드파로 말하자면, 이나르Maximin Isnard의 예가 이들의 사회적, 정치적 입장을 가장 잘 보여준다고 할 수 있다. 국민공회Convention nationale에서 바르 지방을 대표하는 의원이자 1793년 5월 25일 파리를 성토하기 위해 내지른 반어법적인 웅변("머지않아 우리는 센 강변에서 파리라는 도시가 존재했던 자리를 찾게 될 것이다……." 프랑스 전체의 이름으로 파리를 멸망시켜버리겠다, 그러니 파리라는 도시는 없어지고, 왕년에 그 도시가 있었던 자리가 어디였는지 찾아보게 된다는 뜻 – 옮긴이)으로 유명한 이나르는 향수를 전문적으로 취급하는 도매상이자 곡물 수입업자, 비누 제조 공장, 명주 제사 공장의 소유주였다. 그는 산업 활동이 상업자본주의에 예속되어 있었음을 보여주는 의미심장한 예로서, 전통적인 생산관계를 바꾸어놓지는 못했다는 것을 보여주는 것이다. 다시 말해서 사회적, 경제적 관점에서 볼 때, 산업l'industrie은 하위의 열등한 상태에 머물러 있었음을 보여주는 것이다.

중위층 또는 하층 부르주아지라고 하는 거대한 계층의 존재는 프랑스 사회의 중요한 특성들 중의 하나로 꼽을 수 있다. 지역 생산의 가장 중요한 부분은 장인匠人들수공업자, 즉 독립생산자이며 직거래 상인들이기도 한 이들이 담당했다. 하지만 수공업 분야엔 법적 지위나 사회적 위상에서 아주 많은 다양성이 공존하고 있었다. 평균적 부르주아지라고 규정할 수 있는 사람들에서부터 맨손으로 일하는 하층민까지, 너무도 다양한 부류를 전부 아우르고 있었기 때문이다. 파리의 6개 상인집단Six Corps처럼 몇몇 직업은 특별대우를 받았으며, 여기에 속한 사람들은 명사 취급을 받았다. 사람들은 로베스피에르Robespierre*를 가르친 '목수'(여기서 목수는 목공을 사업으로 하는 기업가를 일컫는다) 뒤플레Duplay의 딸이며 국민공회 의원인 르바Lebas*의 부인이었던 여인이 자기 아버지에 대해 한 이야기를 자주 인용하곤

무장한 상-퀼로트 남녀.

한다. 즉 부르주아지로서의 자존심이 강했던 르바 부인의 아버지는 '하인들', 다시 말해서 그의 목공소에서 일하는 노동자들과는 절대로 같은 식탁에서 식사하지 않았다는 것이다.

이처럼 자코뱅Jacobin파[15]와 엄밀한 의미에서의 서민 계급이라고 할 수 있는 중하층 부르주아지로 구성된 상-퀼로트Sans-Culottes[16] 사이에는 엄청난 간극이 있었음을 알 수 있다. 그러나 정확하게 어느 지점에서 이들이 확연하게 갈라지는지는 알기 어렵다. 귀족이 지배하던 구체제 사회에서는 제3신분이라는 일반적인 용어로 뭉뚱그려 집계되는 신분 내부의 사회적 범주들이 명확하게 구분되지 않았다. 수공업 생산과 소매상인을 통한 교환 체제는 평민층이 점진적으로 부르주아지로 이행하는 것을 도왔다.[17] 직공(직인)compagnon은 장인匠人과 함께 작업하고 함께 생활하면서 그의 사고방식과 물질적인 삶을 공유했다.

장인과 기업가 사이에는 무수히 많은 단계가 있었으며, 한 단계에서 다음 단계로 넘어가는 과정은 점진적으로 이루어졌다. 가장 높은 단계에서는 거의 눈에 보이지 않는 변화가 급격한 변동을 가져왔다. 중산층의 가장 높은 수준, 그러니까 진정한 의미에서의 부르주아지와 경계를 이루는 단계에서는, 기업의 중요성, 자유업과의 다소간의 유사성, 개별적인 특혜 또는 특별한 규제 같은 요인들에 의해서 서점, 인쇄업자, 약사, 우체국장, 몇몇 대기업들이 별도로 분리되었다. 이들 자신은 소매상인과 직공들을 경멸하면서, 엄밀한 의미의 부르주아지가 자신들에게 그와 같은 태도를 취하는 것에 대해서는 몹시 불쾌하게 여겼다.

사회적 지위의 중간 단계에 속하는 이들은 이렇듯 애매모호한 상태에서 비롯되는 모순들을 감수해야 했다. 장인들은 그들이 놓여 있는 여러 조건으로 보아, 그리고 많은 경우 비참한 생활수준으로 보아 평민 계급에 속해 있었지만, 그럼에도 각기 자신들의 점포와 작업 도구들을 소유하고 있었다. 그뿐만 아니라, 휘하에 직공(인)들과 수(견)습공apprentis들을 거느리고 있는 관계로, 이들은 부르주아지의 사고방식을 지니고 있었다. 하지만 소규모 생산체제에 속하며 생산품을 직접 판매한다는 점에서 상업에 종사하는 부르주아나 상업

자본과는 대립 관계에 있었다. 장인들은 대규모 공장과의 경쟁이 그들을 위협한다고 느꼈으며, 자신들이 도매상인-제조업자들을 위해 일하면서 임금노동자 처지로 전락하게 되는 것을 무엇보다도 두려워했다.

이 때문에 민중 운동의 기틀을 형성한 장인들과 소매상인들 중에도 서로 모순되는 요구 사항을 내세우는 경우가 빈번했다. 이들은 대규모 상공업자들에게 집중된 사유재산에 대항했는데, 그러나 따지고 보면 이들 역시 재산을 소유한 사람들이었다. 이들은 또 농작물과 원료에는 세금을 매길 것을 요구하면서, 자신들이 창출하는 이윤의 자유는 유지하고자 했다. 이 부류에 속하는 장인들과 소매상인들의 요구는 격앙된 불만, 반란 충동 등으로 발전되었는데, 이는 구체제 사회 타파 작업을 벌이는 데에 더할 나위 없는 효과를 가져왔다. 하지만 이들의 요구는 결코 일관성 있는 프로그램(계획)으로 나타나지는 못했다.

엄밀한 의미의 하층민에 속하는 부류에서는 계급의식이 결여되어 있었다. 임금노동자들은 수많은 소규모 작업장에 분산되어 있었으며, 당시만 해도 지극히 제한되어 있던 기술 발달의 혜택을 받지 못해 전문성도 부족하고, 대규모 사업장이나 산업 지구에 밀집되어 있지도 않았다. 농민층과의 차별성도 확실하지 않았다. 그들은 장인들과 마찬가지로 자신들의 비참한 삶에 효과적인 처방을 내놓을 만한 역량을 갖추지 못하고 있었다. 동업조합의 미미함이 이를 입증한다.

귀족을 향한 증오심, '뚱보들'과 부자들에 대한 뼈에 사무친 반감만이 노동자 대다수를 결집시키는 요인이었다.

흉년이 들 때면, 또 흉년이 낳은 당연한 결과로 경제 위기가 찾아오게 되면, 이들은 세력을 형성하여 소요 사태를 일으켰다. 뚜렷한 정체성을 가진 하나의 계급으로서가 아니라, 수공업의 동업자로서, 부르주아지의 뒤에 섰던 것이다. 이렇게 함으로써 이들은 구체제 사회에 효과적으로 타격을 가할 수 있었다. 하지만 이들 대다수 인민들의 승리는 '부르주아지의 승리'가 될 수밖에 없었다. 부르주아지는 귀족에게 대항하기 위해서만 이들과의 연합을 받아들였으며, 이들은 부르주아지에게 예속된 상태였다. 만일 그렇지 않았다면, 부르주아지는, 19세기의 독일에서 그러했고, 이보다 정도는 약하지만 이탈리아에서도 그랬던 것처럼, 조심해야 할 무서운 동반자로 판단되던 이들의 도움을 거절했을 것이다.

농민들도[18] 프랑스 대혁명에서 매우 중요한 역할을 했는데, 이 점은 프랑스 대혁명이 지니는 상당히 독특한 특성 중의 하나로 꼽힌다. 1789년이라는 시점을 놓고 볼 때, 농민은 대부분 이미 오래전부터 자유인의 상태에 있었다. 농노 신분은 니베르네와 프랑시-콩테 등의 일부 지역에만 남아 있었다. 그렇다고 해서 농촌에서 봉건적 생산관계가 지배적이 아니었다는 말은 아니다. 영주에게 바치는 부과조賦課租, redevances seigneuriales나 성직자에게 바치는 십일조十一租, dimes가 이

18세기의 프랑스 농민들 모습.

를 증명해준다.

원래의 목적에서 변질되어 일종의 현물세로 둔갑하여 온갖 폐해를 일으킨 십일조는 농민들을 견딜 수 없게 만들었는데, 특히 물가가 오르면 성직자들은 더욱더 많은 이익을 거두었다. 십일조는 흉년이나 춘궁기 같은 때에도 식량 부족에 허덕이는 농민들의 사정에는 아랑곳없이 꼬박꼬박 징수되었다. 십일조와 비교해볼 때, 비슷하게 과중한 세율로 징수되던 부과조로 인한 불만 역시 더하면 더했지 결코 덜하지 않았다. 일부 역사학자들은 구체제 말엽에 통용되던 봉건제도의 무게를 최소화하려는 경향을 보인다. 토크빌은 그런 사람들을 염두에 두고 미리 선수를 쳤다. 그는 자신의 저서 『구체제와 대혁명』에서 "봉건적인 권리들이 다른 곳에서보다 유독 프랑스에서 평민들에게 훨씬 가혹했던 이유"가 무엇이었는지를 묻고, 다음과 같이 대답했다. "농민이 토지를 소유하지 않았더라면, 적어도 봉건체제가 토지 소유에 대해 부과하는 부담금으로 인한 고통만큼은 덜어졌을 것이다."

이쯤에서 엄밀하게 법률적인 관점에서 봉건적인 것과 영주에 속한 것을 구별해야 할 필요가 있다. 봉건적 권리란 봉토封土, le fief의 계약에서 온 것이다. 봉토에 중대한 변동이 있을 때마다 봉신과 영주 사이에는 주종관계를 인정하는 서약l'aveu, 통계 조사le dénombrement, 세금의 징수 등과 같은 약정이 있었는데, 이를 통해 봉토에는 여러 등급이 있었음을 알 수 있다. 평민들이 봉토를 획득하게 되는 경우 (남프랑스 지역에서는 이런 일이 드물지 않았다), 이들은 '자유 보유지le franc-fief 세금'[19]이라고 하는 특별한 부과조를 물어야만 했다.

한편, 영주세領主稅는 중세 시대에 영주들이 행사하던 주권 souveraineté에서 그 근거를 찾을 수 있다. 영주가 누리던 권위 중에서 사법권[20]의 일부가 살아남아 있었는데, 이는 상급, 하급을 막론하고 영주제의 본질적인 특성을 이루는 것이었다. 영주의 사회적 우월성을 상징해주는 명예권(명예상의 특권)을 비롯해 수렵 독점권, 시설 사용료 징수권 등도 그러했다. 영주의 권리 중에는 부역을 과하거나 부과조를 물리는 것처럼 (사람에 대해 부과하는) 인두세personnel에 해당되는 것과 사람이 아닌 토지에 대해 부과하는 지대처럼 물권物權,

réel에 해당되는 것들이 있었다.

　토지에 대해 부과하는 영주권領主權을 가리켜 영주의 '영대임대권永代賃貸權, la propriété éminente(당시에는 '직접적인la directe'이라는 용어를 사용했다)'이라고도 했는데, 농민은 주로 '토지 이용권la propriété utile' 즉 '종속지 사용권'[21]만을 인정받았다. 물권을 살펴보면, 매년 정기적으로 내야 하는 것이 있었는데, 돈으로 내는 토지세를 정액지대cens 또는 지대rente라고 했으며, 정기적으로 현물로 내는 것을 북부에서는 샹파르champart나 테라주terrage라 했고, 남부에서는 아그리에agrier라고 했다. 수시로 징수하는 것들casuels도 있었는데, 토지의 이전에 따르는 재산취득세lods et ventes 같은 것들이다. 이상이 법률가들은 봉건적 복합체complexum feudale라고 말하고, 평범한 일상 용어로는 봉건제도라고 말하는 현상을 개략적으로 정리한 것이다(봉세르Boncerf는 『봉건제적 권리의 병폐』(1776)라는 소책자에서 부과조에 해당되는 세금의 종류가 3백 종이 넘었다고 주장했다).

　농민 대부분이 너나 할 것 없이 이 때문에 치를 떨고 결국 귀족에게 치명타를 가했다는 사실은 봉건제도가 얼마나 구체제의 근간을 이루고 있었는지를 설득력 있게 입증해 준다. "정치 제도에서 출발한 봉건제도는 모든 민사 제도의 가장 큰 부분으로 모습을 바꾸어 잔존했다. 이렇듯 축소된 봉건제도는 그러나 이전보다 훨씬 큰 증오심을 일으켰다. 그래서 사람들은 중세 시대의 제도의 일부를 파괴했지만, 그러나 오히려 파괴되지 않고 남은 것을 백 배는 더 가증스러운 것으로 만들어버렸다"고 토크빌은 역설했다.

봉건제적 착취에 맞서 농촌 공동체는 하나가 되었다. 그들은 영주에 맞서, 십일조 징수자에 대항하여, 그리고 왕의 세금에 맞서 하나로 뭉쳤다. 하지만 이 같은 기본적인 반감 뒤에는, 봉건제도와 귀족제도가 전복되고 난 후, 19세기의 투쟁을 예고하는 갖가지 대립 양상이 이미 싹트고 있었다. 불평등은 이미 오래전부터 농촌 공동체 구석구석에 스며들었으며, 급기야 공동체를 해체시키려는 조짐마저 보였다.

대규모 경작이 이루어지던 지방에서는, 집약적 경작을 위해 농업에 자본주의적 방식이 도입되고, 시장 판매를 위한 생산이 도입되면서, 농민 생활도 당연히 크나큰 영향을 받았다. 구체제 말엽엔, 대차지농大借地農, grands fermiers (농지를 크게 임대받아 영농하는 자 – 옮긴이)들이 소유가 아닌 경작에 집중하면서 사회적 집단으로서 세력을 키워가고 있었다. 파리 인근 곡물 재배지 농민들은 진정서에서 임대농지ferme들의 '통합'에 대해 불만을 표시하면서 공화력le calendrier républicain 제2년까지 이 농지들을 분할해줄 것을 요구했지만, 허사였다. 이렇듯 농업자본주의와 무산계급prolétariat으로 전락하는 농민들 사이에 반목은 점차 뚜렷해져갔다. 가진 땅이 없는 데다, 사유재산과 대규모 경작이 강화됨에 따라 농촌 공동체의 집단적 권리마저 상실하게 된 영세 농민들은 점차 비참하고 불안정한 삶을 사는 무산계급으로 전락했으며, 그 때문에 이들은 언제라도 영주들에 대해서는 물론이고 대규모 임대농grande ferme을 상대로 들고일어날 태세를 갖추고 있었다.

물론 이 같은 양상을 지나치게 과장할 필요는 없다. 왜냐하면 대혁명 직전까지도 국토의 대부분은 여전히 전통적인 소규모 경작지로 남아 있었기 때문이다. 하지만 이때도 역시 농촌 공동체엔 불평등의 문제가 팽배해 있는 상태였다. 프랑스의 농촌은 오랫동안 공동체의 재산을 함께 소유하고, 사유재산에 대해 공동체 집단이 제약을 가할 권리를 갖고 있었다. (가령 울타리 치기 금지라거나 윤작의 의무화 등) 들판을 사용할 권리(공동 방목권, 이삭 주을 권리, 그루터기 제거 권리 등)와, 초지(1차 벌초 후 자라난 풀을 사용할 수 있는 일종의 벌초권), 숲 등을 사용할 권리 등도 오랫동안 공동체 내에 단단히 뿌리내리고 있었다.

그러나 18세기 후반에는 농업 개인주의가 부상하고, 왕권의 지지 하에 영주가 공동체 권리를 침해함으로써[22] 오랜 공동체적 구조가 요동쳤다. 귀족들은 당연히 이를 이용했다. 그런가 하면 공동체 내부에서는 몇몇 자영농, 이른바 '마을의 멋쟁이le coq de village(마을의 수탉)'들이 날품팔이 일꾼들과 영세 농민들을 지배했다. 다시 말해서, 날품팔이 일꾼들과 영세 농민들이 말이나 소를 이용하려면, 또 그날그날 먹을 빵을 벌기 위해서는 이들 자영농들에게 의존하지 않을 수 없었다.

반면, 자영농들은 벌써 어느 정도는 시장을 바라보고 생산하며,

마을 행정을 독점하고, 농업 혁신에 신속하게 적응해나가기 시작한 상태였다. 자영농은 영주권을 내세워 자신들의 땅에 부담을 주었던 귀족들에 대해서뿐만 아니라, 집단적 권리를 행사하여 자신들을 상대로 물권物權을 설정하고, 이로써 자신들의 경작의 자유와 이익을 제한하던 촌락 공동체에 대해서도 상당히 적대적이었다. 이들은 오로지 모든 제한으로부터 자유롭기를 갈망했기 때문이다. 반면, 땅도 없으며, 빵을 벌기 위해서는 다른 사람들의 땅을 경작해주거나 농촌 공업에 뛰어들어 부수입을 올려야 하는 가난한 영세 농민들은 그렇기 때문에 더더욱 결사적으로 자신들의 손아귀에서 자꾸 벗어나려는 공동체의 집단적 권리와 전통적 생산방식에 매달렸다. 농민 대부분은 경작의 자유에 맞서서 경작에 관한 규제를 주장했다.

소유권의 제한을 어떻게 보느냐, 농경지의 집중 또는 기업의 집중에 맞서 인간의 사회적 권리를 요구하는 행위를 어떻게 보느냐에 따라 시대의 경제적 조건에 따라 변화하는 민중의 사회적 이상이 특징지어진다. 농민들과 장인들(수공업자들)은 자신의 신체와 노동력을 자유롭게 사용하기 위해서 타인의 지배를 벗어나야만 했다. 다시 말해서 땅에 묶여 있거나 동업조합에 갇힌 몸이 되어서는 안 되었다. 여기에서 귀족과 구체제를 향한 그들의 증오심이 분출되었다.

인민 계급은 부르주아지 혁명의 견인차였다. 직접적인 생산자 또는 그렇게 되기를 원하는 농민들과 수공업자들은 인간의 노동을 토대로 한 소유를 생각했으며, 각자 자신의 밭이나 작업장, 상점을 소유한 소규모 생산자들의 사회를 꿈꾸었다. 막연하게나마 부富가 독점되거나 종속적인 무산계급이 만들어지는 것을 미연에 방지하고자 했다. 이들의 이러한 뿌리 깊은 갈망을 이해하면 대혁명 기간에 일어난 여러 사회적, 정치적 투쟁과 그 파란 많은 사건의 전개 과정을 더 잘 이해할 수 있다. 1789년부터 1793년에 이르는 기간 동안, 귀족에게 대항하는 부르주아지의 투쟁은, 중위층과 하층민의 역할이 증대되면서, 사회적 투쟁의 본질이 변했다기보다 그 투쟁이 심화되어 갔다고 말할 수 있다. 이런 의미에서 본다면, 로베스피에르의 실권 후에 부르주아지가 투쟁 전선을 바꾸었다고 말하는 건 부당하다. 테르미도르 9일(테르미도르 8일, 즉 1794년 7월 26일 정오부터 테르미도르 10일, 즉 7월 28일 새벽까지 이어진 일련의 사건들을 가리키는 용어로, 이는 로베스피에르의 실각과 더불어 공포정치와 민중 혁명의 종말을 가져왔다–옮긴이) 이전에도, 이후에도, 싸워야 할 대상은 기본적으로 무장해제를 하지 않는 특권 계급이었다. 시에예스로부터 영감을 받아 제정되었으며, 예전 귀족이나 새로이 귀족이 된 자들을 외국인과 같이 취급한다는 내용을 골자로 하는 혁명력 제4년 프리메르 9일(1797년 11월 29일)자 법령이 이를 증명한다. 프랑스 대혁명은 말하자면 반봉건적이고 부르주아적인 다양성이 우여곡절을 거치면서 '한 덩어리'로 뭉쳐 이루어낸 결실이라고 할 수 있다.

토크빌은 대혁명이 프랑스의 사회적 현실에 깊이 뿌리내려왔다는 사실을, 곧 대혁명이 갖고 있는 연속성과 통일성을 명쾌하게 지적하면서 혁명의 필연성을 다음과 같이 강조했다. "대혁명이 우연한 사건이었다고 말한다면, 그것만큼 부당한 설명이란 있을 수 없다. 물론, 대혁명이 갑작스레 세상을 사로잡은 것은 사실이다. 하지만 대혁명은 어디까지나 그보다 훨씬 긴 기간 진행되어온 작업을 보완한 것일 뿐이다. 10여 세대에 걸쳐 계속돼온 작업을 갑작스럽고 격렬하게 마무리했다는 말이다."

2. 경제적, 인구학적 동향

대혁명의 근본적인 원인으로 지적되는 사회 구성요소들의 구조와 이들 간의 근본적인 적대관계 외에, 왜 하필이면 다른 시기가 아닌 바로 그 시기에 혁명이 일어나야만 했는지를 설명해주는 다양한 요인들도 명확하게 지적해야 할 필요가 있다. 대혁명은, 토크빌의 증언만 놓고 보더라도, 피할 수 없는 대세였다. 하지만 어째서 그토록 갑작스럽게 폭발해야만 했을까? 그의 표현을 빌려, "점진적인 이행도, 예고도, 배려도 없이 왜 그처럼 발작적으로 고통스럽게" 분출되어야만 했단 말인가?*

1789년의 혁명은 경제 위기의 분위기가 만연한 가운데에서 일어났다. 조레스Jean Jaurès는 그의 역작 『사회주의 역사』(1901~04)에서

■■■■■

- 전반적인 문제에 관해서는, 라브루스Camille-Ernest Labrousse의 『혁명은 어떻게 태어나는가, 1848년 혁명 100주년 기념 학회 논문집』(파리, 1948년)을 읽어볼 것.

대혁명의 본질적인 원인을 "경제적 상황, 생산과 소유의 형태"에서 찾고 있다. 그러나 그의 이 저작은 현실을 지나치게 단순화했다는 약점을 안고 있다. 대혁명이 거의 한결같이 일정한 속도로 진행되었으며, 혁명의 원인은 성숙기에 다다른 부르주아지의 경제적, 지적 권력 안에서 찾아야 하고, 그 결과 부르주아지의 이러한 권력이 법을 통해 합법화됐다는 것이 그의 논리이다. "이제, 산업의 소유와 동산, 즉 비토지 재산의 소유, 다시 말해서 부르주아지의 소유는 충만한 힘을 지니게 되었다. 부르주아적 민주주의의 도래는 불가피한 것이었으며, 대혁명은 역사적 필연이었다." 하지만 이 같은 설명은 혁명이 왜 하필이면 그 시기에 일어났는지, 귀족의 끈질긴 저항과 대다수 민중의 정치 무대 출현으로 극도로 격렬해진 혁명의 성격 등을 규명하기엔 역부족이다. 과연 프랑스 대혁명은 부르주아지의 번영을 위한 혁명에 불과했는가?

18세기는 단연 번영의 시기였다. 경제적 번영은 1760년대 말과 70년대 초에 절정에 달했다. 그래서 그 시기를 '루이 15세의 광휘'라고 부른다. 1778년 이후 '루이 16세의 쇠락', 그러니까 경제 위축이 시작되어 불황이 지속되다가 1787년에 마침내 주기적 위기가 찾아와 비참한 생활과 이로 인한 사회 동요가 일어난다. 조레스는 분명 대혁명이 일어나게 된 이유로 기근의 중요성을 부인하지는 않았으나, 매우 부차적인 역할 이상은 인정하지 않았다. 대다수 민중들의 삶을 고통스러운 시련 속으로 몰아간 경제 위기 때문에 이들이 부르주아지 편으로 결집한 것은 사실이지만, 이는 우연한 사건에 불과했다는 것이다. 그러나 병폐는 이보다 훨씬 깊게 뿌리내려 있었다.*

도시와 농촌의 대다수 민중들은 부르주아지의 반란 선동 음모 때문에 1789년의 혁명 운동에 가담한 것이 아니었다. 이는 1798년 함부르크에서 출판된『자코뱅주의 역사를 위한 회고록』에서 바루엘Barruel 신부가 제시한 음모론적 주장이다. 이러한 주장은, 어떤 의미에서는, 오귀스탱 코솅Augustin Cochin의『사상의 교류와 브르타뉴에서의 대혁명』(1925)에서 다시 등장했다. 대다수 민중들은 텐이『현대 프랑스의 기원』(1875)에서 주장한 것처럼, 그들의 유혈 본능이 일으킨 충동에 따라 일어선 것도 아니었다. 말이 나온 김에 덧붙이자면, 텐의 이 책은 비방과 분노로 가득 찬 책이다.

이들을 봉기시킨 것은 굶주림이었다. 이는 미슐레Michelet[23]가 힘주어 강조한 너무나 명백한 진실이다("제발 부탁이니, 와서 땅 위에 쓰러져 누워 있는 인민들을 보십시오. 저 불쌍한 읍을 보십시오.…… 굶주림은 사회에 만연되어 있습니다. 우리는 왕 때문에 배가 고픕니다"). 이 같은 진실을 뒷받침하기 위해 라브루스C. E. Labrousse는 여러 작업을 통해 광범위한 과학적 근거를 제시해주었다. 인민들의 굶주림은 (시

<hr/>

■■■■■
- 이 본질적인 양상에 대해서는, 라브루스의『18세기 프랑스의 물가와 수입 동향 개요』(파리, 1933년, 총2권),『구체제 말과 대혁명 초기의 프랑스의 경제 위기』(파리, 1944년)를 참조할 것.

미앙François Simiand의 용어를 빌려 말한다면) 상승과 경제적 확장이 있는 A 단계phase A에서 보이는 일반적인 성격의 결과인 것처럼 보이나, 여기에다 주기적이고 계절적인 요인을 연결시켜야 한다. 그리고 이를 실질임금을 고려하여 가감해야 하며, 당시의 경제 상황과 인구 동향이 지니는 역사적 특성까지 감안하여 설명해야 한다.

18세기 프랑스의 물가 동향은 1733년부터 1817년까지 거의 백 년에 해당되는 기간 줄곧 A 단계, 즉 상승 곡선을 그려왔다. 이는 B 단계, 곧 17세기 중반부터 1730년까지 지속된 하강 단계에 뒤이어 나타난 현상이었다. 물가 상승과 활황의 분위기는 1758년까지는 서서히 이어지다가 1758년부터 1770년까지는 가파르게 치고 올라갔으며, 1778년부터 1787년 사이에는 혁명 전기의 불안을 내포한 안정적인 국면으로 접어들었다. 그러고는 새로운 물가 앙등이 시작되면서 혁명 주기(1787~1791)를 촉발시켰다.

1726년에서 1741년까지 기간의 물가를 100이라고 할 때, 1771년부터 1789년 사이의 장기적인 평균 물가 상승폭은 45퍼센트에 달했으며, 1785년부터 1789년의 기간만을 떼어놓고 보면 65퍼센트에 달했다. 상승폭은, 품목에 따라 매우 들쭉날쭉하지만, 공산품에 비해 식료품이 훨씬 높았으며, 식료품 중에서도 곡물이 육류에 비해서 뚜렷하게 높았다. 이는 농업을 기반으로 하는 경제에서 전형적으로 나타나는 특성이다. 서민의 가계에서 곡물 구입비는 아주 중요한 비중을 차지했는데, 생산량의 증가가 미미한 반면 인구는 빠르게 증가했

파리의 가난한 민중. 절망과 슬픔에 빠져 있는 모습이 잘 드러나 있다.

으며, 외국산 곡물의 수입도 이루어지지 않았기 때문이다.

1785년부터 1789년 사이의 기간에, 밀의 가격은 66퍼센트, 호밀은 71퍼센트, 육류는 67퍼센트 상승했다. 땔감용 나무의 값은 무려 91퍼센트나 올랐다. 14퍼센트라는 상대적으로 매우 낮은 상승률을 보인 포도주의 경우는 매우 특별하다. 포도 재배 농가는 곡물은 재배하지 않았기 때문에 돈을 주고 식량을 사 먹어야 했다는 점에서 이들의 수입 감소는 매우 치명적이었다. 주기(1726~1741년, 1742~1757년, 1758~1789년)에 따른 차이를 합산해서 장기적 동향을 살펴보면, 1789년의 주기별 물가 최고치는 밀의 경우 127퍼센트, 호밀은 136퍼센트에 이른다. 곡물로 말하자면, 계절적 요인은 풍작이든 시기에는 전혀, 또는 거의 고려할 여지가 없었지만, 흉년에는 극대화되는 경향을 보였다. 가을부터 춘궁기까지 곡물 값은 50에서 100퍼센트, 아니 그 이상까지 올랐다. 1789년의 경우, 7월 초반에 계절적 물가가 최고에 달했다. 밀 값은 150퍼센트, 호밀 값은 165퍼센트나 올랐다. 그해 7월 14일은 공교롭게도 18세기 들어 물가가 가장 높았던 날이었다.

물가 상승은 서민들의 생활에 심각한 타격을 주었다. 더구나 다른 품목보다도 곡물 값이 두드러지게 오르면서, 서민들은 극심한 생활고에 시달리게 되었다. 1789년 직전에는, 물가 상승으로 말미암아 서민층의 가계 지출에서 빵이 차지하는 비중이 58퍼센트까지 올라갔으며, 1789년에는 88퍼센트에 이르렀다. 다시 말해서 서민들이 빵

말고 다른 데에 쓸 수 있는 돈은 수입의 12퍼센트에 불과했던 것이다. 물가 상승은 부유층에게는 전혀 문제되지 않았으나, 서민층에게는 치명적이었다.

더구나 임금 동향을 보면 물가 상승이 서민들에게 더욱 큰 타격을 주었음을 알 수 있다. 라브루스가 작성한 국지적 통계에 따르면, 1726년부터 1741년 사이의 기간을 기준으로 삼았을 때, 1771년부터 1789년까지의 기간에 오른 임금은 17퍼센트였다. 하지만 연구 대상 기간의 절반 이상에 해당되는 경우에서 임금 상승은 11퍼센트에 그쳤다. 1785년부터 1789년까지의 기간만 놓고 보면, 기준 기간에 비해서 임금은 22퍼센트 올랐다. 세 군데 납세구納稅區에선 26퍼센트까지도 상승했다. 임금 상승은 직업군에 따라 차이가 났다. 예를 들면, 건설 부문은 1771년부터 1789년까지의 기간에 18퍼센트 상승한 데 비해, 1785년부터 1789년까지의 기간만 보면 24퍼센트 상승했다. 반면, 날품팔이 농업 노동자의 경우 각각 12퍼센트와 16퍼센트 상승에 그쳤다.

장기적 관점에서 본 임금 상승률은 물가 상승률에 비해 턱없이 낮았다. 더욱이 주기적 계절적 요인으로 말미암아 임금과 물가 상승률은 더 큰 차이를 보였는데, 그 이유는 서로 반대로 움직였기 때문이다. 사실 18세기에는 수확량이 많지 않다보니 농민들은 생필품을 최소한으로 줄여서 생활했으므로, 물가가 상승하면 수요가 줄어, 그것이 곧 다른 부문의 실업으로 이어졌다. 요컨대, 농업 위기는 산업(공업)의 위기를 불러왔다. 서민층 가계 예산에서 빵이 차지하는 과도한 비중은 다른 물품의 구매를 감소시키는 결과를 낳았던 것이다. 명목임금의 증가를 실제 생활비의 증가에 비교해보면, 실질임금은 오히려 줄어들었음을 알 수 있다. 주기적 계절적 요인을 고려할 경우, 1726년부터 1741년 사이에 실질임금은 4분의 1이, 1785년부터 1789년 사이에는 절반 이상 줄어들었다. 당시 상황에서 구매력 감소는 거의 전적으로 생존에 1차적으로 필요한 식량 분야에 영향을 끼쳤으므로, 18세기의 물가 상승은 서민들의 삶을 극도로 궁핍하게 만들었다. 굶주림은 민중을 결집시켰다.

엎친 데 덮친 격으로 인구 증가는 물가를 더욱 상승시켜 심각성을 배가시켰다. 인구는 정체 현상에 종지부를 찍고 1740년 무렵부터 현저하게 증가하기 시작했다. 17세기를 특징지으며, 오래도록 연령별 인구 분포 피라미드의 옆구리를 움푹 찌그러지게 만들었던 심각한 인구 감소 현상은 이로써 막을 내리고, 대신 가볍게, 그리고 빠르게 확산되어가는 다른 종류의 위기에 그 자리를 내주었다. 1715년 이전의 대기근은 1740년 이후 간헐적 기근으로, '치명적인' 위기는 '가벼운' 위기로 바뀌었다. 출산율이 낮은 연령층은 차츰 자취를 감추었으며, 인구수는 정상 궤도에 진입했다. 출산율은 40퍼센트라는 높은 수준에서 유지되었으나, 다소 감소하는 해도 있었다. 이 같은 추세는 특권 계급에서 특히 두드러졌다. 한편 사망률은 해마다 변동이 심했지만, 그래도 일반적으로 출생률보다는 낮게 유지되어, 1778년에는

33퍼센트를 기록했다. 출생 시의 예상 수명은 대혁명 직전에 29세까지 올라갔다.

인구의 비약적 팽창은 비례적으로 농촌에 비해 도시에 유리하게 작용했다. 18세기는 도시가 확대되는 세기였다. 주민의 수가 2천 명이 넘는 주거 밀집 지역을 모두 '도시'라는 범주에 포함시킬 경우, 당시 도시 인구는 전체 인구의 16퍼센트를 차지했다. 도시는 농촌에 비해 출생률은 낮고 사망률은 높았으며, 독신자 비중도 높았다. 농촌 인구의 도시 유입은 도시를 팽창시키는 가장 중요한 요인이었다.

구체제 말엽, 프랑스의 인구는 대략 2천5백만 명 정도로 추산되었다. 17세기 말엽의 인구 1천9백만 명을 시발점으로 잡고 계산한다면 그 사이 영토가 확장된 것을 감안하더라도 6백만 명이 늘어난 것이다. 즉 기존 인구의 3분의 1 정도가 늘어난 셈인데, 이를 두고 크게 증가했다고 말할 수는 없을 것이다. 같은 기간 영국을 비롯한 다른 나라들에서는 이보다 훨씬 큰 폭으로 인구가 증가했다. 그렇다고는 해도 프랑스는 여전히 유럽에서 인구가 가장 많은 나라였다.

비록 인구가 크게 늘어난 것이 아니고, 또 지방에 따라 그 증가율이 다르다고 하더라도, 그렇다고 해서 그것이 사회적으로 중요한 결과를 초래하지 않았다고 말할 수는 없다. 농산품의 수요가 증가하면서 그 가격 또한 올라갔다. 도시의 팽창은 방직업의 발달을 가져왔으며, 이는 새로운 일자리 창출로 이어졌고, 그 결과 농촌의 노동력이 대거 도시로 이동하는 결과를 빚었다. 18세기 초반에 이미 불안한 징조를 드러냈던 식량 위기는, 이렇게 증가한 인구, 특히 도시에 밀집한 인구와 대다수 서민층에게 사회 경제적인 면에서 심각한 영향을 끼쳤다. 식량 위기는 여전히 구태를 벗어나지 못한 경제에 '궁핍→과소 소비→노동 시장 위축→고용 감소→구걸과 유랑'으로 이어지는 일련의 과정을 촉발시켰다. 인구 증가는 이렇듯 사회적 긴장을 배가시키고, 인구와 식량 사이에 있어왔던 위태로운 균형을 깨뜨리는 결과를 가져왔다. 그러므로 인구 문제는 대혁명의 여러 직접적인 원인들 중에서 본질적인 것이라고 할 수는 없지만 매우 중요한 원인이 되었던 것으로 여겨지는 것이다.

***

앙시앵 레짐 사회가 지닌 어쩔 수 없는 모순들은 이미 오래전부터 언젠가 혁명으로 이어질 소지를 안고 있었다. 경제적 동요, 인구의 변동, 그리고 당시의 시대적 조건 속에서 어떤 통치 행위로도 제어할 수 없었던 사회적 긴장이 혁명적 상황을 조성하고 있었다. 지배

■ 프랑스 대혁명 당시 인구 문제에 관해서는《프랑스 대혁명의 경제 사회사 학회지 1959~1960년호》(Gap, 1961년)에 실린 마르셸 레나르Marcel Reinhard의 논문「대혁명과 제정 기간 동안의 인구 연구」를 비롯하여, 1962년에 발행된 같은 학회지 부록 1권(파리, 1963년),「프랑스 대혁명의 인구변천사 논고」(파리, 1차분 1962년, 2차분 1965년, 3차분 1970년, 마르셸 레나르 감수) 등을 참조할 것.

계급이 자신을 방어하지 못하게 되자 국민의 압도적인 다수가 의식적이든 막연한 심정에서든 그 체제에 맞서 들고 일어났다. 사람들은 파국을 향해 달려갔다. 1788년, 전국적으로 위기가 시작되었다.

농촌은 이미 포도주 매출 감소로 타격을 받은 바 있었다. 포도 수확량이 너무 많아 값이 절반으로 폭락한 탓이었다. 1781년 이후, 상황이 다소 개선되는 듯했으나, 이번에는 반대로 수확량이 시원치 않아 포도주 농가의 수입은 여전히 제한되어 나아질 줄 몰랐다. 당시 포도 재배는 널리 확산되어 있었으며, 포도만을 유일하게 상품화할 수 있었던 적잖은 농민들은 이 때문에 타격을 입지 않을 수 없었다. 1785년에는 극심한 가뭄으로 수많은 가축들이 떼죽음을 당했다. (공산품의 판로가 되어) 산업 생산에서 매우 중요한 역할을 해온 농촌 시장은 이때부터 위축되었다. 1786년에 영국과 프랑스 사이에 체결된 무역 협정도 부분적으로 (하지만 이를 과장해서는 안 된다) 산업에 어려움을 안겨주었다.

1788년에는 농산물의 수확이 형편없었다. 8월부터 벌써 물가가 오르기 시작하더니 1789년 7월까지 줄기차게 오름세를 이어갔다. 농촌에 큰 어려움이 몰아닥치자 농촌 지역의 노동 시장은 문을 닫게 되었고, 실업자들이 더욱 많이 생겨나면서 이미 포화 상태에 이른 농촌 지역의 유휴 노동력은 한층 더 늘어났다. 그리고 그 때문에 임금은 더욱 내려갔다. 산업 생산의 감소 (따라서 도시 실업자 증가) 비율은 50퍼센트 정도였고, 임금은 15퍼센트에서 20퍼센트 정도 감소했다. 반면, 생활비는 100퍼센트에서 무려 200퍼센트까지 올라갔다.

물자 부족과 물가 상승은 농촌과 도시 거주자 대다수를 결집시켰으며, 이들은 너무도 자연스럽게 자신들이 겪는 고통의 책임이 지배 계급과 정부당국에 있다고 믿었다. 어마어마한 양의 곡물을 소유하고 있는 10분의 1세(십일조) 징수자, 현물세를 거둬가는 영주들이나 밀 거래상, 제분업자와 빵 장수들은 물가 상승의 주범으로 의심받으며, 매점買占한다는 비난을 받았다. 정부 측의 수매收買는 루이 15세 때 떠돌았던 '기근 협정'(당시 유행하던 일종의 음모론 ─ 옮긴이)이라는 끈질긴 전설에 신빙성을 더해주고 있었다. 경제이론가들이 어려운 상황을 타개하기 위한 유일한 해결책으로 곡물 거래의 자유화를 요구했지만, 민중은 필요하다면 징발이나 세금 부과 같은 강경책 동원도 마다하지 않는 전통적인 규제를 요구했다. 경제 위기는, 그 자체로서 왕정의 위기를 초래하지는 않았더라도, 적어도 이를 악화시키는 데에는 크게 한몫한 것이 분명하다. 더욱이 (정부의) 재정적인 어려움은 정치적 대립의 단초를 제공했다.

재정적 어려움은 미국 독립전쟁 때 이미 시작되었는데, 재무대신 네케르Necker*가 차입금을 얻어 전쟁 지원에 나섰고, 후임자 칼론Calonne* 또한 같은 방식으로 차입금을 장기 공채로 돌린 것이 발단이었다. 1788년 왕에게 제출한 '(회계)보고서'를 보면, 세출은 6억 2천9백만 리브르, 세입은 5억 3백만 리브르였으니, 20퍼센트 적자였다. 이자를 포함한 부채 상환 액수는 3억 1천8백만 리브르로, 세출의

자크 네케르.

절반 이상이 빚을 갚는 데 사용되었다. 경제 위기는 세수 징수의 어려움을 가중시켰으며, 외국에서 곡물을 수입해야 했기 때문에 부담은 더욱 증가했다. 경제 위기는 국가기관의 신용에도 타격을 주었다.

대다수 국민들의 구매력이 감소하면서, 세금, 특히 간접세의 징수율도 덩달아 내려갔다. 궁여지책으로 조세의 평등을 유지하려는 정책이 시도되었다. 칼론이 토지를 소유한 자들 모두에게 예외 없이 적용되는 '보조지세補助地稅, la subvention territoriale'를 제안하는 위험을 감수한 것이다. 1787년 2월 22일에 소집된 명사회名士會, 다시 말해서 본질적으로 특권 계급들로 구성된 모임은 이 제안을 비난했으며, 국고의 회계 장부 열람을 요구했다. 루이 16세는 4월 8일자로 칼론을 해고했다.

이로써 재정 위기에 정치 위기라는 혹까지 더해졌다. 특권 계급의 반란[24]은, 칼론의 뒤를 이어 재정을 담당하게 된 로메니 드 브리엔의 개혁 의지와, 1788년 5월 8일에 발표된 의회 권력의 분산을 골자로 하는 사법 개혁에도 불구하고, 왕정을 무력화시켰다. 국고는 텅 비었으며, 극심하게 요동치는 상황에서 국채를 발행한다 한들 성공할 가능성이 전혀 없자, 브리엔은 백기 투항하고 말았다. 1788년 7월 5

일, 그는 삼부회를 소집하겠다고 약속했으며, 삼부회를 여는 날짜를 1789년 5월 1일로 못 박았다. 이 결정은 8월 8일자 국정자문회의의 인가를 받았다.

이때부터는 제3신분의 견인차 역할을 하는 부르주아지가 뒤를 이어받았다. 부르주아지의 목표는 그야말로 혁명적이었다. 특권 계급이 누리던 권리를 타파하고, 계급과 특권 집단이 없는 사회 속에서 시민 평등을 구현하겠다는 것이 이들이 내건 목표였다. 그러면서도 부르주아지는 엄격한 법률 지상주의를 추구했다. 대다수 민중들은 혁명적인 행동에 돌입하면서 부르주아지를 앞세웠다. 하지만 혁명의 진정한 견인차 역할을 한 것은 대다수 민중이었으며, 이들이 내건 고유한 요구 사항과 경제 위기는 1790년대 중반에 이르기까지 비교적 긴 시간 동안 혁명의 긴장을 유지하는 데 기여했다.

III. 혁명을 향한 자발성과 조직

1. 희망과 두려움

삼부회의 소집은 평민들에게 강한 정서적 충격을 주었다. 그리고 그때부터 희망과 두려움이 손을 맞잡고, 정치적 사건들을 넘어 혁명의 기본적 동인이 되는 사회적 동기에까지 힘을 작용하면서 혁명의 리듬에 발걸음을 맞춰 나갔다. 우선, 당연한 말이지만, 혁명적 사고방식이 각 개인의 의식 속에서, 그리고 부르주아지 진영 속에서 명확히 윤곽을 잡아가기 시작했다. 물론 제3신분이라는 이름으로 모인 사람들의 사고방식은 하나로 통일된 것이 아니라 제각각이었을 것이다. 농민, 수공업자, 부르주아지는 구체제하에서 각기 다른 방식으로 고통받아왔으며, 흉년은 가난한 자들과 부자들, 소비자와 생산자를 대립시켰기 때문이다.

그러나 경제와 사회의 전반적인 상황은, 정치 상황과 마찬가지로, 제3신분 전체로 하여금 특권 계급과 그들의 권리를 보호해주는 왕의 권한에 맞서도록 일으켜 세웠다. 선전에 힘입어, 사건의 추이 덕분에, 무엇보다도 오래전부터 집단의식 속에 뿌리내리고 집단 구성원 각자가 절대 되돌릴 수 없는 기정사실로 인정하는 대의 제도에 의해 1789년 봄부터 일종의 혁명적인 사고방식이 구체화되었다. 그리고 그것은 강력한 행동을 이끌어가는 요인이 되었다.*

■■■■■

* 이와 같은 여러 양상들에 관해서는, 조르주 르페브르의 『1789년의 대공포』(파리, 1932년, 증보판, s. d. [1956]), 『프랑스 대혁명의 역사적 연보』(1934년)에 게재되었으며, 『프랑스 대혁명 연구』(파리, 1954년, 2판, 1963년)에 재수록된 「혁명군중」을 읽어볼 것. 조르주 르페브르는 또한 《르뷔 이스토리크》지(1941년)에 실렸으며, 그의 저서 『프랑스 대혁명 연구』에 재수록된 그의 논문 「당피에르 백작의 살해」(1791년 6월 22일)에서 징벌 의지가 강하게 드러나는 하나의 사실에 대해 가히 귀감이 될 만한 분석을 시도했다.

희망이 대중들을 분연히 일으켜 세웠으며, 일시적으로나마 제3신분이라는 이질적인 집단을 하나로 묶었고, 가장 순수한 지지자들의 혁명적 에너지를 오래도록 지탱시켜주었다. 삼부회의 소집은 새로운 시대를 알리는 '기쁜 소식', 곧 복음처럼 받아들여졌다. 더 나은 미래, 천 년을 이어온 인간들의 기다림에 화답하는 미래가 열릴 것이었다. 이러한 희망은 혁명적인 이상주의의 자양분이 되었으며, 의용병들의 투지를 불태웠고, 방돔Vendome 재판(1797년 2월 20일부터 파리의 방돔 고등법원에서 '평등주의자들의 음모' 가담자들을 단죄하기 위해 열린 재판을 가리킨다. 주동자로 지목된 그라쿠스 바뵈프는 재판결과 단두대에서 처형되었다 – 옮긴이)의 영웅들을 비롯한 '프레리알의 순교자들'(1795년 6월, 평등 조항이 자취를 감춘 혁명력 3년의 헌법에 반대하며 혁명력 1년에 제정된 헌법을 옹호하기 위해 반란을 일으켰다가 사형을 언도받은 12명의 주동자를 가리킨다 – 옮긴이)의 비극적 죽음을 통해 새로운 빛으로 승화되었다. 1789년 7월 12일 아르곤의 이즐레트 언덕을 올라가던 중에 아서 영Arthur Young(1741~1820, 영국 출신의 작가. 농업, 경제, 사회 통계에 관한 글을 주로 썼다 – 옮긴이)이 만난 늙은 촌부에서부터 단두대에 선 로베스피에르, 바뵈프에 이르기까지, 희망의 끈은 끊어지지 않았다.

"사람들은 이제야말로 위대한 인물들이 우리같이 가난한 사람들을 위해 무엇인가를 해줄 것이라고 말했다. 하지만 그 위대한 인물들이

의회에서 북을 치며 돌아오는 민중.

누구인지, 그리고 그것이 어떻게 이루어질지에 대해서는 알지 못했다. 다만, 세금과 의무가 우리를 짓밟고 있으니만큼, 신이 우리에게 더 나은 무엇인가를 보내주실 것이라고 믿었던 것이다."

로베스피에르가 쓴 「국민공회를 이끌어갈 정치적 도덕적 원칙에 관한 보고서」(1794년 2월 5일)에서도 이처럼 거의 종교적이라고 할 수 있는 희망이 고스란히 드러난다.

"우리는, 한마디로, 자연의 섭리에 따르는 소망이 성취되기를, 인류의 운명이 완성되기를, 철학의 약속이 지켜지기를, 범죄와 독재의 오랜 통치를 허락한 신의 섭리가 용서받기를…… 바란다. 우리의 피로 위업을 마무리 지을 때, 우리는 보편적인 지복至福의 여명이 밝아오는 광경을 보게 될 것이다."

희망은 두려움을 동반한다. 특권을 누려오던 자들이 순순히 자신들의 기득권을 포기하려 할 것인가? 농부들의 눈에 비친 영주는 자신의 사회적 우위와 수입(사실 이 두 가지는 하나였다)에 이기적으로 집착하는 인물일 수밖에 없었다. 특권 계급에 대한 부르주아지의 생각 또한 다르지 않았다. 특권 계급의 행태는 이 같은 믿음을 강화시켜주기에 충분했다. 더구나, 삼부회에 참석하는 제3신분의 대표 수를 두 배로 증원하는 데[25] 대해 반대하고, 1인 1표제에도 끈질기게

1789년 7월 12일 팔레 루아얄에서 연설하는 카미유 데물랭.

저항하는 귀족들의 모습은 이 믿음에 결정적으로 쐐기를 박아주는 형국이었다. 왕은 '선하다, 하지만 그를 에워싼 귀족들은 사악하다'는 믿음은 이들을 떠나지 않았다.

그러나 이들은 불안감을 떨쳐버릴 수 없었다. "귀족들은 말 위에 올라탈 것이다." 이 말은 곧 귀족들은 왕의 군대를 동원할 것이다, 그들은 외국에 도움을 청하는 것도 마다하지 않을 것이다, 그들은 흉년과 실직 때문에 떼를 지어 길거리를 헤매는 걸인들과 부랑자들을 끌어모을 것이라는 말과 다르지 않았다. 강도(비적)떼에 대한 두려움은 귀족들이 자아내는 불안감과 합쳐져서 증폭되었다.

경제 위기는 불안감을 고조시켰다. 귀족들이 바로 현물세를 징수하는 영주이거나, 십일조를 거두어들이는 사람들이었기 때문이다. 경제 동향을 제대로 분석할 능력을 갖추지 못했던 민중은, 흔히 '조작된 것'으로 생각했던 기근의 책임을 귀족과 남을 해하려는 이들의 곱지 못한 심보 탓으로 돌렸다. 이러한 의심이 차츰 굳어지게 되면 그런 생각은 정당한 것이 된다.

1789년 7월 초, 법원과 귀족들은 국민의회[26]를 해산시키기 위해 무력을 동원할 계획을 세우고 있었다. '귀족들의 음모'가 구체화되면서 불안은 두려움으로 변했다. 이 두려움은 대혁명 기간 내내 계속되었다. 실제로 있었던 음모, 외국으로 도피한 귀족들의 음모, 외국의 침략, 지속적인 반혁명 움직임 등 두려워해야 할 이유는 많았다. 두려움은 이따금씩 진정되기도 했지만, 왕의 바렌Varennes 도주(1791

년 6월 20일에서 22일 사이에 루이 16세 일가가 파리를 떠나 도주하다가 바렌에서 체포된 사건을 가리킨다. 이로써 국왕의 권위는 실추되고 입헌군주제 가능성마저 희박해지면서 공화파가 대두, 급기야 국왕의 처형으로 이어졌다-옮긴이) 이후나 1792년 여름처럼 위험이 예고되거나 다가오면 다시금 증폭되기를 반복했다. 그리고 대학살과 공포정치 기간에는 절정에 달했다.

두려움은 사회적인 것이었지만, 그 내용은 상황에 따라 차이를 보였다. 특권 계급에 대한 두려움일 수도 있고, 특권 계급이 드러내는 사회적 의미에 대한 두려움일 수도 있었다는 말이다. 선의에서만큼은 추호도 의심할 여지가 없는 텐은 봉기한 농민들이 1792년 여름, 침략자들이 가까이 다가오자 느껴야만 했던 두려움과 분노에 대해 다음과 같은 생생한 묘사를 남겼다.

"그들은 자신들이 몸으로 체득한 경험을 통해서 바로 얼마 전까지 그들이 처했던 상황과 현재의 상황이 다르다는 것을 알고 있었다. 그들이 왕과 성직자, 영주들에게 바쳐야 했던 세금이 얼마나 엄청난 것이었던가를 되돌아보기 위해서는 옛날의 기억을 되살리는 것만으로 충분했다.……"

그런데 1789년 7월 이후 '비적匪賊떼(폭력적인 강도나 도적떼)'에 대한 두려움에 귀족에 대한 두려움이 더해졌다는 사실은, 두려움이 새로운 방향으로 전개되리라는 것을 분명하게 보여주는 것이다. 그리고 이는 브뤼메르 쿠데타(혁명력 8년 브뤼메르 18일, 즉 1799년 11월 9일에 일어난 쿠데타. 나폴레옹 보나파르트가 총재정부를 전복시키고 통령 정부를 출범시킨 사건 – 옮긴이)가 일어날 때까지 점차 확실해졌다. 위험한 계급들의 위협 앞에서 가진 자(자산가)들이 공포에 사로잡혔음을 의미하기 때문이다. 확실히, 경제 위기로 극빈자들이 크게 늘어나면서 사회 불안은 보편화되었고, 이는 급기야 '귀족들의 음모' 탓으로 전가되었다. 그렇다고 해도 '비적떼'에 대한 두려움이 지니는 사회적 의미가 흐려지는 것은 아니다. 자영농은, 7월 12일 왕의 군대가 튈르리 궁이 있는 센 강 우안을 벗어나 센 강 좌안 에콜 밀리테르와 샹 드 마르스로 퇴각하여 파리가 무방비 상태에 놓였을 때 파리의 부르주아지가 공포에 사로잡혔던 것과 마찬가지로, 자신이 소유한 재화가 해를 입게 될까봐 두려워했다. 당시 부르주아지 민병대가 창설된 데에는 왕권과 왕의 군대의 권력 남용을 막는다는 명분 외에, 위험하다고 판단되는 사회적 부류가 가해올 폐해로부터 자신들을 지키겠다는 이유도 작용했다.

왕당파, 푀이양파(온건 입헌군주파), 지롱드파는 이러한 두려움을 공유했지만, 그 같은 두려움을 느끼는 정도는 각각 달랐다. 따라서 타협을 통해서 혁명을 멈추려는 의지도 발동했다. 부르주아지의 두려움은 테르미도르 9일의 쿠데타[27]를 부분적으로 설명해준다. 이들의 두려움은 1795년 봄, 프레리알 폭동 무렵에 그 절정에 달했다. 부르주아지의 두려움은 두 종류의 전선에서 싸워야 하는 총재정부[28]의 무능함을 설명해주며, 1799년의 수정주의 캠페인의 도화선이 되었다. 결국 브뤼메르 쿠데타가 일어나 유력인사들을 안심시켰다.

방어적인 반응은 두려움에서 기인한다. 때때로 두려움이 공황 상태로 악화되기도 하지만, 대부분의 경우는 민중들로 하여금 자신들의 안전을 지키기 위해 무장하도록 고무한다. (예컨대) 1789년 7월 12일, 네케르가 해임[29]되었다는 소식은 분노를 불러일으켰으며, 그에 따라 방어책도 등장했다. 성난 민중은 무기 거래인들의 상점을 약탈했으며, 부르주아지는 이러한 움직임의 선봉에 서서 이를 적법하게 만들고자 부르주아지 민병대를 창설했다.

7월 14일 아침, 무기를 손에 넣고자 앵발리드(폐병원廢兵院이라고도 한다. 루이 14세가 상이군인들을 국가 비용으로 수용하고, 참전 용사들이 노년을 편히 보낼 수 있도록 건축한 건물. 그러나 1896년 이후 현재까지 군사박물관과 군인 묘지로 사용되고 있다-옮긴이)로 몰려갔던 민중들은 바스티유로 향했다. 왕이 항복하고, 17일엔 파리 시청에서 삼색휘장을 받아들였지만 다 소용이 없었다. 두려움은 폭력과 소요를 수반하면서, 도처에 만연해갔다. 1789년 7월 말의 대공포大恐怖, Grande Peur 때문에 농민들은 대거 결집했으며, 민중들의 무장은 점점 더 가속화하고 광범위하게 확산되었다. 대공포 때문에 아주 작은 마을에서도 민병대가 꾸려지지 않을 수 없었다. 이렇게 해서 대혁명의 전투적인 열기가 처음으로 나타났다. 제3신분의 연대감은 한층 강화되었다.

"당신은 제3신분인가"라는 질문은 1789년 7월의 인사말이 되었다. 이러한 대대적인 동원은 왕이 바렌으로 도주한 1792년 7월 여름 이후 실시된 지원병 모집을 예고하는 것이었다. 두려움이 낳은 방어적 반응은 1793년 8월 민중들의 국민총동원 요구에 대한 해명이 될 수 있다.

징벌하겠다는 의지는 방어적 반응과 사실상 분리해서 생각할 수 없다. 민중의 적이 더 이상 해악을 끼칠 수 없도록 만들면 그것으로 끝이 아니라, 이들을 징벌하고, 복수를 하겠다는 마음을 누구나 품게 되었던 것이다. 이 때문에 끈질긴 추격과 체포, 영주들의 거처인 성채 약탈, 방화, 살인과 대량 학살 같은 사태, 그리고 마침내 공포정치 체제가 나오기에 이른 것이다. 1789년 7월 22일, 파리와 일드프랑스 지방의 지사인 베르티에 드 소비니Bertier de Sauvigny와 그의 장인 풀롱 드 두에Foulon de Doué는 체포되어 시청으로 끌려왔다가, 성난 군중들에 의해 납치되어 가장 가까이 있던 가로등에 매달려 교사되었다. 혁명을 주도하던 부르주아지는 이를 용인했다. "이 피가 과연 그토록 순수했단 말입니까?"라고, 바르나브는 제헌의회를 향해 외쳤다.

대혁명이 계속되는 동안 내내 징벌의 의지는 두려움의 동반자였다. 당피에르 백작은 바렌 도주 사건 다음 날 살해당했다. 1792년 9월에 벌어진 학살 사례들[30]은 외부로부터의 침략이 가져온 두려움의 소산이었으며, 이를 계기로 의용병 모집이 시작되었다. 1793년 8월 다시금 국가적인 위험이 심각해지면서, 파리 자치구들에서는 학

프랑스 대혁명에 큰 영향을 준 사상가들. 왼쪽 위부터 시계 방향으로 몽테스키외, 볼테르, 루소, 디드로.

파리 시내로 밀을 나르던 센 강변의 부두와 곡물시장 모습(1782년. 카르나발레 박물관 소장).

루이 16세.

루이 16세의 왕비 마리 앙투아네트.

구희장의 선서(자크 루이 다비드 그림).

프랑스 대혁명의 주역들. 왼쪽 맨 위부터 시계 방향으로 마라, 카미유 데물랭, 당통, 생 쥐스트, 로베스피에르, 브리소.

로베스피에르(위), 시에예스(아래).

바스티유 감옥 공격.

바스티유 감옥 공격(위, 아래).

인간과 시민의 권리 선언. 왼쪽 여인은 끊어버린 사슬을 들고 있고, 오른쪽의 천사는 오른손으로 삼각형의 '상징'을 가리키고 있다. 상징 속에는 신성을 나타내는 눈이 그려져 있다. 가장자리에는 결속을 나타내는 끈이 감싸고 있고, 가운데는 창 위에 자유의 상징인 프리지아 모자가 얹혀 있다(파리, 카르나발레 박물관 소장).

프랑스 대혁명의 상징들. 혁명 사상의 원천이 된 루소와 삼색기와 창과 프리지아 모자, 자유의 나무 등 혁명 운동에 쓰였던 상징물들을 한데 모아 그렸다.

1790년 7월 14일, 파리의 연맹제에서 선서하는 라파예트(카르나발레 박물관 소장).

단두대에서 처형되는 루이 16세(위)와 마리 앙투아네트(아래).

나폴레옹 보나르트(위). 쿠데타를 하기 위해 5백인회의 회의장에 들어간 나폴레옹(아래).

살 문제가 대두되었다. 이는 국민공회[31]
가 공포정치를 의제로 삼으면서 이미 예
견된 일이었다. 징벌 의지는 인민재판이
라는 모호한 발상과 잘 맞아 떨어졌다. 혁
명을 주도하는 부르주아지는 폭력에 대해
거부감을 보이지 않았으며, 1789년부터
이미 민중의 분노를 적절하게 유도하고
진압 수위를 조절하기 위해 나름대로 노

자크-피에르 브리소.

력을 경주했다. 7월 23일, 바르나브는 "국
가적 범죄를 처단하기 위한 합법적인 재판"을 요구했으며, 28일에는
뒤포르Duport*가 의회로부터 공안위원회의 진정한 원형이라고 할 수
있는 조사위원회 설립 승인을 얻어냈는가 하면, 파리의 자치정부는
브리소Brissot*의 제안에 따라, 혁명 활동 감시위원회의 전신이 될 또
다른 위원회를 구성했다. 1792년, 당통Danton*은 8월 17일 특별법원
을 설치했는데, 이는 소용없는 짓이었다. 민중에 의한 자의적인 살해
는 혁명정부가 강화되고 국민공회가 폭력 진압을 합법화한 다음에
야 끝이 났다. 두려움과 그에 따르는 폭력은 귀족의 음모와 반혁명
이 마침내 뿌리 뽑혔을 때 비로소 자취를 감추었다.

2. 정치적 판도

궁핍과 '귀족의 음모'가 초래한 혁명에 도시와 농촌의 대중들은 자발적으로 참여했으며, 이는 1789년 7월 말부터 구체제를 무너뜨리기 시작했다. 구체제의 뼈대라고 할 수 있는 행정 체제를 파괴하고, 세금 징수를 중지시켰으며, 지방을 시 체제 속으로 편입시키고, 지역적 자율성을 해방시키는 결과를 낳았다. 말하자면 민중의 권력, 직접민주주의의 유령이 출현하기 시작한 것이다. 파리의 경우, 삼부회에 나갈 대표를 선출하는 선거인단이 상임위원회의 중재를 통해 시의 행정권을 독차지하는가 하면, 시민들은 선거를 위해 구성된 60개의 선거구에서 정책을 토의하고 영향력을 행사했다. 머지않아 이들은 자신들이 시정을 장악했다고 주장하기에 이르렀다. 어차피 주권은 민중에게 있는 것이 아닌가?

구체제의 뼈대가 무너져 내리자, 모든 혁명에 내재하는 균형 추구의 움직임이 일어났고, 그에 따라 공백을 메울 새로운 제도와 정치행태가 등장하기 시작했다. 이러한 새로운 현상이 지니는 의미와 궁극적인 목표는 너무도 자명했다. 곧, 부르주아지는 1789년 7월부터 벌써 혁명 행위를 진정시키고 이를 통제함으로써, 대다수 민중의 자발적인 참여를 자신들의 이익을 위해 이용하기 시작한 것이다.

도시들에서는 선거구와 자치구가 1789년 봄부터 총재정부Directoire에 이르기까지 정치활동이 펼쳐지는 기본적인 제도의 틀이 되었다. 혁명의 진보이든 반혁명 시도이든 새로운 사회에서 일어나고 있는 일들이 이 틀 속에서 다루어졌다. 파리의 경우만 보자면, 1789년 4월 13일에 발표된 선거 관련 규정으로 60개의 구로 분할되었다. 선거가 끝나고 나서도 이들 선거구별로 상설회의를 계속 열면서 함께 모여 문제를 논의하고 토론했다.

1789년 12월 14일자 법령을 통해 왕국의 옛 도시행정市政을 새로 조직하고 정비한 제헌의회는 파리에만 특별한 조직을 그대로 남겨 두는 예외를 용납할 수 없었다. 더구나 이 조직들은 자율성을 내세우려는 성향이 매우 강했던 것이다. 제헌의회가 1790년 6월 27일에 발표한 법령은 수도 파리를 다른 도시들과 마찬가지로 48개 자치구로 나눈다는 수도 관련 헌장이라고 할 수 있다. 도시에 따라 숫자에는 다소 차이가 날 수 있는 자치구는 이론적으로 선거구가 될 수 있었다.

(구의) 의회는 자치구 최고의 기관이었다. 말하자면 '서 있는 군주' 였다. 1차 의회에서 '능동적 시민들les citoyens actifs(선거권을 가진 시민)' 은 선거를 위해 모였다(정액 세금을 납부한 사람에게만 선거권이 주어지던 시기에 해당되는 말이다). 이들 중 50명이 발의하면 토론을 위해 총회를 소집할 수 있었다. 자치구는 또한 도시 행정 단위인 콤뮌의 하위 행정단위로도 기능했다. 때문에 자치구는 선거권을 가진 시민들에 의해 선출된 각종 위원회와 공무원 같은 집행기관을 갖추었다.

각 자치구의 최상부에는 시민위원회가 자리했다. 이 위원회는 자치구의 상위기관, 곧 행정명령을 내리는 시와 위원회의 모태가 되는 의회의 중개자 역할을 했다. 이렇게 볼 때, 그 위치가 상당히 애매하기 때문에, 시민위원회는 언제나 신중한 유보적 입장을 고수하는 경향을 보였다. 자치구에는 또한 배석자들로 에워싸인 치안판사와 경찰이 있었는데, 이들 역시 선출직이었다. 이 같은 조직은 자율성을 강조하는 시대적 추세와 일관성 있는 시 행정이라는 두 마리 토끼를 잡으려다보니 마지못해 취해진 타협안처럼 보인다.

어쨌거나 이 조직은 1790년부터 혁명 운동의 틀이 되어주었는데, 그로부터 얼마 지나지 않아 변하기 시작한다. 이는 세금 납부를 통해 선거권을 가진 수혜자들이 공통적으로 가지고 있던 직접민주주의에 대한 열망 탓이기도 하고, 자신들 몫의 권력을 요구하기 시작한 평민 세력의 대두 때문이기도 했다. 아울러, 적극적 행동주의자들의 역할도 중요했음을 짚고 넘어가는 것이 좋겠다. 대혁명 초기부터, 아마도 절정기나 대중 참여도가 굉장히 높았던 몇몇 상징적인 시위를 제외하고는, 자치구를 통한 정치 활동 참여는 열성적인 소수만의 일이었다. 파리의 경우, 세금을 납부하고 선거권을 획득한 시민의 비율은, 이 제도가 시행되는 기간 동안, 자치구에 따라 4퍼센트에서 19퍼센트까지 차이를 보였다. 그런데 위기 동안에는 이들 소수가 평민 대중의 상당 부분을 이끌었다.

대중들을 규합하기 위해 정치색을 띤 클럽들이 구성되었으며, 이는 자치구 조직보다 훨씬 효율적인 조직으로, 혁명의 진행 과정에서 결정적인 역할을 했다. 파리 지역의 대규모 클럽에서부터 수도를 비롯한 도시나 지방의 소규모 마을 단위의 수많은 평민 모임들에 이르기까지, 정치 클럽의 전형은 역시 브르타뉴 지방 의회 대표들의 회합에서 파생된 (것으로 보이는) 자코뱅Jacobin 클럽이었다. 자코뱅 클럽은 1789년 10월 집회 이후, 파리의 생토노레 가에 위치한 자코뱅 수도원을 근거지로 삼아, 헌법동호회라는 이름으로 활동했다.

자코뱅파는 1793년에서 1794년 사이의 기간에 스스로의 힘을 결집시키기 위해, 혁명의 진행 추이에 따라 변화하게 마련인 교의doctrine에 의존하기보다는 조직 방식을 단단히 다지는 쪽을 택했다. 즉, 대중들의 혁명 에너지를 한 곳으로 모으고 적절한 방향을 제시하면서 효율을 배가시킬 수 있는 조직을 구상한 것이다. 모체가 되는 협회는 가입과 교신交信을 통해, 각지의 가맹 클럽들, 다시 말해서 전국에 촘촘하게 퍼져 있는 단체들, 가장 의식 있는 혁명파들이 가담하고 있는 단체들을 하나로 이어 주는 광대한 조직망을 만들고 여기에 혁명적 자극을 주었다. 자코뱅파는 쌍방향 교류를 통해 정치 집단을 자신들의 그물망 속으로 끌어들였다. 아니 이 집단을 자신들의 핵으로 삼아, 마치 정당의 뼈대처럼 구조화되어 있는 전체 클럽들의 활동을 조율했다. 중앙의 협회가 발의안을 표결 처리하고, 탄원서를 기안하며, 전단과 포스터를 인쇄하면, 가맹 협회들이 즉각적으로 이를 지시 사항으로 만들어 집행했다. 협회는 행정 체제를 감시하고, 공무원들을 법정에 출두시키며, 반혁명주의자들을 고발하고 혁명파들을 보호했다. 카미유 데물랭Camille Desmoulins*이 쓴 「프랑스와 브라방의 혁명」(1791년 2월 14일)이라는 글에 따르면, 자코뱅 클럽은 "가맹 협회들과 서신을 주고받으면서 83개에 이르는 지방의 구

자코뱅 클럽의 회의 장면을 그린 반혁명적인 캐리커처.

1789년 10월 5일, 무장한 채 베르사유로 행진하는 여성들.

석구석을 모두 끌어안을 수 있었다"고 한다. 클럽은 귀족들을 공포에 몰아넣는 최고재판관이면서 동시에 모든 권력 남용을 바로잡는 논고자이기도 했다. 클럽은 혁명 운동의 활력소였다.

신문, 전단, 소책자, 포스터 등 다양한 형태의 언론은 갈등 관계에 있던 여러 경향들을 접할 수 있는 기회를 확대시켜주었는데, 그중에서도 특히 혁명파에게 많은 기회가 주어졌다. 저녁에 열리는 평민들의 모임이나 자치구 집회, 길거리 또는 공공장소(1793년, 과격파 l'enragé인 바를레Varlet*는 이동식 연단에 올라가 연설했다. 그보다 앞서 콜리뇽Collignon이라는 자는 스스로를 가리켜 상-퀼로트의 낭독관이라고 칭했다), 또는 예를 들어 파리의 팡테옹 공사 현장 같은 대규모 작업장

을 이용해 열리는 공개 강연 형태도 애
용되었다. 민중을 대상으로 한 언론(마
라Marat*가 주관하여 1789년 9월부터 발행
한 《인민의 벗 L'Ami du peuple》, 에베르Hébert*
가 1790년 10월부터 찍어낸 《르 페르 뒤셴Le
Père Duchesne》 등)은 발행부수만으로는 가
늠하기 어려운 엄청난 영향력을 행사했
다. 언론은 각종 협회와 마찬가지로 전국
각 지방, 심지어 군대의 졸병들에게까지
도 혁명의 구호를 전파했다.

자크-르네 에베르.

군대는 1789년 봄부터 벌써 다양한 방식으로 혁명에 동참하고 있었
다.* 우선, 병사들은 복종을 거부했다. 파리에 병영을 둔 프랑스 경비
대Garde française에서 병사들의 이탈(6월 말부터 이미 나타나기 시작한 조
짐)이 얼마나 심했는지는 잘 알려져 있다. 병사들은 제3신분으로서
의 정체성을 지니고 있었다. 따라서 이들은 두려움과 희망을 공유했
고, 평민들의 궁핍한 삶(일부 병사들은 주민들의 집에 묵었다)에 무심할
수 없었다. 혁명 이념의 침투를 받아, 또는 귀족이라는 신분 때문에

■■■■■■

- *『프랑스 대혁명의 역사적 연보』에 게재된 마르셀 레나르의 「프랑스 대혁명 기간 동안
  군대가 수행한 혁명적 역할에 관한 소고」(1962년, 169쪽) 참조.

마라의 죽음. 마라의 손에는 편지가 한 장 쥐어져 있는데, 이 편지엔 암살자 샤를로트 코르데가 마라에게 접근하기 위해 도움을 청하는 내용이 담겨 있다(자크 루이 다비드 그림).

적대적인 시선을 피할 수 없었던 장교들의 적잖은 수가 이미 외국으로 망명길에 오름으로써 왕의 군대는 와해되기 시작했으며, 이는 혁명의 진행 과정에서 무시할 수 없는 중요한 요소로 작용했다. 그런데 여기서, 정치 단체에 적극적으로 가담하는 것에서부터 고발 행위에 이르기까지, 난투극에서 살육 행위에 이르기까지 여러 형태로 전개된 병사들의 자발적인 혁명 행위를 잊어서는 안 된다. 혁명의 새로운 주축으로 떠오른 국민방위대원Garde nationale들의 혁명적인 행위 또한 주목할 만하다.

국민방위대는 본질적으로 군대 조직을 보유한 민간 단체였다. 1789년 7월, 파리 선거인단 총회에서는 어떤 이름을 택할 것인가를 놓고 고민에 빠졌다. 민병대라는 단어는 불쾌한 기억을 상기시켰기 때문에, 그보다는 방위대라는 용어가 힘을 얻었다. 거기에다 오래된 전통적 표현인 부르주아라는 형용사까지 덧붙이자는 의견이 나왔으나, 결국 라파예트Lafayette*가 7월 16일에 부르주아 대신 국민이라는 용어를 제안하자 이것이 채택되었다. 이름이야 어찌 되었든, 부르주아 민병, 아니 국민방위대원은 왕권은 물론 최전선에 배치된 용병傭兵들과도 대치하는 한편, 주거 부정 노동자들이나 빈털터리 부랑자들처럼 사회적으로 위험한 계층으로 간주되던 불안정한 다수 빈민들의 위협과도 맞서야 했다. 국민방위대는 지켜야 할 재산을 조금이라도 가진 자, 안정된 생활을 영위하는 자들을 규합했다. 요컨대, 국민방위대는 재산을 가진 자들의 이익을 보호하기 위한 정규군으로

칼로 무장한 여성(위)과 무장한 여성 상-퀼로트(아래). 여성도 혁명에 참가하여 중요한 역할을 맡았지만, 충분히 평가받지 못했다.

서, 들끓어 오르는 대다수 평민들에게 부르주아지의 질서를 강요하는 역할을 맡았다.

1789년 7월 13일 조직된 파리 민병대는 그날 오후부터 정찰을 시작했다. '부랑자들'을 무장해제시키는 이들의 정찰 덕분에, 무장한 개인들의 행패로 불안에 떨던 도시는 모처럼 평온을 맛볼 수 있었다. 제헌의회는 무기 소지를 부르주아들에게만 허용했다. 선거권을 가진 시민, 즉 능동적 시민citoyen actif, 다시 말해서 사흘 치 노동의 대가에 해당되는 직접세를 내는 사람만이 정치적 권리를 행사할 수 있으며, 국민방위대원이 될 수 있었다. 로베스피에르는 1791년 4월 27일에 한 연설에서 선거권을 갖지 못한 시민들, 즉 수동적 시민citoyen passif이 배제되는 현실을 비판했으나, 이는 공허한 외침이 되고 말았다. 국민방위대의 결성을 공식화한 1791년 9월 29일자 법령은 질서 '회복'과 법치 유지를 국민방위대의 임무로 규정하고 있다. 이는 곧 승리를 쟁취한 부르주아지의 통치를 보장하기 위한 것이나 다름없었다. 실제로 국민방위대원들의 사회적 성분은 법 조항에 명문화되어 있는 것보다 훨씬 다양했을 것으로 짐작된다. 그러나 1792년 7~8월, 수동적 시민들이 대거 국민방위대에 들어감으로써 이 제도는 새로운 방향으로 나아가게 되었다.

한편, 시를 단위로 하는 소규모 조직으로 시작된 방위대는 연맹fédération이라는 방식을 빌려 빠른 시일 내에 그 효율성을 증대시켰다. 시 단위 조직이 국가 차원으로 확대되었기 때문이다. 연맹이라는 조직을 적절히 활용하여 도시와 농촌 구분 없이 나라 전체가 무장하는 결과를 낳았다. 삼색휘장은 처음엔 파리 방위대용이었다가 이어서 국민방위대용으로 변했으며, 이내 국가적인 상징으로 격상되었다. 연맹은 형제애를 목표로 삼았다. '우애라는 끊을 수 없는 유대'를 통해 모든 시민들을 하나로 묶는다는 것이었다. 도시와 농촌에 거주하는 주민들은 우선 지역 연맹을 통해서 형제애를 나누며 서로 도울 것을 약속했다. 1789년 11월 29일, 도피네 지방과 비바레 지방의 국민병들은 발랑스에서 연맹이 되었으며, 브르타뉴 출신들과 앙제 출신들은 1790년 2월에 퐁티비에서 연맹을 결성했다. 또, 5월 30일에는 리옹에서, 스트라스부르와 릴에서는 6월에 각각 연맹이 만들어졌다……. 이러한 움직임은 혁명파들이 한 방향으로 나아가고 있음을, 나라 전체가 새로운 질서 속으로 편입되어가고 있음을 보여준다. 귀족과 구체제와 맞서서 매우 효율적인 혁명 절차가 차근차근 진행되어갔던 것이다.

새로운 국가적 단합은 파리에서 1790년 7월 14일에 열린 연맹제聯盟祭에서 성대한 모습으로 나타나는데, 이는 메를랭 드 두에Merlin de Douai*가 알자스 지방에 영지를 가지고 있던 독일 제후들에 대해 언급할 때 다시금 확인된다. 그런데 부인할 수 없는 평민층의 이러한 열광적 분위기의 이면에 도사리고 있는 이 같은 사건들의 실재적 의미를 파악해야 할 것이다. 자발적인 연맹에 의해서 국가가 구성된다는 식의 이론이 언어를 통해 구체화 되어가는 동안, 사실을 통해서

오노레–가브리엘 리게티 미라보.

는 서로 다른 사회적 현실이 거듭 확인되었다. 연맹이 이루어지는 동안 라파예트가 보인 대활약은 이러한 의미를 새삼 강조한다. 부르주아지의 우상이며 '두 개의 서로 다른 세계의 영웅' 질 세자르Gilles César(미라보Mirabeau*는 질베르 라파예트Gilbert Lafayette를 질 세자르라고 불렀다. 세자르는 카이사르의 프랑스식 이름으로 질 세자르는 얼간이 세자르라는 조소적인 의미를 지닌다 – 옮긴이)는 귀족 계급을 혁명의 연합세력으로 끌어들이려고 했다. 요컨대 그는 타협을 추구하는 인물이었던 것이다. 그가 지휘하던 국민방위대는 부르주아지 경비대로서, 선거권 없는 시민들의 참여는 배제되었다. 민중도 분명 있었지만, 그들은 행동하는 주역이었다기보다는 수동적인 관객에 머물러 있었던 것이 사실이다. 그런데 연맹이 보여준 행동에서 방위대가 '국민적' 차원의 무력을 상징했다면, 그것은 '왕'의 무력만을 상징했던 이제까지의 군대와는 대조를 이루는, 새로운 질서를 추구하는 부르주아적 성격을 지녔기 때문에 그렇게 된 것이다.

국민방위대와 연맹, 클럽과 위원회, 구와 자치구, 이 모든 제도적 형태들은 그것들이 함축하고 있는 사회적 내용에 의해서만 의미를 갖는다. 혁명을 주도한 부르주아지는 민중의 저 깊은 곳에 감추어져 있는 엄청난 힘을 가공하지 않은 원래의 모습 그대로 남겨 두려 하지 않았다. 부르주아지는 국민적 단합이라는 가식적인 명분을 내세워, 이 힘을 최대한 자기들의 이익에 도움이 되는 방향으로 몰고 갔다. 그래서 1789년 혁명은 억지스러운 국민적 단합이라는 상징을 벗어나지 못하고 있는 것이다.

1장

1789년
혁명인가 타협인가?

1789~1792

삼부회는 1789년 5월 5일에 시작되었다. 시작된 지 이틀째 되는 날, 귀족들과 성직자들은 그들을 위해 마련된 방에 모였다. 법적 권리 심의를 하되, 그들끼리만 하기 위해서였다. 그러자 신분 갈등이 시작되었다. 제3신분이 함께 심의할 것을 요구했기 때문이다. 이들의 요구대로라면, 투표는 신분별로가 아니라 참가자의 머릿수에 따라 이루어져야 했다. 이처럼 영리한 전술을 구사한 데다 성직자들의 내분까지 겹쳐, 제3신분은 승리를 거두었다. 6월 17일, 제3신분은 스스로 삼부회의 이름을 국민의회Assemblée nationale로 하자고 내걸었다. 이는 국민적 통합과 주권을 확인하는 법률적 혁명으로, 찬성 491표 대 반대 89표라는 엄청난 차이로 채택되었다. 이를 뒤집어서 생각하면,

생 라자르 가의 부유한 저택을 습격하여 약탈하는 군중들. 식료품뿐만 아니라 가재도구들도 가져 가고 있다.

여섯 명의 대표 중에서 한 명은 이 결정적인 한 걸음을 내딛기를 거부했다는 말이 된다. 부르주아지가 이미 이때부터 서로 갈라지기 시작했다는 얘기다. 6월 20일, 구희장球戲場, Jeu de paume의 선서[32]는 제3신분의 개혁 의지를 확인해주었다. 이와 반대로, 6월 23일 왕이 참석한 자리(친림회의)에서 제시된 정부 측의 정책강령(왕의 개혁안)은 갈등의 관건을 파악하여, 혁명의 파장을 미리 제한했다. 요컨대, 왕은 입헌군주가 될 것을 수락하고, 세제상의 특혜를 철회하겠다고 했으나(면세의 특권 폐지), 단호하게 "십일조, 지대, 봉건적 의무, 영주권"을 유지함으로써 전통적인 사회 질서를 보존하겠다는 의지를 피력한 것이다. 이에 맞서 제3신분은 집단적 단호함을 보임으로써 또 다시 승리했다. 6월 27일, 왕은 소수의 성직자와 다수의 귀족에게 국민의회에 합류할 것을 명했으며, 이로써 국민의회는 1789년 7월 9일자로 제헌의회Assemblée constituante라고 이름을 바꾸었다.

하지만 '평화적인' 부르주아지 혁명은 실패로 끝났다. 애초에 이런 혁명이 성공할 가능성이 있기는 했던가? 제3신분 내에는 보수적인 소수파가 있었으며, 이들은 6월 17일 자신들의 존재를 드러냈다. 이들은 타협을 원하는 대다수 성직자들과 자유주의적 성향의 귀족들과 더불어 타협을 관철시키기 위해 저항하는 분파를 결성했다. 이러한 경향은, 민중의 동요로 정황이 불안해진 1789년 6월 말이 되면서 한층 강화되었다. 무니에Jean-Joseph Mounier가 이 경향의 대표적인 인물이었다. 그러나 이런 타협마저도 예외 없이 봉건제도라는 암초에 걸려 좌초하고 말았다. 혁명을 주도하는 부르주아지와 대다수 평민은 봉건제도의 존속을 용납할 수 없었고, 귀족은 귀족대로 자신들의 몰락을 의미하는 봉건제도의 폐지를 고려할 수 없었다. 귀족이 제3신분의 복종을 이끌어내기 위해 군대에 호소했다는 사실은, 그렇게 할 수밖에 없는 상황이었을지는 모르겠으나, 구체제하의 귀족들의 사고방식을 그대로 드러내준 것이었다. 이는 대다수 평민들을 전혀 고려하지 않는 태도였다.

경제 위기로 이미 폭동은 크게 증가했다. 1789년 4월 28일, 포부르 생탕투안에 있던 앙리오의 화약 공장과 레베이용의 벽지 제조 공장이 약탈당했다. 시장은 동요했고, 운송 중인 곡물이 약탈당했으며, 입시세入市稅 납부소의 바리케이드가 공격당하는 등 소요 사태가 잇따랐다. 이와 같은 민중의 '감정 격앙'은 조마조마하며 숨죽이고 있던 군대와 기마경찰대를 자극했으며, 도시 전체를 열병에 감염된 것 같은 분위기 속으로 몰아넣었다.

급기야 '귀족의 음모'가 대다수 평민들을 결집시켰다. 파리에서는 수공업자, 상점 주인들과 직공, 병영에서 벗어나 있던 프랑스 경비대들이 시위를 벌였으며, 이들의 뒤를 이어 부르주아지 혁명 세력 부대들도 동참했다. 7월 12일 일요일 오전에 알려진 네케르의 해고 소식은 공황 상태를 일으켰으나, 이는 오히려 빠르게 방어적인 태세를 갖추게 만들었다. 7월 14일 파리에서 일어난 혁명(바스티유 함락)에 지방은 각기 다른 양태의 도시별 혁명으로 화답했다. 구체제하의 시

바스티유 공방전.

정市政은 단 몇 주 만에 완전히 자취를 감추었다. 전국은 위험인물들을 감시하는 데 열심인, 귀족들의 음모를 즉각 분쇄하려는 각종 위원회들의 촘촘한 망으로 재정비되었다. 병영으로 돌아가는 군대, 외국으로 떠나는 이민자, 외국 군대가 개입할 것이라는 소문 등으로 두려움이 확산되는 가운데서도 경계가 강화되었다. 농민들도 가세했다. 하긴 이 무렵에 농민들은 이미 노르망디의 보카주, 에노, 마코네, 프랑시-콩테, 오트알사스 등 몇몇 지방에서 봉기한 상태였다. 불안한 사회 분위기와 물질적 궁핍 속에서 지역에서 일어난 일부 사건들은 연쇄적인 공황의 파도를 일으켰으며, 이 파도는 크게 보아, 브르타뉴, 알자스, 로렌, 바-랑그독을 비롯하여 대략 여섯 개의 방향에서 넘실거렸다. 대공포는 1789년 7월 20일부터 8월 6일까지 전국을 요동치게 만들었다. 봉건제도는 결정적으로 타격을 입었다.

I. 봉건제도의 '타파'

새로운 질서의 초석은 농촌에서 봉기가 일어났을 때부터 이미 마련된 것이나 다름없었다. 제헌의회는 이 농촌 봉기가 갖는 파급력을 놓치지 않았다. 수확이 한창이던 시기에 일어난 농민들의 봉기는 당연히 봉건적 부과금 징수와 영주권, 십일조에 대해 불만을 터뜨린 것이었다.

부르주아지는 원칙적으로 이러한 제도에 적대적이었다. 봉건제도가 농업자본주의로 이행하는 것을 막고, 더 나아가서 경제의 전반적인 발전에 장애가 된다는 것이 부르주아지의 입장이었던 것이다. 자본주의로 이행하는 것이 가능하려면 개인의 자유, 노동의 자유가 필요하므로, 농노제도는 당연히 폐지되어야 마땅했다. 생산의 자유는 부과조와 영주의 독점권 폐지를 요구했다. 소유의 이동이 가능하기 위해서는 장자상속권, 봉건적 회수 제도, 자유보유지세 등을 철폐해야 할 필요가 있었으며, 시장을 통합하기 위해서는 통행료를 폐지해야 마땅했다.

그러나 몇몇 자유주의 성향의 대영주들이 봉건적 부과조의 되사기[33]를 받아들이고, 아무런 보상 없이 가장 억압적인 세금을 폐지하는 데 찬성했다고 할지라도, 수입의 대부분을 이 같은 제도를 통해서 벌어들이는 소영주들은 집요하게 반대 의사를 표명했다. 당장 수입이 줄어드는 것도 문제였지만, 이들은 그보다는 특권 계급으로서의 지위를 잃을까봐 한층 집착했다. '귀족답게' 살기 위해서 이들은 자신들이 되사기로 상환 받은 자본을 굴려야 하며, 따라서 농민들과 다를 바 없는 신분이 되는 평민의 삶을 거부한 것이다.

이들의 완강한 거부는, 이미 왕족들과 실랑이를 벌이고 있던 부르주아지에게 농민들과 타협하는 빌미를 제공했다. 그렇다고 해서 부르주아지가 농민들의 요구를 모두 수용한 건 아니었다. 제3신분 대표들 중 대다수는 법률가로서, 이들은 영주의 권리를 개인적인 정당한 소유권으로 간주했으며, 이를 폐지하는 것은 부르주아지 신분마저도 위험에 빠뜨리게 될 것이라고 생각했던 것이다.

제3신분은 주저했다. 1789년 8월 3일, 위원회가 제안한 "그 어떤 이유로도 세금을 비롯한 다른 모든 부과금 납부의 중지를 정당화할 수 없다"는 내용의 법률안을 놓고 토론이 벌어졌다. 타협안은 자유주의자 귀족들로부터 나왔다. 8월 4일 밤에 열린 역사적인 회의에서 노아이유Noailles 자작은 모든 봉건적 권리는 돈으로 변제되거나 "합당한 평가를 거쳐 매겨진 가격"으로 교환될 수 있도록 하자는 제안을 내놓았다. 그의 뒤를 이어 에귀용Aiguillon 공작은 "이 권리들은 사유재산이며, 모든 사유재산은 반드시 보호받아야 한다"고 덧붙였다. 영지를 소유한 자들, 토지를 소유한 영주들에게 "정당한 보상 없이 그들의 봉건적 권리를 완전히 포기하라고 요구할 수는 없다"고도 못박았다. 이렇게 해서 자신들의 이익의 상당 부분을 지킨 대표들은 열광했다.

그러나 개인적인 특권과 신분에 따른 특권은 지방과 도시의 구별 없이 모두 폐지되었다. 회의는 이 같은 거창한 포기를 결정하고는 루이 16세를 "프랑스의 자유 회복자"라고 선언하는 것으로 새벽 2시에 막을 내렸다.

제헌의회가 결정한 봉건제도의 폐지는 그러나 실제적이었다기보다는 형식적인 것에 불과했다. 역사적인 8월 4일 밤의 회의에서 결정된 원칙을 실행에 옮기기 위한 1789년 8월 5~11일자 법령과 1790년 3월 15일자 법령을 보면, 이날 밤 대표자들이 보여준 계산된 만장일치의 열광이 얼마나 애매모호하며, 귀족들이 동의한 양보라는 것이 얼마나 허울뿐이고, 농민과 부르주아지가 그로 인해 얻을 수 있는 혜택이 얼마나 불평등한지를 쉽게 알 수 있다. 봉건제도는 법률적이고 제도적인 형태로서는 폐지되었으나, 경제 현실 속에는 엄연히 유지되었던 것이다.

(1790년 3월 15일의 법령 제1조는) "모든 명예권, 곧 봉건제도로부터 기인하는 신분이나 권력상의 우위는 폐지된다"고 했으며, 마찬가지로 "봉신封臣, 정액지대定額地代 납부자, 토지 보유 농민들이 이제까지 지켜야 했던 신하 되는 서약을 비롯한 다른 모든 의무도 폐지된다"고 했다. 귀족의 토지와 평민의 토지는 더 이상 구분되지 않으며, 장자 상속권도 사라지게 되었다. 토지의 평등과 인간의 평등은 함께 걸어갔다. 하나, 조세의 평등(8월 5~11일 법령 제9조)이 모두에게 이익을 가져다주었다고 한다면, 시민권의 평등은 단연 부르주아지에게 유리하게 작용했다. 매관賣官 제도와 채무 상속 제도(제7조)가 폐지되고, 누구나 민간 또는 군사 업무와 관련한 모든 직업에 종사할 수 있게 됨으로써 공직과 법조계의 문이 활짝 열렸기 때문이다. 하지만 문호가 개방되었다고는 하나, 평민들은 '재능'이 부족해서 현실적으로 그런 일자리에 감히 도전할 엄두조차 낼 수 없었다.

경제적 봉건제도는 새로운 방식으로 살아남았다. 여기서, 8월 4일부터 이미 확인되었으며 망설임 속에서 다소간의 모순을 그대로 남겨둔 채 재확인되었던 1789년 8월 5~11일의 법령을 보면 근본적인 차이가 나타난다. 즉 (이때의 법령들은) "국민의회는 봉건제도를 완전히 폐지한다. 봉건적인 권리와 의무에서 지대 문제에 연결돼 있던, 노예의 재산 상속을 불허한 제도와 인신상의 노예제를 아무런 보상 없이 폐지할 것을 선언한다"고 했다. 하지만 당시 농노제도는 사실상 거의 남아 있지 않았다. 그러나 다른 한편으로는 "다른 모든 권리는 변제될 수 있음을 선언한다"고 했다. 그러니까 이것은 변제(상환)해줄 때까지 징수한다는 말이었다. 이것은 귀족들이 누리던 권리의 대부분이 실질적으로 보존된다는 것을 뜻했다. 이렇게 이상한 제한이 어디 있단 말인가.

농민들은 예속에서 벗어났으나 그들이 농사짓던 땅을 예속에서 벗어나게 하려면 대가를 지불해야 했다. 메를랭 드 두에가 전해주는 1790년 3월 15일자 법령은 이러한 원칙들을 체계화하며 이를 재차 선언했다. 즉, '지배적인 봉건제도féodalité dominante'와 '계약에 의한 봉건제도féodalité contractante'를 구분한다는 말이었다. 공적인 권리에 피해를 입혀 강탈한 것으로 여겨지는 권리나, 공권력에 의해 인정된 권리들, 또는 폭력에 의해서 성립된 권리들이 전자에 해당된다. 곧, 명예권과 사법권(영주의 재판권), 재산 상속세와 농노세, 인신세, 개인들의 부역과 부역대납세, 통행세, 수렵과 어업의 독점권, 비둘기,

토끼 방목권 등을 예로 들 수 있는데, 이 같은 권리는 모두 무상으로 폐지되었다. 한편, 계약에 의한 봉건제도에서 온 권리는, 토지를 애초에 양도받을 때와 관련된 것인데, 이 권리는 부르주아적 재산으로, 다시 말해서 되살 수 있는 권리로 바뀌었다. 정액지대, '이름이야 어떻든 모든 종류의 화폐 지대와 현물세(연공적^{年貢的}인 세금들)', 소유권 이전세(부정기적인 세금) 등이 후자에 해당된다. 십일조를 놓고는 열띤 논쟁이 벌어졌는데, 결국 매입하지 않고 폐지되는 것으로 결론이 났다. 다만 성직자와 무관한 비종교인에게 속한 영지의 십일조는 예외적으로 매입 대상이었다.

(되사기, 즉 매입권買入權의) 매입 비율은 1790년 5월 3일 법령에 의해 정해졌다. 화폐로 지불하는 경우엔 1년 치 지대의 20배(즉 20년 치), 현물로 지불하는 경우엔 25배(25년 치)였다. (그 부담액에 비례해서 토지를 매매할 때 납부했던) 부정기적인 세금도 되사야만 했는데, 매입은 엄격하게 개별적으로 시행되었다. 농민은 30년 동안이나 소홀히 했던 연체이자도 지불해야 했다.

되사기의 부담이 너무 컸기 때문에 소농들이 되사기를 통해 토지로부터 해방될 수 없다는 점은 분명해졌다. 오직 부농들과 비경작 지주들만이 그 해방을 누릴 수 있었다. 매입은 오로지 토지 소유자들에게만 유리했는데, 그도 그럴 것이 이들은 되사기의 부담을 토지 보유 농민이나 소작인fermier, 절반소작인métayer들에게 떠넘겼기 때문이다. 십일조의 경우에도, 역시 땅을 소유한 자만이 십일조 폐지의 수혜자였다. 1791년 3월 11일자 법령에 따라 소작인은 그 폐지의 대가를 현금으로 지주에게 납부해야 했고, 절반소작인은 생산량에 비례해서 생산물의 일부를 납부해야만 했다.

봉건적 권리의 매입은 1789년부터 일부 부르주아지들이 모색해오던 귀족과의 타협을 위한 경제적 토대를 마련해주었다. "봉건제도가 낳은 결과물 전반"을 폐지하고, 토지 소유에서 봉건적 구조를 제거하며, 행정과 사법을 개혁함으로써 영주의 권력은 와해되었으며, 통합된 단일 국가의 터전이 마련되었다. 그러나 (봉건적 권리를) 매입하는 제도가 도입되면서, 봉건제도의 폐지는 명백하게 귀족들에게 유리한 타협의 형태로 전락해가고 있었다. 결과적으로 부담이 주로 소작인과 절반소작인들에게 돌아가게 됨에 따라, 영주제에서 해방된 농민들 모두가 동일한 경제적, 사회적 조건에서 해방된 것이 아니었던 것이다. 구체제하에서 이미 상당히 진행되고 있었던 농민 내부의 차별화는 이로써 한층 가속화되었으며, 농촌 공동체의 동요 또한 극심해졌다. 이러한 봉건제도의 폐지는 대다수 영세농, 곧 소작인과 절반소작인들에게는 겉만 번지르르하고 아무런 실속 없는 한바탕의 소동만 겪게 해준 셈인데, 이를 두고 조르주 르페브르는 "쓰디쓴 실망"만 안겨주었다고 표현했다.

토지의 완전한 해방을 표방하는 농민혁명은 1793년까지 다양한 형태로 지속되었다. 이는 진정한 의미에서 내란에 버금가는 사건으로, 이 문제를 전문적으로 다룰 역사가의 출현을 필요로 한다. 농민

혁명은 봉건귀족과의 어떤 타협도 불가능하게 만들었으며, 이는 결과적으로 부르주아지 혁명의 진전을 가져왔다.

Ⅱ. 부르주아적 자유주의

봉건제도를 둘러싼 경제적, 사회적 타협을 점검해보면 제헌의회의 활동 내역에 대한 정확한 평가가 가능해진다. 한마디로 원칙은 엄숙하게 선포했으되, 그 원칙이란 것이 재산을 가진 사람들의 이익을 옹호하는 방향으로 기울어져 있었던 것이다.

부르주아지에게 가장 주요한 것은 자유였다. 이들은 처음엔 경제적 자유에 집착했다. 1789년의 인권선언[34]에서는 이 점에 대해 아무런 언급이 없지만, 이것은 명백하다. 부르주아지는, 인권선언의 내용으로 미루어, 경제적 자유는 당연한 것이라고 생각했다.

1789년부터 자유방임주의laisser faire, laisser passer가 서서히 새로운 제도의 기초가 되어간 것도 사실이다. 소유의 자유는 봉건제도의 폐지에서 나왔다. 비록 1791년 9월 27일의 농촌법Code rural이 증서와 관습에 의해 설정된 공동 목초지와 공동지의 방목권을 유지시키는, 다소 모순되는 내용을 공표했다고는 하지만, 경작의 자유는 그래도

'자유의 나무'를 심는 시민들. 여러 계층의 시민들이 함께 모여 있어 자유와 평등을 함께 상징해주고 있다.

농업에서의 개인주의의 승리를 확고하게 만들었다. 독점과 동업조합을 폐지함으로써 생산의 자유도 일반화되었다. 1791년 3월 2일자 알라르드Allarde법은 동업조합corporation, 곧 (공장주의) 동업조합 간부단체와 장인 단체jurandes et maitrises를 (배타적 독점으로 물가고의 한 원인이 된다는 이유로) 해체했다. 그러나 공장제 수공업manufacture엔 특혜를 주었다. 이리하여 자본주의적인 생산의 힘은 해방되었으며, 누구든지 고용주와 자유로운 계약을 맺을 수 있게 되었다.

국내 상업의 자유는 내국 관세와 통행료 폐지를 통해 국내 시장의 통합을 가져왔다. 또한 외국인들이 거주하는 지방을 병합하여 관세 장벽을 뒤로 물린 것도 시장 통합에 기여했다. 한편, 무역회사들이 누리던 특권이 폐지됨에 따라 대외무역도 자유화되었다.

마지막으로, 기업의 자유와 불가분의 관계에 있는 노동의 자유를 보자. 1791년 6월 14일의 르샤플리에Le Chapelier법은, 결사와 집회의 자유가 엄연히 선언되었음에도 불구하고 (노동자들의) 동맹과 파업을 금지했다. 자유로운 개인이라면 창조하고 생산하며, 이익을 추구하고 그 이익을 자신의 의지대로 사용할 자유도 누린다. 사실 자유주의란 모든 사람이 사회적으로 동등하다는 개인주의의 추상성 위에 구축되었지만 힘이 센 자에게만 유리하게 작용하는 경향이 있다. 르샤플리에법은 1864년 파업권이 인정될 때까지, 그리고 1884년 노동조합 결성권이 인정될 때까지 자본주의와 자유 경쟁의 중요한 보루 역할을 했다.

자유라고 하면 당연히 공적 자유와 정치적 자유를 빼놓을 수 없다. 자유는, 인권선언 제2조에 의하면, 절대 불가침의 자연권으로, 타인의 자유를 침해하지 않는 한 모든 것을 할 수 있는 권리를 뜻한다(제4조). 자유란 우선 신체의 자유, 곧 임의로 기소, 체포되지 않으며(제7조), 무죄 추정(제9조)이 보장되는 개인의 자유를 말한다. 인간은, 의견의 표현이 법에 의해서 확립된 질서를 해치지 않는 한, 그리고 자유를 남용하지 않는 한(제10, 11조), 자신의 인격의 주인으로서 자유롭게 말하고 글을 쓰며, 인쇄하고 출판할 수 있다. 비주류 종교들(이단종파)이 법에 의해 정해진 질서를 문란케 하지 않는 범위에서만 허용되었음을 감안할 때, 종교의 자유는 색다른 제한을 받는, 관용의 대상일 뿐이었다.

정치 분야에서, 부르주아적 자유주의는 흔히들 1791년 헌법이나 또는 혁명력 1년 헌법[35](실제로 이 헌법의 주요 조항들은 1791년이 아닌 1789년 말에 채택되었다고 볼 수 있다)이라고 부르는 조문 속에 잘 드러나 있다. 주권재민과 권력 분리(인권선언 제3조, 제6조)를 토대로 하는 1791년의 이 헌법은 제헌의회의 우위(우월성)로 특징지어지는 대의정치 체제를 조직했다. 행정의 지방 분산, 사법 개혁, 새로운 세제 구상, 심지어 성직자 민사기본법(1790년 7월 12일)에 따른 교회의 재정비에 이르기까지, 이 모두가 자유주의의 관점에서 이루어졌다. 일관성 있고 합리적인 국토 정비라는 틀에서, 모든 행정 담당자들은 선거를 통해 임명되었으며, 주교조차도 정액지대 납부자들이 참여

프랑스 혁명의 상징들을 함께 모아 표현한 포스터. 결속을 나타내는 나뭇가지 묶음 위에 자유의 모자 프리지아가 얹혀 있다. 삼색기, 월계수 가지도 보인다. 왼쪽엔 '공화국의 통일과 불가분성'이란 말이 씌어 있고, 오른쪽엔 '자유 평등, 박애가 아니면 죽음을 달라'는 말이 씌어 있다.

하는 제한선거를 통해서 선출되었다.

평등은 인권선언에 의하면, 자유와 밀접하게 연결되어 있다. 평등은 귀족들과 맞선 부르주아지에 의해서, 영주들과 담판을 지어야 했던 농민들에 의해서 집요하게 요구되었다. 이때의 평등은 시민 평등을 의미한다. 법은 모두에게 동일하며, 모든 시민은 법 앞에 평등하다. 지위의 고하를 막론하고 모든 자리, 모든 일자리는 신분의 구분 없이 모두에게 개방된다(인권선언 제6조). 공동의 효용(제1조), 덕성과 재능(제6조)만이 사회적 차이의 근거가 된다. 세금은 모든 시민에게, 이들의 능력에 비례해서, 평등하게 분담되어야 한다(제13조).

시민 평등은 그러나 식민지에서의 노예제도 존속에 의해 왜곡되었다. 식민지의 노예제도를 폐지하면, 대규모 농장주들의 타격이 너무 심할 것이라는 이유에서였다. 이들 농장주들의 이익을 대변하는 압력단체들이 의회에서 맹렬한 활동을 펼친 결과였다. 사회적 평등은 문제될 수 없었다. 소유는, 인권선언 제2조에서 불가침의 자연권임을 천명했는데, 이는 아무것도 소유하지 못한 대다수 평민들의 입장을 아랑곳하지 않은 것이었다. 정치적 평등은 일정액 이상의 직접세를 납부한 자들에게만 선거권을 부여함으로써 애초부터 거론될 수 없었다. 정치적 권리는 1789년 12월 22일자 법에 의해 재산을 지닌 소수에게만 주어졌으며, 이들은 다시 기여도에 따라 세 가지 범주로 구분되었다. 첫째, 선거인단을 뽑기 위한 1차 의회를 구성하는 능동적 시민들, 둘째, 도 단위 선거인단을 구성하는 선거인들, 셋째,

입법의회 의원으로 선출될 수 있는 피선거권을 가진 시민들, 이렇게 세 부류였다. 수동적 시민들은 선거권을 갖지 못했는데, 그 이유는 납세액을 낼 만한 능력이 없었기 때문이다.

새로운 사회 질서는 서로 밀접하게 연결되어 있는 두 가지 개혁에 의해 현저하게 강화되었다. 제헌의회에 참여한 부르주아지는, 썩 내키지는 않았지만, 재정 위기 타개라는 필요성에 직면하여 어쩔 수 없이 이 두 가지 극단적인 정책을 받아들였다. 1789년 11월 2일, 성직자들의 재산은 '국가가 처분하게' 되었고, 같은 해 12월 19일, 4억 리브르를 거두어들이기 위해 이 국유재산을 매각했다. 이 액수에 해당되는 만큼의 아시냐assignat,[36] 곧 수익률 5퍼센트짜리 국채를 발행하여, 이를 성직자들의 재산과 맞바꾸는 식이었다. 하지만 이 계획은 실패로 끝났고, 아시냐는 은행권 화폐가 되어버렸다. 이 지폐의 가치 하락, 인플레이션과 물가고는 이제까지 쌓아올린 부에 심한 타격을 가함으로써 또다시 사회 불안을 불러일으켰다. 아시냐를 통해 국유재산의 매각을 촉진시킴으로써 혁명은 토지 재산을 새롭게 분배하는 방향으로 나아갔다. 이것은 사회적 성격이 강한 것이었다. 하지만 봉건적 권리의 되사기와 마찬가지로 국유재산의 매각 또한 대다수 농민들과의 관계 속에서 구상된 것이 아니었다. 그것은 오히려 가진 자들의 지배적인 힘을 한층 강화시켜주었을 뿐이었다.

1790년 7월 12일에 채택되었으며, 대혁명이 안고 있는 난제를 배가시키게 된 성직자 민사기본법Constitution civile du clergé[37]은 부르주아

반교권적反敎權的 캐리커처. 교황이 성직자 민사기본법(1790년)을 비난하는 서간을 보내자 이를 야유하는 뜻으로 그것을 밑씻개용으로 쓰고 있는 그림.

적 자유주의와 궤를 같이한다. 이 법은 국가와 국가 행정을 개혁하는 데 필연적으로 따르지 않을 수 없는 것이었다. 수도修道성직자 신분이 1790년 2월 13일자로 폐지된 가운데, 성직자 민사기본법에 따라 재속 성직자는 재조직되었다. 행정 구역은 그대로 새로운 성직자 조직의 기본 틀이 되었다. 각 도(현)가 하나의 교구教區가 되어 주교가 한 명씩 배치되었다. 주교들과 주임신부들은 다른 공직자들과 마찬가지로 선거를 통해 임명되었다. 가령 주임신부들은 구 단위, 주교들은 도 단위 선거인회를 통해서 선출되는 식이었다. 새로 뽑힌 성직자들은 자신들보다 직급이 높은 상급 성직자들에 의해서, 주교들 또한 교황이 아니라 대주교에 의해서 서임되었다. 프랑스 교회는 이렇듯 국민의nationale 교회가 되었다. 교황청과의 관계는 소원해졌으며, 교황의 교서는 정부의 검열 대상이 되었고, 성직록 취득 헌납금 l'annate[38]은 폐지되었다. 교황은 프랑스 교회에 대해 정신적인 지주 역할은 계속 유지했지만, 재판권은 교황에게서 완전히 몰수되었다. 그런데 제헌의회는 교황에게 "성직자 민사기본법에 세례를 주는" 권한, 다시 말해서 교회법에 따라 이 법에 축성祝聖을 해주는 권한 만큼은 교황에게 맡기기로 인정했다.[39] 교황으로 말하자면, 인권선언 자체를 신에 대한 모독이라며 내쳤으며, 그것 말고도 유감이 많은 입장이었다. 아비뇽은 교황의 통치권을 거부하면서 프랑스와 합병할 것을 주장하지 않았던가. 교황 비오 6세는 질질 끄는 작전으로 일관했다. 기다리다 지친 제헌의회는 1790년 11월 27일 모든 사제들에게 국가의 헌법에 충성할 것을 맹세하는 서약을 요구했다. 성직자 민사기본법은 헌법 안에 포함되어 있었다. 주교들 가운데에서는 단지 7명만이 서약했고, 주임신부들은 두 부류로 갈라졌다. 숫자로는 거의 맞먹었지만, 출신 지방으로 보면 쏠림 현상이 두드러졌다. '선서파les assermentés' 또는 '입헌파cnstituionnels'는 대부분 남부-동부 출신이었고, '선서거부파les réfractaires' 사제들은 서부 지역에서 다수를 차지했다. 교황이 나서서 성직자 민사기본법을 규탄하면서 이와 같은 분열 현상은 더욱 심화되었다. 1791년 3월 11일과 4월 13일의 교황 교서는 대혁명의 원칙과 성직자 민사기본법을 보란 듯이 규탄했다. 이로써 분열은 기정사실화 되어버렸다. 나라는 두 쪽으로 갈라져버렸다. 거부하는 반대파는 반혁명적 선동을 강화해나갔으며, 종교 갈등은 정치 갈등을 증폭시켰다.

제헌의회 의원들의 활동에 나타나는 여러 모순들은 이들의 현실주의를 드러내준다. 이들은 자신이 속한 계급의 이익을 지키기 위해서라면 원칙 따위는 얼마든지 무시할 수 있다는 것을 단적으로 드러냈다. 하지만 그렇다고 해서 1789년의 원칙이 지니는 파급력이 줄어드는 것은 아니며, 이로부터 전해지는 메아리는 오늘날까지도 여전히 울려 퍼지고 있다. 8월 26일에 채택된 인권선언은 인간의 권리, 국민의 권리의 본질을 명백하게 밝혀주고 있다. 그리고 그 바탕에는 17세기에 선언된 영국식의 경험론적 자유의 성격을 뛰어넘는 보편성

'인간과 시민의 권리 선언'을 성스럽게 표현한 그림. 사람들이 자유의 모자와 월계수를 걸어놓고 그 둘레에서 춤을 추고 있다.

의 추구가 깔려 있다.

한편, 독립전쟁을 계기로 선포된 미국의 인권선언은 자연권의 보편성을 높이 외치고는 있으나, 야릇하게도 그 힘의 범위를 제한하는 몇몇 유보 조항들을 지니고 있었다. 제헌의회에 참여한 부르주아지가 활동의 토대로 삼은 근본 원칙들은 한결같이 보편적인 이성에 뿌리를 둔 것이었다. 프랑스 혁명의 인권선언은 이러한 원칙들을 당당하게 소리 높여 표현한 것이다. 이제 "단순하고 이론의 여지가 없는 원칙 위에 수립된 시민들의 요구"는 "헌법의 유지와 모두의 행복"이라는 목표를 향해 굴러갈 것이었다. 하지만 이성의 전지전능함에 대한 이런 낙관적인 신뢰는 계몽주의 세기의 시대정신에 잘 부합되는 것이긴 했지만, 이마저도 계급의 이익을 보호하려는 압력 앞에는 제대로 맞서 저항하지 못하는 것이었다.

Ⅲ. 불가능한 타협

영주권 되사기(매입)를 통해 이루어진 사회적 경제적 타협을 기반으로 하면서, 재산권을 신성시하고 부의 우월성을 인정하는 자유주의, 즉 (정해진 액수 이상의 세금을 납부한 자에게만 선거권을 주는) 납세유권자 자유주의liberalisme censitaire의 틀을 유지하면서, 제헌의회의 부르주아지는 오랜 동안 귀족 계급과 정치적 타협을 하려고 노력했다. 그러나, 귀족의 대대수를 차지하며 소작료가 수입의 상당 부분을 차지하는 소小 귀족들의 완고한 저항과, 모든 봉건제도의 잔재를 완전히 제거하겠다는 농민들의 고집스럽고 공격적인 의지 때문에, 타협과 화해를 추구하는 정책은 발붙일 데가 없었다. 요컨대 정국의 안정은 불가능했다.

1688년의 영국 혁명에서 보는 것과 같은, 즉 굴복한 대다수 인민대중들 위에 상층 부르주아지와 귀족이 군림하는 방식의 정치적 타협이 1789년 9월부터 줄곧 '왕정파'와 '영국에 심취한 자들'에 의해 추진되어왔다. 다시 말해서 귀족들의 아성인 상원을 설립할 뿐만 아니라 왕에게 절대적 거부권을 주어야 한다고 주장하는 자들에 의해서 추진되어왔다. 무니에는, 1788년 비질Vizille(비질 의회 또는 도피네 지역 삼부회: 1788년 7월 21일, 대부분이 부르주아와 법률가들로 이루어진 도피네 지역의 명사들이 그르노블에 모였다. 이들은 왕의 허락 없이 귀족과 성직자, 제3신분까지도 이날 모임에 불렀다. 이 모임에서 지방 삼부회를 결성하고, 평민들에게도 모든 직업의 문호를 개방할 것 등을 결의했다 – 옮긴이)에서 그랬던 것처럼, 1789년에도 세 신분 모두로부터 제한적인 혁명에 대한 동의를 얻어낼 수 있을 것으로 믿었다. 하지만 이러한 명사들 중심의 혁명은 성사되지 않았다. 1789년 10월 10일 무니에는 베르사유를 떠났고, 1790년 5월 22일에는 외국 망명길에 올랐

자유의 상징 프리지아 모자. 이 모자엔 인권선언의 리본이 달려 있다.

다. 한편, 라파예트는 상황을 파악하지 못한 탓인지, 아니면 야심 탓
인지, 무니에에 비해서 훨씬 오래도록 타협에 집착했다. 그는 영국식
입헌군주제라는 테두리 안에서 토지를 소유한 귀족들과 사업에 투
신한 부르주아지를 화해시키려는 정책을 내세웠다. 1790년, 라파예
트는 정계政界를 지배했으며, 7월 14일의 연맹제를 통해서 개가를 올
렸다. 하지만 1790년 8월, 반란을 일으킨 낭시 주둔군을 진압하겠다
는 그의 사촌 부이예Bouillé*의 주장에 동의함으로써 본색을 드러냈
다. 이로써 그의 인기는 땅에 떨어졌고, '삼두체제les triumvirs'가 뒤를
이었다. 이들이 추구하던 타협이라는 것의 사회적 정치적 실체에 관
해서라면, 바르나브가 1791년 7월 15일에 발표한 격한 연설문에 가

장 잘 정의되어 있다.

"우리는 대혁명을 끝내려는 것인가? 다시 시작하려는 것인가?……
한 걸음만 더 나아간다면, 그것은 곧 치명적인 행위요 범죄 행위가 될
것이다. 자유를 향해 한 걸음 더 내딛는다면, 그것은 곧 왕정의 파괴가
될 것이며, 평등을 향해 한 걸음을 더 내딛는다면, 사유재산의 파괴가
될 것이기 때문이다."

라파예트와 뜻을 같이한 3인 집정관 바르나브, 뒤포르, 라메트
Lameth*는 헌법을 개정하고, 납세액을 높이며, 왕의 권한을 강화하자
는 데 동의했다. 이러한 정책은 귀족들의 협력과 루이 16세의 동의
를 필요로 했다. 하지만 귀족들과 왕은 이를 거부하면서 외국에 도
움을 청했고, 이로 인해 전쟁이 터지면서 타협 정책은 다시 한 번 물
거품이 되고 말았다.

귀족들은 타협을 원치 않았다. 따라서 이들의 저항을 무력화하기
위해서는 대다수 민중의 도움을 얻는 수밖에 없었다. 이제껏 누려오
던 특권에 대한 집착, 도를 넘는 배타주의, 부르주아지의 사고방식이
끼어들 여지가 없는 봉건주의적 사고방식 등으로 무장한 프랑스 귀
족 대다수는 전면 거부라는 틀을 벗어날 수 없었다.

한편, 왕정으로 말하자면, 이 무렵 보여준 태도로 미루어, 필요하
다면 특정 계급의 지배를 지지하는 수단이 될 수 있음을 여지없이

보여주었다. 가령, 1789년 7월 동요가 시작된 지 불과 며칠 만에 궁정이 군대의 동원을 결정했다는 사실은 대혁명의 끝을 알리는 것 같았다. 귀족 대다수는 1789년 8월 5~11일에 나온 법령도, 인권선언도 받아들이지 않았다. 이는 곧 귀족들이 봉건제도의 부분적인 폐지마저도 수용하려 들지 않았다는 것을 말해주는 것이다. "나는 결코 나의 성직자들과 귀족들의 권리를 박탈하는 데 동의하지 않을 것이다"라고 루이 16세는 공언했다. 하지만 10월에 연이어 민중의 소요가 발생하자 왕은 할 수 없이 이 법령들을 받아들였다. 1790년, 왕이 라파예트를 싫어하면서도 그를 이용하는 동안, 귀족들은 시종일관 저항만을 계속했다. 외국으로 망명한 귀족들의 음모, 이웃 나라 조정들의 술책, 반혁명의 조짐 등을 통해서 귀족들이 희망의 끈을 놓지 않는 동안, 농민들은 봉건적 권리의 되사기(매입)가 의무화됨에 따라 여러 지역에서 끊임없이 반란을 일으켰고, 이는 귀족들의 거부 입장을 한층 더 확고하게 만들었다. 1791년 6월 21일에 일어난 왕의 도주 행각,[40] 망명 귀족들이 이끄는 군대의 라인 강 유역 집결, 1791년부터 바라고 모색해왔던 전쟁의 발발 등 일련의 사건들로 미루어 볼 때, 귀족들은 자신들이 속한 계급의 이익을 위해서라면 양보보다는 나라를 배반하는 쪽을 택한다는 사실을 분명하게 보여주었다.

　귀족과 상층 부르주아지를 화해시키려는 정책은 환상에 불과했다. 봉건제도의 마지막 잔재가 회생 불가능할 정도로까지 파괴되지는 않을 것으로 보였기 때문이다. 절대왕정의 복귀와 더불어 자신들이 누려오던 과거의 권리들도 되찾을 수 있으리라는 희망이 완전히 사라지지 않는 한, 귀족들은 부르주아 계급의 승리를 받아들이려 하지 않았다. 봉건제도가 완전히 폐지되고(그러기 위해서는 1793년과 공포정치를 기다려야 했다), 사회 질서를 옛날로 환원시키려는 모든 시도가 불가능해지자[이를 위해서는 나폴레옹 독재 15년 후의 과격 왕당파들의 실패, 1830년의 영광의 3일(7월 27일부터 29일까지 사흘 동안 일어났던 민중 항쟁을 가리킴. 이로써 샤를 10세는 오를레앙 공작, 즉 루이 필리프 1세에게 왕위를 물려주게 된다. 이 공화주의적 혁명은 비록 실패로 끝났지만, 구체제로 회귀하려는 왕당파들의 움직임을 저지했다는 의미를 지닌다-옮긴이) 등을 차례로 거쳐야 했다], 그제야 비로소 귀족들은 정치적 타협을 받아들였으며, 7월 왕정 치하la Monarchie de Juillet에서 귀족과 상층 부르주아지가 함께 권력을 잡았던 것이다.

그런가 하면, 농민 측도 이에 못지않은 기세로 봉건적 권리의 매입을 거부했다.* 제헌의회는 이 법으로 신속하게 그리고 공정하게

■■■■■

* 봉건적 권리의 매입과 그러한 권리의 결정적인 폐지라고 하는 중요한 문제는 사냑 Philippe Sagnac의 저서 『프랑스 대혁명의 시민법』(1898년), 올라르Alphonse Aulard의 『프랑스 대혁명과 봉건체제』(1919년), 가로Marcel Garaud의 『대혁명과 토지 소유』(1959년) 등에서 진지하게 다루어지고 있다. 하지만 대혁명 기간 동안 봉건체제가 부분적으로 남아 있거나, 부침을 계속했다거나 완전히 폐지된 정확한 사정을 전국 차원에서 정확하고 소상하게 알기 위해서는 반드시 국지적 또는 지방별 연구 결과를 기록한 단행본들을 참조해야 한다. 우리는 현재 여기에 해당되는 책으로 두 권 정도만 구해 볼 수 있다. 페라두André Ferradou의 『지롱드에서의 봉건적 권리 매입(1790~1798)』(1928년)과 미요Jean Millot의 『두 도와 콩테 지방에서의 영주권 폐지』(1941년)가 그 두 권이다. 1789년의 대

봉건제도가 사라지리라는 환상을 품고 있었다. 이 법은 당시 사람들에게서 가장 폭발적인 주목을 받으면서 격렬한 찬반양론을 일으켰다. 이 같은 사실은 제헌의회의 봉건제도위원회와 국민공회 입법위원회의 관련 각종 서류, 각 도별, 행정구역별 집정체제 관련 문서, 법원의 기록, 공증 서류들을 보면 확인할 수 있다. 1789년 8월 4일에 매입 원칙이 발표되었지만, 봉건적 부과조의 의무자들은 1790년 5월 3일 매입 실행 관련 각종 법령이 공표되고서야 신분해방을 예상해볼 수 있게 되었다. 매입 시행령은 그보다 앞서 3월 15일에 관련 원칙을 제정한 법을 기준으로 하여 마련되었다. (봉건적 권리를 매입하기 위해) 정식으로 돈을 지불하겠다는 최초의 지원자들은 6월에 가서야 출현한 것으로 보인다. 이렇게 진행 속도가 더디다보니, 가장 적극적이던 사람들까지도 기운이 빠져버리기 일쑤였다.

더구나 "제헌의회는 봉건제도를 완전히 폐지한다"는 엄숙한 문장으로 시작하는 8월 4일자 법령의 불명확한 내용도 혼란을 가중시켰다. 농민들은 법령 안에 포함되어 있는 각종 예외 규정 따위는 아랑곳하지 않고 이 문장을 문자 그대로 받아들였으며, 그에 앞서 발표되었던 1790년 법들은 무효라고 생각했던 것이다. 이러한 심리 상태

■■■■■■

공포에서 봉건적 권리의 결정적인 폐지(1793년 7월 17일)가 결정될 때까지 농민계급의 혁명사를 점철하는 농업의 동요와 농민 반란에 관해서는 국지적이며 파편적인 연구만이 있을 뿐이다. 이에 관한 역사는 앞으로 기술되어야 할 것이다.

가 실제 매입에 지대한 영향을 끼쳤으리라는 점은 얼마든지 이해할 수 있다. 특히, 어찌된 영문인지 이 법에는 매입에 필요한 자금 마련과 관련한 아무런 금융 정책도, 농민들의 신분 해방(봉건적 권리의 매입)을 위해 필수불가결한 신용대출을 제공하는 믿을 만한 기관도 전혀 명시되어 있지 않았다. 농민들의 상당수는 수중에 필요한 자금을 쥐고 있지 않았으므로, 부자가 아닌 사람들에게는 매입이란 불가능했으며, 따라서 약속된 자유란 한낱 꿈에 불과했다. 실망이 분노로 바뀌는 건 순간이었다. 잔존시키기로 한 봉건적 권리에 대한 부과조뿐만 아니라 이미 폐지된 권리의 연체금까지 영주들이 악착같이 받아내려고 열을 올리는 바람에 실망이 분노로 바뀌는 시간은 한층 빨라졌다. 8월 4일 밤 봉건제도가 원칙적으로 폐지되었음에도 불구하고 봉건제도의 잔재가 이렇게 살아남아 있었던 것은 신화적인 상상의 영역이 아니라 하나의 현실이었던 것이다.

이런 상황에서 1789년부터 1793년까지, 귀족과 농민 사이에는 지역에 따라 정도의 차이는 있지만, 진정한 의미의 내란이 계속되었다고 말할 수 있다. 두Doubs 도의 경우, 1789년 이래로 심각한 폭력 사태는 딱 한 건 기록되어 있을 뿐이고, 부과조는 1789년에 당장 사라졌다. 배상 없이 폐지된 특권과 관련한 연체금은 더 이상 납부되지 않았다. 1789년 말, 대부분의 공동체들은 이미 폐지되었다고 간주되는 납부금에 대해서는 지불을 거부했으며, 이 때문에 소송에 시달리게 된 농민들을 지원했다. 십일조 거부는 1790년만 하더라도 일상적이었는데, 1791년에 완강하게 버티는 사람들에게 대거 유죄 판결이 내리자, 1792년이 되면서 소리 없는 민심의 분노가 확산되었다.

다른 여러 지역의 경우, 1789년부터 1793년 사이의 기간 동안 농민 반란은 그치지 않았으며, 한동안 잠잠했다가, 봉건적 세금 징수 기간이나 곡물 가격 인상 시기 등이 되면 다시 세찬 불길처럼 타오르기를 반복했다. 1789년 말, 아주 심각한 소요 또는 진정한 농민 폭동이라고 할 수 있는 사건들이 엔, 보카주 노르망, 앙주, 프랑시-콩테, 도피네, 비바레, 루시용 등지에서 일어났다. 1790년 1월에는 케르시와 페리고르, 플로에르멜에서 르동에 이르는 오트브르타뉴에서, 5월에는 부르보네 지역에서 각각 농민 폭동이 일어났으며, 수확 철에는 가티네 전 지역에서 십일조와 현물세 납부를 거부하는 움직임이 거세게 일어났다. 케르시와 페리고르 지역은 1791년에서 1792년으로 넘어가는 겨울에 또다시 봉기했으며, 1792년 봄엔 갸르, 아르데시, 로제르, 타른, 캉탈까지, 가을엔 아리에지로도 반란의 기세가 확산되었다. 한편, 납세 문제로 인한 거대한 반란의 물결이 봄부터 가을까지 보스와 인근 지역을 휩쓸었다. 1793년 7월에는 제르 지방에서 소작인들도 들고일어났다. 7월과 8월에는 센에마른 지방도 현물세 문제로 극심한 소요를 겪었다.

분명 영주권과 십일조만이 이 같은 소요의 유일한 이유는 아니었을 것이다. 1790년의 풍작으로 상황은 다소 누그러지는가 싶었는데, 1792년 봄이 다가오면서 시장에서는 다시 소요가 일고, 곡물 유통에 제동이 걸리는 빈도가 잦아졌다. 흉년에 대한 공포도 봉건적 부과조와 (봉건적 권리의) 매입 의무에 대한 저항을 한층 격화시켰다. 자신들에 대한 위협의 강도가 점점 높아지자, 귀족들은 한층 더 강력하게 거부 입장을 고집함으로써 사태를 악화시켰다. 도시의 민중 운동만큼이나 농촌의 계급 간 반목도 대혁명에 박차를 가하는 데 크게 기여했다.

***

1791년 6월 21일, 바렌으로의 도주를 선택한 왕의 처사는 타협 정책이 얼마나 허무한 것이었는지를 단적으로 보여준다. 제헌의회의 부르주아지는 '삼색 공포Terreur tricolore' 정치에 열을 올리는 한편, 헌법에 담긴 납세유권자 제도를 강조했다. 하지만 공포와 폭력과 격렬한 소요 사태가 입증하듯이, 단절의 골은 깊어가기만 했다. 바렌에서 도주에 실패한 후 파리로 돌아가는 왕의 무거운 마차가 생트 무네르 근방을 지나갈 때 왕을 알현하려고 나타났던 그 지역의 영주 당피에르 백작을 농민들이 살해했다. 그 무렵 농민들의 눈에 비친 왕은 가장 위험한 적이었다. 바렌으로의 도주는 말하자면 "찢어진 가면을 만천하에 드러낸" 격이었다.

　외국과의 전쟁은 귀족들로서는 최후의 방책이었다. 내란 대신 외국과의 전쟁을 택하노라고, 그리고 그렇게 하면 사태가 훨씬 나아질

국왕 가족이 바렌 도주 실패 후 붙잡혀 파리로 돌아오고 있다.

거라고 루이 16세는 1791년 12월 14일에 브르퇴이유Breteuil*에게 적어 보냈다. 같은 날(12월 14일), 마리 앙투아네트Marie Antoinette*는 남자친구 페르젠Fersen에게 새로 구성된 의회 내의 주전파에 대해 언급하는 가운데 "아, 멍텅구리들 같으니! 저들은 그렇게 하면 우리에게 유리해진다는 걸 모르고 있어요"라고 적어 보냈다. 1791년 10월 1일에 소집된 입법의회에서 전쟁을 주장한 쪽은 당시 지도자의 이름을 따서 브리소파Brissotin라고 불렸으며, 오늘날의 우리는, 라마르틴Lamartine을 본떠서, 지롱드Gironde파라고 부른다. 지롱드파는 새로운 인물들의 선동을 받은 (입법의회 내의) 좌파였다.

사업에 종사하는 상층 부르주아지를 대표하는 지롱드파는 반혁명을 속히 끝내기를 원했으며, 특히 기업의 원활한 경영을 위해서는 반드시 필요한 아시냐 지폐의 신용이 회복되기를 열망했다. 귀족들이 원하는 전쟁, 곧 패배를 통해서 국내에서 반혁명을 주도하려는 계산하에 외국과 치르고자 하는 전쟁에 대해서, 상층 부르주아지는 반대하지 않았다.[41] 무기를 비롯한 군수물자 공급은 언제나 엄청난 이익을 가져다주는 절호의 사업 기회가 아니었던가? 그렇다면 영국과 전쟁을 치러야 하는 걸까? 그 문제에서는 모든 것이 불확실했다. 대체로 상업자본가들은 항구의 번영을 등에 업고 성장했다. 마르세유, 낭트, 특히 보르도 같은 도시가 당시 자본주의의 심장으로, 이들 도시들은 거의 전적으로 상업에 의존했다.

1792년 4월부터 이미 대륙 국가들과의 전쟁을 시작한 지롱드파는 영국에 대해서만은 1793년 2월에 가서야 선전포고를 했다. 해상 전쟁은 도서 지역과의 상거래와 항구도시들의 번영을 위태롭게 만들 위험을 안고 있었기 때문이었다. 따라서 대륙에서의 전쟁이 지롱드파 부르주아지의 정치적 계산에 훨씬 유리했다. 유럽 전역의 구체제를 공격함으로써 귀족과의 투쟁을 절정으로 끌어올려, 이들 귀족의 본색을 드러나게 하고 이들을 자신들 마음대로 처분한다는 것이 지롱드파의 계산이었다. "배신자들에게는 미리 자리를 정해두자. 그리고 그 자리는 단두대여야 한다"고 귀아데Guadet는 1792년 1월 14일 연설에서 외쳤다.

그러나 지롱드파 부르주아지는 귀족을 상대로 벌이는 이 전쟁을 자신들만의 힘으로 끝까지 밀고 갈 역량이 부족했다. 계급적 이기주의에 사로잡힌 나머지 이들은 민중의 도움을 거부했다. 하지만 로베스피에르는 귀족들과 국경 밖에서 싸울 것이 아니라, 그 전에 그들을 국내에서 파멸시켜야 한다는 입장을 취했는데, 이는 자코뱅파를 대상으로 한 그의 중요 연설문에서 확인할 수 있다. 지롱드파는 전쟁을 위해서는 단결이 필요하다는 구실로, 1792년 초에 이미 라파예트의 보증인으로 나섰으며, 외무장관인 나르본Narbonne 백작을 지지했다. 명사들이 지배하는 이 체제는, 현실이 되기도 전에 벌써 나르본 백작의 정부였던 스탈Staël 부인*에 의해 그 윤곽이 드러난 바 있었다. 스탈 부인은 말하자면 이 체제를 구상한 이론가들 중의 하나로, 이를 통해 하나로 뭉친 토지 귀족들의 이익과 사업에 종사하는 부르주아지의 이익을 화해시키는 역할을 했다.

1792년 봄의 패전은 지롱드파가 승리를 쟁취하기 위해서는 대다수 민중과의 연합이 필요하다는 사실을 충분히 감지했으면서도 여전히 주저하고 있으며, 이중성을 보여주고 있었음을 드러내준다. 왜냐하면, 그들은 민중의 도움을 청하기로 동의는 했지만, 막상 1792년 6월 시위[42]에서는 자신들이 정해준 목표에 부합하는 행동을 할 경우에 한해서만 민중의 도움을 받겠다는 애매한 입장을 취했던 것이다.

국가의 위기는 경제 위기와 더불어 민중의 흥분을 고조시켰다. 국가를 향한 열정과 혁명적 움직임은 분리할 수 없었으며, 계급 간의 갈등은 애국심의 토대가 되면서 이를 격앙시켰다. 귀족들은 그들이 우롱하는 국민과 왕을 대립시켰다. 국내의 귀족들은 외부 침략자가 쳐들어오기를 기다리고, 국외로 망명한 귀족들은 적군 쪽에 가담하여 싸웠다.

스탈 부인. 재무대신이었던 네케르의 딸이기도 하다.

1792년의 혁명파들에게는 1789년이 남긴 유산을 보존하고 널리 확산시키는 일이 가장 큰 관심사였다. 선거권이 없는 수동적 시민들은, 지롱드파의 권유에 따라 창으로 무장하고, 빨간 모자를 썼으며, 형제애로 뭉친 결사대들을 증강시켜나갔다. 이들은 과연 정액 납세자만이 유권자가 되는 (재산에 의한 제한 선거제-옮긴이) 국가의 틀을 타파할 것인가?…… 롤랑이 루이 16세에게 보낸 저 유명한 1792년 6월 10일자 편지를 보자. "조국은 상상력만으로 미화시킬 수 있는 단어가 아닙니다. 조국은 우리가 그것을 위해 기꺼이 목숨을 바치는 존재입니다.…… 조국은 우리가 크나큰 노력으로 창조하고, 걱정 속에서도 그것을 위해

의회의 의원을 선출할 수 있는 유권
자표.

궐기하게 하는 존재입니다. 조국은 우리의 기대를 충족시켜주는 만큼 희생을 요구하고, 우리로 하여금 희망을 갖게 하기 때문에 사랑하는 그런 존재입니다." 조국이란 선거권이 없는 시민들에게는 실질적인 권리의 평등 속에서만 의미를 지닐 수 있는 것이었다.

그런데 국가의 위기는 혁명적인 열정을 고조시키면서 제3신분 내부에서마저도 사회적 대립을 첨예화하는 결과를 초래했다. 따라서 1789년에 비해서 부르주아지의 불안은 훨씬 커졌다. 부자들은 의용병들에게 무기를 공급할 수 있도록 자금을 대야 했다. 계속되는 인플레이션으로 피해는 늘어가고, 식량 사정은 요동쳤다. 1792년 3월 3일에 일어난 에탕프 시장이자 소규모 기업가였던 시모노Simoneau의 살해 사건은 생존을 위한 민중의 요구와 상업이나 사유재산에 대한 부르주아지의 견해 사이의 대립이 도저히 타협할 수 없는 성질의 것임을 다시 한 번 확연하게 보여주었다.

파리에선 이미 5월에 자크 루Jacqques Roux*가 매점매석하는 자에 대해서 사형을 요구한 데 이어, 1792년 6월 9일 리옹에서는 지방 공무원 랑주Lange가 "빵을 풍부하게 확보하고 빵의 적절한 가격을 정하는 그만의 간단한 방식"을 제안했다. 그때부터 하나의 망령이 부

르주아지를 사로잡게 되었다. '토지균
분법la loi agraire', 즉 사유재산의 공유
라는 망령이다. 모샹의 주임사제였던
피에르 돌리비에Pierre Dolivier는 시모
노를 살해한 에탕프의 폭도들을 옹호
한 반면, 지롱드파는 시모노를 기리기
위한 장례식을 거행하겠다고 공표했
고, 그의 시장 휘장을 팡테옹 천장 위

자크 루.

에 걸었다. 이처럼 지롱드파와 산악파
Montagnards를 갈라놓게 될 균열의 조짐이 나타났으며, 후세의 사가
들이 지롱드파의 "국민적 과실"이라고 완곡하게 에둘러 표현한 사건
의 깊은 원인이 서서히 표면화되기 시작했다. 부르주아지의 대표로
서, 경제적 자유를 열렬하게 옹호했던 지롱드파는 자신들의 전쟁 정
책이 폭발시킨 민중의 분류奔流가 성난 파도가 되어 몰아치자 겁에
질려 버렸다. 한마디로 지롱드파가 내세운 국민 감정은 계급의 연대
의식을 잠재울 정도로 강력하지 못했다.

결정적인 한 걸음을 내딛어야 할 순간에, 소유권, 아니 적어도 부
의 주도권을 위험으로 몰아넣는 사태가 발생할까봐 전전긍긍하던
지롱드파는 급기야 민중의 반란이 일어나자 겁을 잔뜩 집어먹었다.
이들은 처음에는 민중 봉기를 부추기는 모습도 보였으나, 이 봉기로
1792년 8월 10일 왕권이 무너져버리고, 1791년에 제정된 헌법과, 그

튈르리 궁.

리고 정액 세금을 납부한 능동적 시민, 즉 선거권자들의 국가라는 편협한 틀마저 깨져버리자 태도를 바꾸었다. 결국 8월 10일의 봉기 (혁명)[43]는 지롱드파의 의지와는 상관없이, 아니 최소한 그들의 참여 없이 진행되었다. 그리고 이러한 불참은 그들에게 치명적인 결과를 가져왔다.

8월 10일의 봉기는 마르세유와 브르타뉴 지역 연맹들까지 합세함으로써 가히 국가적 차원의 사건이면서 동시에 사회적인 사건이라는 의미를 지니게 되었다. 요컨대 나라를 분열시켜왔던 장벽이 무너지는 사건이었던 것이다. 선거권이 없는 시민들은 7월부터 이미 자치구 모임과 국민방위대의 전투에 대대적으로 참여했다. 7월 30일, 입법의회는 선거권 없는 시민들의 국민방위대 입대를 허용하는 법을 채택함으로써 이미 기정사실이 되어버린 현실을 합법화했다. 파리의 뷔트데뮐랭 자치구의 경우는, "조국이 위험에 처하면, 주권자(장-자크 루소Jean-Jacques Rousseau가 주장한 의미에서의 민중)는 자신의 자리를 지켜야 한다. 그 자리란 군대의 선두가 될 수도 있고, 국가적인 사업의 지도부가 될 수도 있다. 주권자는 모든 곳에 있어야 한다"고 주장했다.

제한적 선거가 아닌 보통 선거와 선거권 없는 시민들의 무장을 가져온 이 '두 번째 혁명'은 민중을 국가 속으로 끌어들였다. 민주주의 시대가 왔음을 알리는 사건이었다. 특권 계급과 타협하자고 주장한 자들은 실패를 거듭했고 스스로 물러났다. 디트리히Dietriech는 스트라스부르의 주민을 선동하려 했다가 도주했으며, 자신의 군대에게 버림받은 라파예트는 1792년 8월 19일 오스트리아로 넘어갔다.

그런데 상-퀼로트들이 이처럼 전면으로 진출하자, 일부 부르주아지는 반발하는 움직임을 보였다. 8월 10일의 '두 번째 혁명'이 천명한 민주적이며 민중적인 공화국la république démocratique et populaire에 대해 반대 의사를 표명한 것이다. "하나의 특정 계급에 속하는 시민들만이 조국을 구하는 독점적인 권리를 차지해서는 안 된다"고, 파리의 테아트르 프랑세 자치구는 1792년 7월 30일 선언했다.

2장

1793년
부르주아지 공화국인가
인민 민주주의인가?

1792~1795

혁명을 지지하는 프랑스와 유럽 특권 계급 간의 갈등 속에서 일부 부르주아지는 민중의 도움 없이는 승리를 쟁취할 수 없음을 간파했다. 그래서 산악파는 상-퀼로트와 연합 세력을 구축했다. 그러나 정치무대에 상-퀼로트가 등장했다는 사실은 상층 부르주아지의 이익을 크게 위협하는 것으로 간주되었으며, 브리소는 이를 가리켜 "무정부주의적 히드라"(히드라는 그리스 신화에 등장하는 머리 여러 개 달린 뱀으로, 머리 하나를 자르면 곧 여러 개의 새로운 머리가 생겨난다는 괴물이다-옮긴이)라고 비난했다. 지롱드파의 부르주아지는 자신들의 사회적 정치적 우위를 지키기 위해서라면 반혁명 세력 및 구체제 옹호자들과 불장난을 하는 것조차 서슴지 않았다. 제롬 페시옹Jérôme

제롬 페시옹.

Pétion은 1793년 4월 말 유산자들(재산가들)의 단합을 촉구하며, "당신들의 사유재산이 위협받고 있다"고 외쳤다.

이에 대해서 과격파les Enragés의 지도자 자크 루는 1793년 6월 25일, "부자가 독점을 통해서 그의 동포들에게 생사여탈권을 휘두른다면 평등은 한낱 허깨비에 불과할 것"이라고 반박했다. 이렇게 해서 1793년 봄부터, 부르주아지 혁명의 요구 앞에서 상-퀼로트들이 막연하게 희망했던 인민공화국이 침몰하는 비극은 시작되었다. 또, 이렇게 해서 특정 사회적 집단의 열망과 역사적인 필연성에 입각한 객관적인 상황 사이에 존재하는 화해 불가능한 불화도 본색을 드러냈다.

I. 자유라는 이름의 독재

1. 지롱드파와 산악파(1792~1793)

지롱드파와 산악파 사이의 경쟁 관계는, 둘 다 부르주아지 출신이라는 공통점에도 불구하고, 정치적인 선택이라는 면에서 보면, 부인할 여지 없이 계급 투쟁적인 양상을 보였다. 사업에 종사하는 부르주아지의 대변자로서 지롱드파는 상-퀼로트들이 주장하는 각종 규제와 제한에 대항해서 사유재산과 경제적 자유를 옹호하는 데 역점을 두었다. 상-퀼로트들이 각종 규제와 과세, 징발, 아시냐의 강제 통용 등의 정책을 추진했기 때문이다. 신분에 따른 사회적 위계질서라는 관습에서 벗어나지 못한 지롱드파는 민중과 만나면서 본능적으로 뒷걸음질 쳤다. 이들은 자신들이 속한 계급만이 통치를 독점해야 한다고 믿었다. 1792년 10월, 브리소는 "프랑스의 모든 공화주의자들에게 보내는 호소"에서, 자코뱅파와 산악파들을 비난하면서, "그들은 바로 사유재산, 생활수준, 식료품 가격, 그리고 사회적인 각종 서비스 등 모든 것을 평준화하려는 질서 파괴자들"이라고 꼬집었다. 이에 앞서 로베스피에르는 1792년 9월 30일자 "권리 위탁자들에게 보내는 편지"에서, "오로지 자신들의 이익을 위하여 공화국을 세우려 하고, 오로지 부자들의 이익을 위해 통치하려는" 사이비 혁명파들을 비난한 바 있다.

산악파, 특히 자코뱅파는 국가의 현실에 대다수 민중들을 참여시킬 수 있는 적극적인 실체를 부여하려고 노력했다. 생 쥐스트Saint Just*는 1792년 11월 29일 식량에 관한 연설에서 "민중을 파멸시키는 불확실성과 궁핍 상태에서 그들을 구출해야 할" 필요가 있다고 역설했다. "당신들은 단번에 프랑스 민중에게 조국을 선사할 수 있다. 인

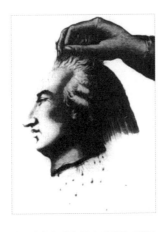

단두대에서 잘린 루이 16세의 머리를
군중에게 보여주고 있다.

플레이션의 폐해를 멈추고, 민중에게 식량을 보장해주며, 민중의 행복과 자유를 밀접하게 연결시켜주기만 하면 되는 일이기 때문이다"라고 말했다. 로베스피에르는 이보다 더 명쾌했다. 1792년 12월 2일, 그는 위르에루아르 지방의 곡물 파동에 관해 연설하면서, "권리 중에서 가장 으뜸가는 권리는 존재할 수 있는 권리, 즉 생존권이다. 그러므로 첫째가는 사회적 법규는 사회 구성원 모두에게 생존권을 보장해주는 것으로 시작해야 한다. 다른 모든 법은 이 법에 종속된다"고 역설했다.

전쟁의 필요성을 둘러싼 문제와 전쟁이 지니는 국가적 의미 등의 이유로 산악파는 상-퀼로트 쪽으로 기울었다. 공화국의 상황은 민중의 지지 없이는 도저히 실행될 수 없는 특별한 정책들을 요구하는 판이었으며, 민중의 지지를 얻기 위해서는 사회 문제에 새로운 방향을 제시해야만 했다.

왕에 대한 재판과 처형은, 새로워진 정치 판도의 윤곽을 뚜렷하게 부각시키면서 지롱드파와 산악파 사이의 갈등을 조정 불가능한 지경으로 몰고 갔다. 생 쥐스트는 제일 먼저 국가적인 관점에서 루이 16세의 재판 문제를 거론했다. "우리는 공화국을, 독립과 통일을…… 원한다. 루이 16세는 외국의 적처럼 재판을 받아야 마땅할 것이다(1792년 11월 13일)." 1793년 1월 21일에 집행된 왕의 처형은 왕정체제에 대한 국민들의 의식에 결정적인 타격을 입혔으며, 그 결과 국민의 생각을 왕정체제로부터 해방시켰다. 왕의 처형에 찬성한 국민공회 의원들(시왕弑王 세력)과 루이 16세

피에르 베르니오.

를 구명하기 위해 민중에게 재심을 맡길 것을 제안한 베르니오Vergniaud*를 비롯한 상소파上訴派 사이에 타협이 이루어질 가능성은 완전히 사라졌다. 끈질기게 왕의 구명에 집착했던 지롱드파는 유럽과의 충돌을 제한하려 했다. 이들은 의식적이든 아니든, 귀족과 타협하는 쪽으로 가닥을 잡았다. 1792년에만 하더라도 앞장서서 전쟁을 선동했던 사람들로서는 일관성이 결여된 태도가 아닐 수 없었다. 그런데 공화국과 동일시되며, 부르주아지 산악파와 상-퀼로트 민중의 강화된 연대의식에 기반을 둔 국가라는 관점에서 보면, 왕의 처형은 승리를 의미할 뿐이었다.

1793년 3월의 패배(1793년 1월, 루이 16세의 처형이 직접적인 원인이 되어, 프랑스는 스위스와 스칸디나비아 제국을 제외한 전全 유럽과 전쟁상태에 돌입했다. 1793년, 프랑스군이 네덜란드를 침략하자, 오스트리아군은 프랑스가 점령하고 있던 벨기에를 공격했고, 이 여파로 프랑스군은 퇴각했

다—옮긴이)와 방데 지방에서 일어난 반란,[44] 그리고 그것으로 인해 발생한 위험 등으로 지롱드파의 운명은 결정되었다. 하지만 이들은 끝까지 어떤 양보도 거부했다. 베르니오는 1793년 3월 13일에도 "사회적 인간에게 평등이란 권리의 평등만을 의미한다"고 외쳤다. 사유재산과 부의 주도권을 유지하겠다는 의도를 다시 한 번 만천하에 드러내는 주장이었다.

파리의 자치구들이 힘을 모아 국민공회 내에서 지롱드파를 축출하는 계기가 된 1793년 5월 31일~6월 2일의 시위 사건[45]은 국가적인 동시에 사회적인 것이라는 이중의 의미를 지닌다. J. 조레스는 이 사건이 지닌 계급 투쟁적인 의미를 부정했다. 그에 따르면, 지롱드파는 "단순히 파벌이나 패거리 정신으로 축소된 (자신들의) 정체성" 때문에 패배했다는 것이다. 이날의 시위를 의회라는 관점에서만 바라본다면 그럴 수도 있다. 하지만 파리의 상-퀼로트가 맡았던 역할과 상층 부르주아지가 국민공회에서 제거된 사실로 볼 때 분명 이 사건의 실체, 이 사건이 지니는 사회적 의미는 강조되어야 한다.

혁명에 탄력을 가해준 이날의 시위는 국가적인 차원의 반사작용이었으며, 동시에 새롭게 등장한 귀족의 음모에 맞서는 방어적이고 징벌적인 것이었다. 여러 곳에서 이미 지방분권 운동이 확산되어왔다는 사실은 이러한 양상, 즉, 지롱드파의 반대라는 가면 뒤에 숨어서 보르도, 마르세유, 그리고 특히 리옹 등지에서 귀족들이 반혁명 공세를 벌이고 있었다는 정황을 반증해주는 것이다. 1793년 5월부터 지방분권 운동이 주동이 되어 내란을 확산시킨 것, 즉 일명 연방주의 운동 또한 이중적인 면모를 지닌 것이었다. 연방주의가 갖고 있는 사회적 의미는 겉으로 드러나는 정치적인 경향보다 더 현저한 것이었다. 부분적으로는, 지역적 자치주의가 집요하게 주장돼왔다는 점으로 이 같은 현상을 설명할 수 있겠지만, 그보다는 계급의 이익을 기반으로 하는 연대의식 때문이었다는 설명이 훨씬 설득력 있다. 연방주의자들은 구체제 지지자들을 규합하여 반란을 도모했다. 가령, 정액 세금 납부제에 집착하는 푀이양파, 사유재산과 이익 추구의 자유 때문에 노심초사했던 부르주아지가 구체제 지지 세력에 해당되었다. 지롱드파는 1789년 혁명의 원칙에 충실하려 했기 때문에, 그리고 나라가 독립을 잃을지도 모른다고 우려했기 때문에 방데 반란자들과의 연합만은 거부했다. 하지만 대다수 민중들에 대한 불신과 민중까지도 끌어안는 확대된 국가 건설을 거부했기 때문에 이들은 본의 아니게 귀족과 귀족 동맹에 놀아나는 행동을 하게 되었던 것이다.

2. 산악파, 자코뱅파, 그리고 상-퀼로트(1793~1794)

지롱드파가 떨어져 나가자마자, 산악파에 의해 주도되던 국민공회la Convention는 협공을 당한다. 연방주의자들이 일으킨 반란으로 반혁명이 새 추진력을 얻는 가운데 물가고와 흉년으로 절망하는 민중들의 움직임이 시시각각으로 국민공회에 압력을 가해왔기 때문이다. 하

혁명력 2년(1794년)의 공안위원회 내부.

지만 정부의 행정 조직은 상황을 장악할 능력이 없음을 보여주었다. 당통은 투쟁에 나서지 않고 공안위원회Comité de salut public[46]에서 협상을 벌였으며, 산악파는 자가당착 속에 갇혀서 망설이기만 했다.

대다수 인민 대중은 가난 때문에, 그리고 증오심 때문에 공공의 안전을 위한 대대적인 조치를 취해줄 것을 요구했는데, 그 때문에 제일 먼저 등장한 조치가 1793년 8월 23일에 내려진 국민 총동원령이었다. 민중 운동에 규율을 부여하는 한편, 혁명 운동에 필요한 간부들을 제공할 수 있는 부르주아와 동맹을 유지하기 위해서는 '혁명정부'가 절실히 필요했다. 그리하여 상-퀼로트를 한쪽으로 하고, 부르주아지 산악파와 자코뱅파를 다른 한쪽으로 하는 이원적인 사회적 토대 위에서 혁명정부를 구성하는 작업이 1793년 7월부터 그해 12월까지 계속되었다. 혁명정부에서 가장 선견지명 있는 지도자들은 어떤 대가를 치르더라도 예전의 제3신분이 보여주었던 혁명적인 통합, 곧 국민적 통합을 유지하려고 안간힘을 썼다.

이렇게 되자, 혁명력[47] 2년(1794년)부터 두 종류의 문제가 제기되었다. 먼저 정치적 문제였다. 상-퀼로트만의 고유한 행동양식과 혁명독재를 위해 필요한 요구들, 그리고 국가 방위의 필연성 사이에 일어나는 문제를 어떻게 화해시키는가 하는 것이었다. 이 문제는 바꿔 말하면, 인민 민주주의와 혁명정부의 관계를 어떻게 하면 원만하게 조율할 수 있느냐는 문제로 귀착되었다. 다음으로 사회적 문제. 상-퀼로트의 열망과 경제적인 요구를 혁명의 주도적 역할을 맡고 있는 부르주아지의 요구와 어떻게 조화시킬 것인가? 다시 말해서, 재산이라고는 없는 대다수 민중들과 재산을 가진 부르주아지 계급의 관계를 해결하는 문제였다. 그런데 처음부터 동맹 자체에 내재해 있던 이런 모순을 극복할 수 있는 힘이 혁명정부 구성원들에게 있기는 했던 것일까? 국가가 위기 상황이니만큼 한동안은 이 문제에 대한 침묵이 계속될 수 있을 터였다. 하지만 일단 승리가 확실해진다면, 이 문제는 언제든 곧 표면으로 부상될 것이었다.

민중의 기세는 1793년 가을까지 줄곧 유지되었다. 이 기세를 몰아 민중은 내키지 않아 하는 국민공회와 여러 부속 위원회들을 다그쳐 야심찬 혁명 정책들을 쟁취했다. 예를 들어 9월 5일엔 공포정치가 의제로 채택되었으며, 11일엔 곡물의 최고 가격을 묶어두는 가격 상한제가 제정되었고, 반혁명 용의자 체포령은 17일에, 그리고 29일엔 보편적 가격 상한제, 곧 계획경제가 수립되었다. 이는 분명히 민중의 승리였지만, 정부 측의 성공이기도 했다. 합법성은 확보되었으며, 법에 의한 공포정치가 (민중의) 직접적인 실력행사를 통제할 수 있게 되었다. 이를 위해 공안위원회는 버티어냈다. 그러나 적절한 때가 되었을 때는, 위원회 자신이 선택한 입장에 따라 양보할 줄도 알았다. 그리하여 공안위원회의 권한은 한층 더 커져갔다.[48]

민중들 가운데서 정부에 극단적인 반대 입장을 취했던 자들은 과격파라는 이름으로 제거되었고,[49] 9월 25일 국민공회 내에서 대토론회가 열렸을 때 반대파에게는 침묵이 강요되었다. 12월 6일엔 종교

CALENDRIER

LI...

VENDÉMIAIRE
en Septembre au 22 Octobre

BRUMAIRE
22 Octobre au 21 Novemb.

FRIMAIRE
21 Novembre au 21 Decem.

AUTOMNE

GERMINAL.

LES JOURS
COMPLÉMENTAIRES.
Vertu........17 *Septembre*
Génie.........18
Travail........19
Opinion........20
Recompenſes....21

NIVOSE
21 Decembre au 20 Janvier

PLUVIOSE
20 Janvier au 19 Février

VENTOSE
19 Février au 21 Mars

HIVER

AN X

Nouveau ſtyle.

Vendémiaire	Germinal
Brumaire	Floréal
Frimaire	Prairial
Nivoſe	Meſlidor
Pluvioſe	Thermidor
Ventoſe	Fructidor

14 Juillet 1789

prim...
duod...
tridi
quart...
quint...
ſextid...
ſeptie...
octid...
nonid...
Déca
prim...
duod...
tridi
quart...
quint...
ſextid...
ſeptie...
octid...
nonid...
Déca
prim...
duod...
tridi
quar...
quint...
ſextid...
ſeptie...
octid...
nonid...
Déca

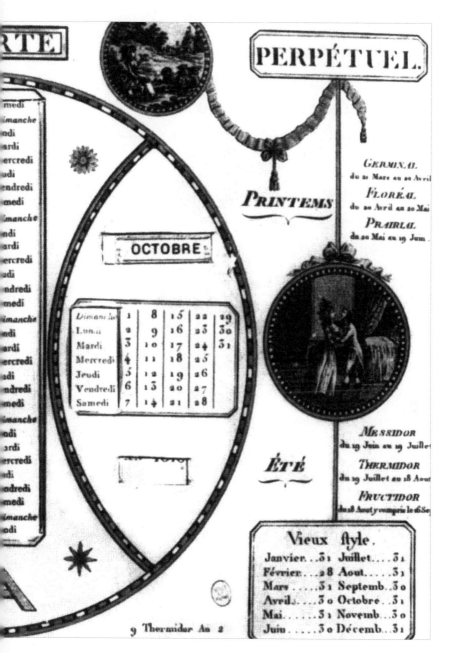

프랑스 공화국의 혁명력. 1793년 10월 5일 국민공회는 공화국이 수립된 1792년 9월 22일을 공화국 제1년 1월 1일로 하는 혁명력을 채택했다. 이 혁명력은 1806년 1월 1일 폐지되고, 다시 그레고리력으로 돌아갔다.

의식의 자유를 천명함으로써 비非기독교화를 통과시켰다. 한편, 프랑스 공화국의 군대는 와티니 전투에서 오스트리아군을 상대로 싸워 승리를 거두었으며(10월 16일), 르망에서는 방데 군대에게 승리했다 (12월 13~14일). 생 쥐스트의 1793년 10월 10일자 동의動議에 따라서, 국민공회는 평화가 정착될 때까지 프랑스 정부를 혁명 체제로 운영키로 했다고 선언했다.[50] 혁명력 2년 프리메르 14일(1793년 12월 4일)에 국민공회는 혁명정부의 구성에 관련된 법령을 채택했다. 이와 같은 일련의 사건들은 중앙집권을 복원하고, 안정적인 행정 운영을 정착시키며, 정부의 권위를 강화한다는, 지극히 논리적인 결론에 따른 것이다. 이러한 사항들이야말로 공안위원회가 끈질기게 추구해온 성공을 위한 필요조건이기 때문이었다. 하지만 이로써 민중 운동에서의 행동의 자유는 끝난 것이나 다름없었다.

공안위원회는 국가 방위라는 당위성을 최우선으로 두고 다른 모든 것을 거기에 종속시킴으로써 혁명의 통합성을 해치는 대다수 민중의 어떠한 요구에도 양보하지 않았으며, 전쟁을 지원하는 데 필요한 통제경제와 모두의 복종을 보장해주는 공포정치에 반대하는 온건파 부르주아지의 요청과도 타협하지 않았다. 그런데 이렇듯 모순된 요구들 사이에서 도대체 어떻게 정확한 균형점을 찾을 수 있단 말인가?

공안위원회는 과격파를 제거하고, 비기독교화 운동[51]에 제동을 거는 조치를 취했으며, 여러 민중 조직들, 특히 구민협회들에 은밀한 공격을 가했는데, 이는 1793년 가을을 기해서 민중 운동과 거리를 두려는 공안위원회의 의지가 표현된 것이었다. 사실, 그때까지만 해도 공안위원회는 민중의 움직임을 주도했다기보다는 끌려다니는 형국이었다. 그런데 이런 일련의 조치들을 통해서 공안위원회는 스스로를 국민공회의 재량에 몸을 맡기는 처지가 되었고, 따라서 국민공회 내에서나 여론에서 자신들에게 반대하는 자들에게 공격할 좋은 빌미를 주었다.

당통은 비기독교화를 주장하는 사람들에 맞서서 로베스피에르를 지지했는데, 여기에는 그 나름의 계산이 작용했다. 혁명정부의 태엽을 다소 느슨하게 풀어주어야 할 필요가 있었던 것이다. 당통이 추구한 '관대한' 정책은 어느 모로 보나 에베르와 코르들리에Cordelier 클럽이 주도하던 공포정치, 가격 상한제 강화, 과도한 전쟁 등 민중이 주동이 되어 관철시킨 정책과 대립되는 노선을 걸었다. 비기독교화에 대항하는 정부 측의 공격, 1794년 1월부터 실행에 옮겨진 공포정치 완화 등은 공안위원회가, 온건파들이 요청했던 것처럼, 극단주의자들을 완전히 배제하지는 않지만 적어도 이들의 세력을 약화시키려 하고 있음을 보여주는 단서라고 할 수 있다. 자치구 단위의 민주주의를 파괴하려는 공작도 이와 같은 맥락으로 이해할 수 있다. 그는 이렇게 통치수단으로서의 공포정치를 유지하면서도 다른 한편으로는 이를 완화하는 방책을 강구했다. 정부의 태도도 공포정치 체제에 반기를 든 당통식의 공격에 유리하게 작용했다.

노트르담 성당에서 열린 이성의 제전(익명의 독일 화가 작품).

1793년에서 1794년으로 넘어가는 겨울에 갑자기 식량 위기가 심화되면서 파벌 간의 투쟁이 격화되었다. 파리의 상황은 심각해졌다. 민중의 폭발이 멀지 않았음을 알리는 조짐이 보였다. 정치 위기는 사회적 불만과 중첩되면서 결국 체제가 안고 있던 모순들을 백일하에 드러냈다. 결과는 민중 운동, 혁명정부 모두에게 치명적이었으며, 따라서 혁명 자체에도 결정적인 타격이 되었다.

II. 혁명력 2년에 수립된 공화국의 위대함과 모순

1. 민중 운동의 사회적 동향과 정치 판도[*]

1793년 6월부터 겨울까지, 파리 상-퀼로트의 움직임은 혁명정부를 공고히 했으며, 공안위원회를 중심으로 하는 자코뱅 독재 체제의 안정을 가져왔다. 그와 동시에 저항하는 국민공회 측에 대해 대다수 민중의 삶을 향상시킬 수 있는 정책 시행을 강제하는 성과를 올렸다.

혁명력 2년 무렵, 파리 자치구의 정치 판도를 좌우하던 인물들의

■■■■■
- 알베르 소불의 『혁명력 1년의 파리 상-퀼로트. 민중 운동과 혁명정부, 1793년 6월 2일-혁명력 2년 테르미도르 9일』(파리, 1958년)을 참조할 것.

면면이나 포부르 생탕투안 구역이 혁명 과정에서 수행한 역할을 살펴보면, 혁명의 전위는 제조업 분야의 노동자들이 아니라 소규모 자영업자들, 그리고 이들과 함께 살면서 같이 일하는 직공들의 동맹으로 구성되었음을 알 수 있다. 민중 운동의 몇몇 특성, 이들의 특정 행동방식, 그리고 애매모호한 상황에서 나온 몇몇 모순들은 바로 이로부터 기인한다.

노동의 세계는 전체적으로 수공업에 종사하는 하층 부르주아지의 사고방식에 좌우되었으며, 따라서 노동자들 역시 이들 하층 부르주아지처럼 부르주아지의 사고방식을 지니고 있었다. 생각에서도 행동에서도 노동자들은 독립적인 요소가 될 수 없었다. 그들은 노동의 가치와 임금의 비율 사이에 직접적인 관계를 확립해내지 못했다. 임금은 식량의 가격에 따라 결정되었다. 다시 말해서 노동자들 자신이 노동의 사회적 기능을 명확하게 이해하지 못한 상태였던 것이다. 혁명력 2년 무렵의 상-퀼로트들은 생산과 노동의 문제를 주요 관심사로 여기지 않았다. 이들은 오히려 소비자로서의 자신들의 이해관계에 훨씬 예민하게 반응했다. 이들은 식품의 공정가격제를 요구했으나, 적정 가격에 대한 요구는 예외로 남겨두고 있었다.

파리의 열성 당원들은 각자의 자치구에서 노동자들뿐만 아니라 기아에 허덕이는 극빈자들로부터 거센 압력에 시달렸던 까닭에 끈질기게 공정가격제를 물고 늘어질 수밖에 없었다. 1794년 봄, 파리에서는 주민 아홉 명 가운에 한 명이 극빈자로서 구휼을 받았는데,

포부르 생탕투안의 경우 이 비율은 세 명 가운데 한 명으로 올라갔다. 그렇다면 도대체 얼마나 많은 극빈자들이 있었을까? 굶주림은 수공업자, 소상인, 직공, 일용직(날품팔이) 노동자 등과 같은 다양한 부류의 사람들을 결속시키는 공통분모였으며, 이들은 이 공통분모를 토대로 뭉쳐서 대규모 상인, 기업가, 독점 귀족 또는 부르주아지에게 대항했다.

상-퀼로트라는 용어는, 요즘에 통용되는 사회학적 어휘들과 비교할 때 사실 모호한 경향이 없지 않다. 하지만 당시의 사회적 조건을 고려한다면, 이 용어는 매우 정확하게 현실에 부응하는 것이었다고 할 수 있다. 확실히, 이처럼 과격한 민중의 태도를 설명하는 데에는, 귀족에 대한 증오나 귀족의 음모설에 대한 맹신, 특권을 타파하고 실제적인 권리의 평등을 확립하려는 의지 같은 다른 동기들도 배제할 수 없다. 하지만 이 모든 동기들은 궁극적으로 일용할 빵에 대한 요구로 귀착되었다. 많은 사람들의 경우, 이런 기본적인 요구는, 막연하지만 정치적 요구로 연결되었다. "로베스피에르가 군림하던 시절엔 사람들이 피를 흘렸지만 (그 때문에) 빵은 부족하지 않았다"고, 파리의 목수 리셰르Richer는 혁명력 3년 프레리알 1일(1795년 5월 20일)에 기록을 남겼다. 폭력적인 행동은 사회적 요구와 불가분의 관계를 맺고 있었다.

민중의 사회적 열망은 요구 조건을 내건 투쟁을 통해서 명확하게 드러났다. 1793년, 빵 값을 임금과 연계시키기 위하여, 다시 말해서 상-퀼로트들의 생존을 보장하기 위해 곡물 가격 상한제가 도입되었다. 이를 위한 지지 논거로는 생존권을 앞세웠다. 사회적 요구는 이론적인 정당화 과정을 거쳐 발현되었으며, 이로써 투쟁은 한층 강화되었다. 하지만 여기서 일관성 있는 체계를 기대하기란 어렵다. 어쨌거나, 평등주의가 근간을 이룬 것은 사실이다. 생활 조건은 모두에게 동일해야 한다는 것이 이들의 기본적인 생각이었던 것이다. 불평등의 기원인 소유권에 대항해서 상-퀼로트들은 향유의 평등권을 내세웠다. 그리고 이로부터 자연스럽게 소유권의 자유로운 행사에 대한 비판으로 이어졌다. 소유권이라는 권리 자체는 문제되지 않았다. 하지만 독립적인 소규모 생산자들이었던 상-퀼로트들은 이 권리가 개인적인 노동을 근거로 존재해야 한다고 주장했다. 이들은 말하자면 부자들과 유력 인사들을 표적으로 삼았던 것이다.

1793년 9월 2일, 민중의 기세가 절정에 달했을 무렵, 파리 자르댕 데 플랑트 자치구의 상-퀼로트들은 국민공회에 대해 보편적인 가격 통제를 통해서 "산업의 이윤과 상업 이익"을 고정시킬 뿐만 아니라, 재산에도 강제적으로 상한제를 두어, "모든 개인은 상한선까지만 소유할 수 있도록" 못 박을 것을 요구했다. 그렇다면 그 상한선은 어떻게 결정할 것인가? 상한선은 소규모 수공업자와 상점 주인이 가지고 있는 것 정도의 수준에서 결정되어야 한다는 것이 이들의 입장이었다. "누구라도 하나의 작업장, 하나의 상점만을 소유해야 한다"고 했다. 이 같은 급진적인 정책들은 "너무도 큰 재산을 소유함으로써 생기는 불평등을 사라지게 할 것이며, 재산 소유자들의 수를 증가시키는 효과를 가져올 것"이라고 했다.

대혁명 기간 중 이때만큼 인민 사회주의적 이상理想이 딱 부러지게 정립된 적은 없었다. 그것은 상-퀼로트들의 주축을 이루던 수공업자들과 소매상인들의 수준에 부합하는 이상이었다. 또한 식량을 직간접적으로 거래하는 모든 상인들, 자본주의적 주도권을 장악해서 자신들을 의존적인 임금노동자로 전락시킬 우려가 있는 모든 기업가들에게 적대적이었던 도시의 소비자들과 소규모 생산자들의 수준에 부합하는 이상이기도 했다. 이뿐만 아니라, 그것은 사유재산 제도를 유지는 하되 그것으로 인한 부정적인 결과는 제한하려는 의지의 표명으로서, 당시 혁명을 이끌어가고 있던 부르주아지의 이상에 배치되는 것이기도 했다.

상-퀼로트들의 정치적 동향 역시 부르주아지가 가지고 있던 정치 개념과는 상당히 거리가 멀었다. '주권은 인민에게 있다'–전투적인 민중들의 모든 정치적 행동은 이 원칙에서 비롯되었다. 이들에게 이 원칙은 추상적인 것이 아니라, 자치구 의회에 모여서 함께 권리를 행사하는 민중의 아주 구체적인 실체였다. 가장 의식 있는 사람들은 직접민주주의를 지지하는 경향을 보였다. 입법 분야를 보면, 이들은 민중에 의한 법의 비준을 요구했으며, 이따금씩 이 요구를 실행에 옮기기도 했다. 대의제에 의심을 품은 이들은 대표들을 통제하고 소환할 수 있는 권리를 요구했다. 입법 주권자로서의 민중은 심판의 주권자이기도 했다. 1792년 9월 학살 사건(1792년 9월 2일부터 7일까지 프랑스 전역, 특히 파리에서 벌어진 일련의 학살 사건들을 가리킨다. 오스트리아-프러시아 동맹군이 베르됭을 함락시켰다는 소식이 전해지고, 이에 대해 로베스피에르가 "적을 이기기 위해서는 대담해져야 한다"는 내용의 연설을 하면서, 이른바 '혁명 심리'가 발동한 것이 발단이었다. 수감 중이던 반혁명파에 대한 무차별적인 학살로, 파리에서만 1,300명 이상이 살해되었으며, 전국적으로도 많은 희생자가 발생했다. 공포정치가 시작되는 직접적인 계기가 되었다-옮긴이)들이 발생하자 인민법정tribunaux populaires이 열린 것이 그 좋은 예다.

무력武力은 주권의 본질적인 속성을 이룬다. 그러므로 민중은 무장을 하지 않을 수 없었다. 혁명력 3년, 여러 자치구에서 전투적인 민중들이 무장해제를 당한 것은 이들의 정치적인 실추를 상징하는 것이었다. 민중이 무기를 들고, 봉기를 통해 자신의 권리를 행사하는 것이야말로 주권재민의 원칙을 가장 극단적으로 실행에 옮기는 예가 될 것이다. 민중은 봉기를 통해 주권의 전능함을 시위하면서 주권의 행사를 다시 자신들이 신뢰하는 대리인에게 위임했는데, 1793년 6월 2일(5월 31일, 상-퀼로트들은 여러 조건을 내걸고 봉기를 주도했으나, 국민공회에서 자신들의 요구를 들어주지 않자, 6월 2일, 국민방위대 병력을 이끌고 국민공회를 포위, 결국 지롱드파 의원들의 체포를 관철시켰다-옮긴이)의 예가 바로 그것이다.

자치구라는 조직은 이러한 성향에 놀라울 만큼 큰 효율을 부여했다. 열성적인 상-퀼로트들은 제헌의회가 탄생시킨 시 단위 제도들을 이용하고, 또 그 제도들에 새로운 내용을 더해가면서, 국민공회를 통제하기 위해 탄생한 혁명위원회들을 적절하게 활용했다. 그리고 1793년 가을에 결성된 구민협회區民協會, société sectionnaire들과 더불어 특별히 민중을 위한 투쟁 도구를 만들어 파리의 민중 운동에 상당히 유연하면서 매우 효과적인 조직을 제공했다. 1793년 봄부터 가을까지, 이 조직은 온건파들과의 투쟁에서 그 효율성을 입증했으며, '혁명정부'를 발족하는 데 크게 기여했다.

1792년 7월부터 9월까지, 자치구의 상설회의常設會議(자치구 총회는 매일 오후 5시에 열렸다)가 이러한 정치 시스템의 초석 역할을 했다. 그러다가 9월 9일 법령에 의해 상설회의가 폐지되면서 총회는 일주일에 두 번만 개최되더니, 급기야 열흘에 한 번으로 줄어들었다. 이처럼 유명무실해진 자치구 총회는 각종 구민협회라는 우회로를 통해 다시금 모습을 드러냈다. 상시성과 지속성을 보장하면서, 각종 구민협회는 (파리 민중 운동의 기본조직이 되어) 혁명력 2년의 겨울 동안 총회를 대체했으며, 이로써 총회는 기록기관으로 전락했다.

자치적인 모든 제도들 가운데 민중의 권력을 가장 잘 상징해주는 것은 단연 혁명위원회들이었다. 혁명위원회는 1792년 8월 10일 이후 일부 파리 자치구에서 자발적으로 생겨났으며, 1793년 3월 위기 때 보편화되었다. 국민공회는 3월 21일 이를 합법적 기관으로 인정했다. 처음엔 제한적이었던 혁명위원회의 권한은 단시일 내에 무섭도록 확대되었다. 1793년 9월 17일에 채택된 반혁명 용의자 체포 령은 이들이 자의적으로 행사하던 권력을 적법하다고 인정해준 셈이었다. 최소 행정구역 단위인 콤뮌 또는 해당 행정구역의 자치구마다 혁명위원회는 용의자 명단을 작성하여 체포영장을 발부했다. 파리 콤뮌이 '용의자'라는 단어에 대해 내린 지극히 광범위한 정의는 이들의 권한을 한층 확대시켰다. 이들 혁명위원회는 자치구 총회의 통제에서 벗어났으며, 콤뮌의 제어에서도 서서히 벗어나 결과적으로 자치구의 모든 면면을 감독하기에 이르렀다.

파리의 자치구들은 무력 사용은 물론, 장교를 임명할 권한도 갖고 있었고, 스스로 행정을 운영하고, 법관들과 위원회 구성원들을 선출했으며, 수도 내부에 많은 자율적인 조직체를 만들었다. 하지만 구심점 역할을 할 수 있는 중심 조직이 결여된 탓에, 평상시에는 서신 교류를 통해, 위기 상황에서는 서로 연대함으로써 부족한 조직을 보완했다. 이는 혁명위원회가 파리 시의 역할을 넘어서는 것이나 다름없었다. 혁명위원회는 곧 정부 차원의 위원회들을 능가했으며, 상-퀼로트를 위해 혁명정부의 기반을 이루었던 사회적 균형마저 파괴하려는 무시무시한 조직으로 부상했다.

2. 혁명정부와 자코뱅 독재

1793년 여름을 지내면서 서서히 체력을 강화시켜온 혁명정부는 혁명력 2년 프리메르 14일(1793년 12월 4일)자 법령의 제정과 더불어

혁명위원회에서 많은 사람들이 체포되고 있다.

공식적으로 발족했다. 혁명정부의 토대를 이루는 원칙들은 인민 민주주의 원칙과는 근본적으로 거리감이 있었다.

혁명정부를 만들기 위한 이론적 기초는 생 쥐스트가 작성한 보고서와 로베스피에르가 1793년 12월 25일에 발표한 「혁명정부의 원칙에 대하여」라는 제목의 보고서, 그리고 1794년 2월 5일자 '국민공회를 이끌어 나가는 데 필요한 정치 윤리 원칙'에 관한 보고서 등에 의해서 점진적으로 다져졌다. 그런데 매우 의미심장하게도, 이 보고서들의 어느 곳에서도 인민주권souveraineté populaire의 원칙에 대한 언급은 찾아볼 수 없었다. (생 쥐스트와 로베스피에르의 보고서에 나타난) 원칙은 "정부의 유일한 추진력 중심"인 국민공회에 집중되어 있었다. 각종 위원회들이 국민공회의 통제하에서 통치하는 형태를 취하고 있었다. 여러 위원회가 있지만, 사실상 두 개의 위원회만이 실질적인 권력을 행사했다. 바로 정부의 생각을 독점하면서 국민공회에 중요한 정책들을 건의하는 집행기관인 공안위원회와 사람과 경찰 전반에 관한 일들을 특별히 감찰하는 보안위원회Comité de sûreté générale였다.

혁명정부는 말하자면 전시戰時 정부였다. "혁명은 자유의 적과 싸우는 전쟁이다." 따라서 혁명정부의 목표는 공화국을 수립하는 것이며, 전쟁에서 승리를 거두면, 곧바로 "승리를 쟁취한 평화스러운 자유 체제"라고 할 수 있는 입헌정부 체제로 돌아가야 한다는 것이었다. 혁명정부는 "전쟁 중이므로" 예외적인 활동을 필요로 하며, 마치 "번개처럼 상황에 대처해야" 한다. 동일한 체제 내에 "평화와 전쟁,

건강 상태와 질병 상태를 공존시킬 수는 없다. 그러므로 혁명정부는 강한 강제력을 필요로 한다. 다시 말해서, 공포정치가 필요하다." "완력은 범죄를 보호하기 위해서만 사용돼야 하는가?" 혁명정부는 "국민의 적에게는 죽음을 안겨줄 뿐이다." 하지만 공포정치는 어디까지나 공화국의 안전을 위해서만 실시되어야 한다. "민주정부 또는 민중적 정부의 기본 원리"인 덕성이야말로 혁명정부가 결코 전체주의로 변질되는 일이 없도록 보장해준다. 덕성이란, 로베스피에르의 표현대로라면, "조국과 조국의 법에 대한 사랑"이며, 모든 개인적인 이익을 보편적인 이익 속에 용해시키는 고결한 희생이며 헌신이다.

공포정치는 국가를 방어하고 혁명을 유지하는 수단이 된다. 공포정치는 호시탐탐 기회를 노리는 귀족들의 음모(콜로 데르부아Collot d'Herbois*와 로베스피에르에 대한 암살 기도를 무시한다면, 혁명력 2년 프레리알 22일에 제정된 대대적인 공포정치를 위한 법률의 의미를 이해할 수 없다)에 대비하는 방어적 수단이었으며, 이에 대해서 직접적으로 처벌을 가하고 싶어 했던 제3신분의 의지의 표명이었다. 그리고 이 같은 의지는 법과 정부의 통제에 의해서 차츰 규율화되어갔다. 미국 출신 역사학자 도널드 그리어Donald Greer가 제시하는 통계 자료들은 공포정치의 이와 같은 성격을 일목요연하게 보여준다. 공포정치는 특히 반혁명 세력이 무력을 사용하고, 공개적으로 혁명에 반기를 든 지역에서 가장 극성을 부렸다. 전체 사형 선고의 15퍼센트가 파리에서 선고된 반면, 71퍼센트는 내란이 가장 심했던 두 지역(남동부 지역

1793년, 국민공회는 약 30만 명의 병사들을 모집하기로 했는데, 이 모병에 많은 젊은이들이 기꺼이 지원하고 있다.

19퍼센트, 서부 지역 52퍼센트)에 국한되었다. 형을 선고한 동기 또한 이 같은 지역적 분포와 일치한다. 즉 사형이 선고된 전체의 72퍼센트는 반란이 죄목이었다. 그런데 여기서 아마도 적지 않은 사람들이 사형을 선고받은 자의 사회적 신분에 대한 의문을 제기할 수도 있을 것이다. 실제로 사형을 선고받은 자들 중에서 85퍼센트는 제3신분에 속했으며, 귀족 계급은 겨우 8.5퍼센트에 불과했다. 성직자의 경우는 6.5퍼센트라는 낮은 비율을 보였다. "그런데 이런 종류의 투쟁에서는, 으레 그렇듯이, 애초부터의 적보다 변절자들이 더 미움을 받기 마련이다"라고 조르주 르페브르는 지적했다.

내란이 지닌 여러 양상 중의 하나에 불과했던 공포정치를 사회적 관점에서 보자면, 받아들이기 어려운 구성요소들, 그러니까 귀족이거나 귀족 계급과 운명을 같이하는 공동체의 구성 요소들을 국가로부터 솎아내는 역할을 한 것이라고 할 수 있다. 그러나 공포정치는 어떤 의미에서는 국민적인 연대감을 공고히 다지는 데 공헌했다고 말할 수 있다. 일정한 기간 계급적 이기주의를 잠재우고, 공공의 안녕을 위해 모두에게 희생을 요구했기 때문이다.

혁명을 성취하기 위한 각종 장치들은 개선을 거듭해나갔으나, 이는 어디까지나 정부만을 위해 봉사하는 장치들이었다. 모태격인 자코뱅 클럽이 혁명정부의 대들보 역할을 하게 되는 것과 반비례해서 민중 조직체들의 자율성은 점점 축소되어갔다. 중층 부르주아지 출신, 특히 국유재산 매입자들이 주류를 이루는 자코뱅파는 말하자면 저항 세력이었다. 이들은 모든 종류의 위험에 당면해서, 1789년 혁명이 이룩한 정치적 사회적 획득물을 유지하려는 입장을 보였던 것이다. 이들이 상-퀼로트들과 동맹을 맺은 것도 이러한 목적에서였다. 이들은 경제 자유주의를 지지했지만, 각종 규제나 과세가 전시에 필요한 정책인 동시에 민중의 요구에 양보해야 하는 것이라고 보았기에 이를 수락했다. 혁명 운동과 그 후에 이어진 숙청 등으로, 자코뱅파의 신입 회원 모집은 이전보다 다소 민주화된 양상을 보이긴 했으나, 그래도 중층 부르주아지 출신이 주류를 형성하는 기조에는 변함이 없었다. 1793년부터 1794년까지, 공화국은 매우 촘촘하고 효과적인 각종 조직들의 연계망으로 이어졌는데, 전국적으로 그 수가 얼마나 되었는지는 정확하게 알 수 없다. 한때 반혁명 기운이 위세를 떨쳤던 남동부 지역에서는 특히 많은 수의 조직이 활동한 것으로 알려져 있다. 보클뤼즈 지방의 경우, 총 154개의 콤뮌에 139개의 민중 단체가 있었으며, 355개의 콤뮌으로 구성된 드롬 지방에는 258개, 260개의 콤뮌을 가진 바스-알프 지방엔 117개의 단체가 있었던 것으로 집계된다. 이들 민중 단체들은 국내의 적을 타도하고 혁명 제도를 안착시키는 데 지대한 역할을 했다.

혁명정부의 이론과 실제를 특징짓는 자코뱅주의는 루소의 사상에서 파생되어 나온 하나의 이데올로기인 동시에 정치적 성향이며 정치 기술로 정의된다. 이를 가리켜 일종의 종교 또는 신비주의라고 말하는 이들도 있다. 좀 더 간단하게 말하면, 자코뱅파는 자유와 평등을 합리적으로 고안된 사회가 가질 수 있는 속성이라 믿었다고 할 수 있다. 그렇다면 이는 일종의 광신주의인가?…… 위험의 중대성, 도저히 화해 불가능한 적과 대항하는 데 필요한 엄한 규율 등을 고려해본다면, 그들이 보여준 경직된 태도나 지나친 교조주의적 입장이 설명이 된다. 자코뱅파는, 결코 명시적으로 해명된 적은 없으나, 민주주의란 어느 정도 강제적으로 관리되어야 하며, 따라서 민중들의 자발성에만 맡겨두어서는 안 된다고 믿었던 듯하다. 민중은 선한 것을 원하지만, 언제나 그것을 제대로 알아보는 것은 아니라고 로베스피에르는 지적했다. 이 때문에, 자코뱅파는 민중을 계몽시켜야 한다고, 그러니까 민중을 이끌어 데리고 가야 한다고 판단했던 것이다.

여기서 특별한 하나의 기술이 빛을 발하는데, 사실, 그 기술의 작동원리는 이미 오래전부터 속속들이 알려져 있었으며, 거기에 대한 반감도 없다고는 할 수 없었다. 요컨대, 자코뱅파는 교의敎義를 결정하고, 정치적 노선을 명확하게 규정하며, 각종 지시를 내림으로써 이 노선을 구체화시키는 역할을 하는 제한적 위원회 중심의 통치 방식을 고안해낸 것이다. 선거 결과는 여과 과정과 그에 따르는 부수적인 장치, 곧 골수분자들만으로 핵심 조직을 구축하는 방식에 의해서 손질되었다. 후보자가 임기 동안 주어진 임무를 수행할 수 있는 능력을 판단하게 해주는 여과淨化용 선거에 의해서 일단 경쟁을 제한시키고 난 다음엔, 유권자들에게 선택의 자유가 주어진다. 이를테면 시민들은 모태가 되는 조직, 곧 '여론의 유일한 중심'으로부터 추진력을 전달받는 가맹 조직들의 연계망에 의해 포위당하는 식이다. 이는 공안위원회가 정부 활동의 유일한 중심인 것과 같은 원리이다.

하지만 자코뱅파는 이 원칙을 끝까지 밀고 나가지는 않았다. 다시 말해서, 이들은 클럽은 만들었으나, 이 클럽들을 하나의 정당으로 승화시키는 차원까지는 도달하지 못했다는 말이다. 특히, 이들은 그때그때 선출된 의회에 끝까지 종속적인 태도를 보였다. 하지만 바뵈프Babeuf*는 여기서 한 걸음 더 나아갔으며, 아마도 레닌은, 블랑키Blanqui*를 통해서, 바뵈프의 예를 교훈으로 삼았을 것으로 짐작된다.

대다수 민중들의 압력에 의해 1793년에 채택된 계획경제 체제는, 통치자들의 입장에서 보면, 사회 조직의 이론적인 원칙에 기반을 두었다기보다 국가 방위라는 특수한 필요에 따른 결정이었다. 봉쇄령으로 인하여 대외 무역은 고갈되었고, 프랑스가 거의 포위되다시피 한 상황에서 대대적으로 들고일어난 농민들을 먹이고, 무장시키며, 도시 주민들에게 식량을 공급해주어야 했던 것이다. 나라의 모든 자원을 징발해야 했으므로, 기업의 자유는 제한받을 수밖에 없었다. 징발을 보완하는 조치로서 1793년 9월 29일자 법령에 의해 보편화시킨 과세는 이윤의 폭(가령, 도매상의 경우는 5퍼센트로 제한되었으며, 소매상의 경우는 10퍼센트를 넘을 수 없었다)을 강제적으로 고정시킴으로써, 투기 심리를 억제하고 이윤의 자유를 제한했다. 한편, 국유화 정책은 다양한 정도로 생산에 영향을 끼쳤으며, 특히 무기 제조와 전시 군수 산업 생산 분야에서 막강한 영향력을 발휘했다. 대외 무역에도 국유화의 입김이 크게 작용했는데, 이는 주로 군수 물자 분야에만 해당되었다. 공안위원회에서 민간 수요 공급까지 국유화하는 것에는 반대했기 때문이었다.

그럼에도 사회민주주의의 특성이 서서히 그 윤곽을 드러냈다. 산악파와 자코뱅파는 1789년의 혁명 정신이 인정하는 소유권을 통해서 대다수 인민대중들을 부르주아지 국가 속에 편입시키겠다는 의도를 감추지 않았다. 그러므로 사유재산권을 생존권에 종속시키는 것도, 로베스피에르가 1793년 10월 22일 새로운 권리선언 계획안에서 암시했듯이, 소유권을 (자연권이 아니라) "법에 의해서 보장되는 사회 제도"로 정의하는 것도 더 이상 문제 될 것이 없었다.

산악파는 1793년 7월 17일, 아무런 보상 없이 모든 영주의 권리를 완전히 폐지함으로써 농민들에게 만족을 안겨주었다. 1793년 10월 22일자 법령은 지주들이 소작인들이나 절반소작인들에게 대체에 따른 어떠한 상환금을 징수하는 것도 금지했다(하지만 이 법령이 어느 정도 실행에 옮겨졌을까?). 소득의 이전이 진행되는 동안 소유권의 이전도 가속화되었다. 1792년 2월 9일을 기해서 국가에 귀속된 국외 망명 귀족들의 재산은 같은 해 7월 27일에 매매에 붙여졌으며, 2에서 4아르팡arpent(1아르팡은 약 1에이커) 정도 크기의 여러 조각으로 분할(1793년 6월 3일자 법령에 의거)되어 새 임자를 만났다. 토지를 분배받은 자들은 10년 안에 대금을 지불하는 조건이었다(이 조건은 9월 13일자 법령에 의해 20년 상환으로 바뀌었다).

6월 10일에는 주민의회의 3분의 1 이상이 요구할 경우, 콤뮌 재산의 분배도 가능하다는 법령이 발표되었다. 소규모 사유재산을 가진 사람들로 구성된 국가를 건설하겠다는 의도를 드러낸 이 같은 정책의 절정은, 반혁명 용의자들의 재산을 몰수하여("조국의 적으로 행동하는 자는 조국에서 재산을 소유할 수 없다"고 생 쥐스트는 공언했다) 이를 극빈층으로 이전시키겠다는 내용을 골자로 하는 혁명력 2년 방토즈 8일과 13일자(1794년 2월 26일과 3월 3일) 법령이었다. 이는 "새로운 혁명 강령"이 아니라, 부르주아지 혁명의 맥락에서 제시된 사회 정책의 일환이라고 알베르 마티에는 지적했다. 재산의 몰수는 어디까지나 귀족에게 대항하기 위한 수단에 불과한 반면, 사유재산권의 획득은 사회의 결속력을 다지는 주요 요인이라는 것이다.

　하지만 궁극적으로 경제적 자유를 신봉했던 로베스피에르 지지자들이나 산악파 모두 농민 문제에 개입하기를 꺼렸다. 이들은 농촌 출신이 주축이 된 상-퀼로트들의 요구에는 귀를 닫아버렸으며, 절반 소작 제도를 개혁하는 문제에도, 대규모 임대농지를 소규모 자영농지로 분할하는 정책 따위에도 관심을 보이지 않았다.

　하지만 새로운 사회적 입법立法에서는, 이런 소극적인 태도와는 대조적으로, 적극적인 대담성을 보이기도 했다. 예를 들어, 혁명력 2년 플로레알 22일(1794년 5월 11일)에 발표한 법령은 각 도마다 국민구호대상 장부를 두되, 농촌 주민들에게만 혜택이 돌아가게 한다는 내용을 담고 있다. 노인과 장애인, 자녀를 둔 어머니 또는 과부들을 대상으로 연금과 구호금, 무료 왕진 서비스 등 훗날 사회복지 체제로 정착될 참신하고 다양한 정책들을 구제받을 권리라는 이름으로 펼쳤던 것이다.

"프랑스 영토 내에서 단 한 사람의 불행한 사람도, 억압하는 자도 더 이상 방치하려 하지 않는다는 사실을 유럽 전체가 알게 될 것이다. 행복이란 유럽에서 새롭게 태어나고 있는 사상이다"라고 생 쥐스트는 방토즈 13일에 외쳤다……

Ⅲ. 실현 불가능한 평등공화국

1. 민중 운동의 정체 현상과 쇠락(1794년 봄)

혁명력 2년 겨울이 막바지에 도달했을 무렵, 혁명정부 발족 이후 표면화되어온 변화의 특징들이 한층 강화되기 시작했다. 상-퀼로트들이 요구해왔으나, 재산 소유자들의 반대를 받아왔던 각종 법적 규제와 과세, 계획경제를 통해서도 파리 주민들에게 빵을 제외한 나머지 식료품은 공급이 원활하지 못했다. 그런 가운데, 국가 방위에 필요한 필수품을 조달해야 하는 당위성이 더해지자, 부르주아적 성격이 짙었던 혁명정부는 민중 조직들의 수동적인 복종을 얻어내지 않으면

안 되었으며, 상-퀼로트들이 추구하는 민주주의를 자코뱅이 허락할 수 있는 범위 안으로 축소시켜야 할 필요를 느꼈다. 이렇게 되자 방토즈[혁명력에서 여섯 번째 달로, 바람의 달, 풍월風月로 옮기기도 한다. 그레고리력의 2월 19(또는 20, 21)일에서 3월 21(22)일까지의 한 달을 가리킨다-옮긴이] 초반에 이르러서는 상-퀼로트들의 물질적인 생존이나 혁명적 행동에 영향을 끼칠 정도로 그들의 정치적, 사회적 불만이 증대했다. 이러한 이중의 위기가 진행되는 가운데, 관용파indulgents[52)와 노골적인 혁명파 사이의 대립은 격화되어갔다. 심각한 대립 양상과 민중들의 불만 기류는 혁명정부에게 중대한 위협으로 다가왔다.

그러자 혁명정부는 방토즈 법령(1794년 2월 26일과 3월 3일에 생 쥐스트의 발의로 제정된 법령으로, 혁명의 적으로 인정된 자들의 재산을 몰수하며, 각 콤뮌마다 수감 중인 정치범, 곧 반혁명 용의자들의 명단과 열성적 혁명주의자들의 명단을 작성하여 반혁명주의자들의 재산을 열성적 혁명주의자들에게 나누어준다는 내용을 골자로 한다-옮긴이)을 통해서 상-퀼로트와의 화해를 시도했다. 하지만 이 시도는 별다른 효과를 보지 못하고 말았다. 방토즈 법령은 상-퀼로트들을 혁명정부에 합류시키는 심리적 충격을 통해서 정치적 위기를 타개하려 했으나, 바라던 만큼의 충격을 일으키는 데 실패했기 때문이다.

코르들리에Cordeliers를 필두로 하는 노골적인 혁명파들에게는 온건파들을 몰아내고 정부의 각종 위원회와 국민공회에서 자신들이 승자로 군림하기에 매우 좋은 기회 같아 보였다. 그러나 그간 혁명

코르들리에 클럽의 회원증.

을 치르면서 얻은 가르침을 무시한 코르들리에파 지도자들은 세심하게 운동을 조직하지 않았다. 온건파가 가져올 위험에 대해서보다는 식량 기근에 훨씬 민감한 대다수 민중들과의 긴밀한 연락망을 확보하는 데도 주의를 기울이지 않았다. 혁명력 2년 방토즈 14일(1794년 3월 4일), 코르들리에파는 성스러운 민중 봉기의 필요성을 천명했다. 신성한 봉기라지만, 이들은 그저 단순한 대중 시위 정도를 예상했던 것 같았다. 결국 이들의 외침은 허사로 끝나고 말았다. 하지만 이들의 시도는 역설적으로 혁명정부가 보여왔던 그간의 뜨뜻미지근한 태도에서 탈피하는 좋은 구실을 제공했다. 혁명정부는 우선 코르들리에파를 제거하고(1794년 3월 24일), 이어서 온건파를 단두대

에 보냄으로써(4월 5일), 두 부류의 반대파
를 거의 동시에 제거하는 쾌거를 올린 것
이다.

《르 페르 뒤셴》.

제르미날(씨앗의 달)의 비극(1794년 4월
2일, 당통을 비롯하여 그의 지지자들을 재판
정에 세우고, 4월 5일에 이들을 모두 단두대로
보낸 사건을 가리킴 – 옮긴이)은 결정적이었
다. 이로써 변화는 가속화되었다. 자신들
의 요구를 귀담아 들어주던, 이를테면 자
신들의 열망의 대변인 격이었던《르 페르 뒤셴》지의 폐간과 코르들
리에파의 처형을 목격한 상-퀼로트들은 혁명정부를 의심의 눈으로
바라보기 시작했다. 당통 역시 처형되었지만 달라지는 건 없었다. 혁
명력 2년 제르미날의 재판에 뒤이은 진압작전은, 비록 제한적이긴
했어도, 열성적인 지지자들에게 두려움 콤플렉스를 불러일으켜, 급
기야 자치구의 정치적 활동은 거의 마비될 지경에 이르렀다. 혁명정
부 지도자들과 선거구별 상-퀼로트들 간의 직접적이고 형제애적인
접촉은 아예 자취를 감춰버렸다.

승리를 거둔 혁명정부 측은 제도를 정비하고 정치 단체들을 통폐
합하기 위해 대대적인 노력을 기울였다. 혁명정부는 시급한 위험에
직면하여 상-퀼로트와의 동맹에 동의를 하긴 했어도, 이들이 추구하
는 사회적 목표와 정치적 방식은 결코 받아들이지 않았다. 혁명군은

해체되었고(1794년 3월 27일), 매점매석 조사위원 제도도 폐지되었으며(4월 1일), 파리 콤뮌(자치위원회) 조직은 제거되었다. 그런데 민중 운동 측에서 보자면, 자치구별 구민회들에 대한 정부의 압력이 재개되었다는 사실이 이러한 여러 정치적 결정보다 훨씬 더 상황을 심각하게 만드는 사건이었다.

1794년 5월 15일 연설에서 쿠통Couthon*은 국론의 통일을 주장했다. 혁명파는 모두 자코뱅파를 중심으로 집결해야 한다는 것이었다. 콜로 데르부아는 또다시 상-퀼로트가 주장하는 민주주의와 혁명정부가 추구하는 노선의 양립 불가를 외쳤다. 자치구별 구민회들은 "각각의 자치구를 하나의 작은 공화국으로 만들고" 싶어 했다. 제르미날부터 프레리알(혁명력의 아홉 번째 달로 '목장의 달牧月'이라고 옮기기도 한다. 5월 20일부터 6월 18일까지의 한 달-옮긴이)까지의 기간에 39개 구민회가 혁명정부 또는 자코뱅파의 압력으로 해체되었다. 이들 대부분은(39개 중 29개) 설립된 지 얼마 안 되는 '젊은' 단체들로, 주로 1793년의 혁명 동지들, 즉 1789년 혁명의 동지들과 구분하기 위해 흔히 '신세대' 혁명 동지로 불리는 단체들이었다. 이들에게 해산을 강제함으로써 정부의 위원회들은 민중 운동의 기반을 와해시켰다고 할 수 있다.

■■■■■

• 리샤르 콥Richard Cobb의 『도 단위에서 공포정치의 수단이 되었던 혁명군대, 1793년 4월-혁명력 2년 플로레알』(1963년)을 참조할 것.

제르미날에서 메시도르(혁명력의 열 번 째 달로, '수확의 달'이라고도 하며, 6월 20일 부터 7월 19일까지의 한 달-옮긴이)까지는 중앙집권화가 강화되었다. 우선, 임시 집 행위원 중에서 여섯 개의 장관 자리가 폐 지되었다. 이는 1794년 4월 1일, 열두 개 의 집행위원회로 대체되었는데, 이 집행 위원회들은 공안위원회에 종속되는 구조 를 취했다. 또한, 4월 19일에는 임무 수행 중이었던 파견 위원들까지 중앙으로 소환했으며, 이들은 공안위원 회 측이 선별한 인물들로 대체되었다.

조르주 쿠통.

공포정치는 혁명력 2년 프레리알 22일(1794년 6월 10일)자 법령에 의해 가속화되었다. "이것은 혁명의 적들에게 적당한 벌을 주고 끝 내자는 것이 아니라 이들을 아예 제거해버리자는 것이다"라고 쿠통 은 선언했다. 정화 작업을 거쳐 새로이 구성된 행정 당국은 이의 없 이 복종했으며, 국민공회는 별다른 토론 과정 없이 이 안을 채택했 다. 하지만 이렇듯 정부의 구속력은 강화되는 반면, 정부에 대한 신 뢰도는 이에 반비례해서 떨어지는 바람에 정부의 사회적 기반은 위 험할 정도로 위축되었다.

1794년 봄 기간에 작성된 각종 서류들은 민중 조직들의 침체를 가감 없이 보여준다. 자치구별 의회에서는 여전히 보편적인 정치 문제가 주요 의제로 상정되었으나, 이는 토론을 벌이기 위해서가 아니라 축하 연설이나 충성 서약 등을 통해 중앙에서 내려보낸 안건들을 통과시키기 위한 형식적인 절차에 불과했다. 혁명력 2년 플로레알(꽃의 달) 18일(1794년 5월 7일)자 법령을 통해 최고 존재L'Être suprême에 대한 숭배를 선언한 것만 하더라도 그렇다.

로베스피에르와 콜로 데르부아에 대한 암살 시도가 프레리알에 공포정치의 불씨를 잠시 다시 살리는가 싶었지만, 의회는 어느새 일상의 단조로운 사건만을 다루게 되었다. 플뢰뤼스의 승리(1794년 6월 26일, 프랑스는 영국-오스트리아-하노버 동맹군을 상대로 싸운 전투에서 결정적인 승리를 거두었다 – 옮긴이)나 바스티유 감옥 함락 기념일(메시도르 26일)조차도 열광적인 활기를 불어넣기엔 역부족이었다. 인위적으로 만들어낸 획일성의 기치 아래에서, 무관심 또는 적대감은 관료화된 혁명위원회가 장악한 자치구들을 타락시켜갔다. 이러한 상황에 대해서 생 쥐스트는 "혁명이 얼어붙었다"고 개탄했다.

혁명정부의 각종 위원회들은, 민중 운동을 길들임으로써 민중의 폭동에 대한 강박으로부터 벗어났다. 하지만 그와 동시에 그것은 국민공회를 해방시켰으며, 이는 곧 압력 수단의 결여라는 결과로 이어졌다. (국민공회 입장에서는) 승리가 확실시되는 마당에, 무슨 이유로 여전히 위원회들의 감독을 받아야 한단 말인가? 족쇄를 벗어버리려고 안간힘을 쓰는 국민공회와 완강하게 적의를 보이는 상-퀼로트 사이에서 혁명정부는 마치 허공에 매달려 있는 것만 같았다.

2. 혁명정부의 몰락과 민중 운동의 종말

(혁명력 2년 테르미도르에서부터 혁명력 3년 프레리알까지)

테르미도르(혁명력의 열한 번 째 달로 '열의 달熱月'이라고도 하며, 7월 20일에서 8월 18일까지의 한 달을 가리킨다 – 옮긴이)의 초기에, 국민공회에서는 산악파의 와해 현상이 심화되었다. 임무지에서 소환된 의원들, 다시 말해서 당통 지지 세력은 공안위원회의 독선을 가만 두고만 보지 않았다. 정부 측 위원회들이 단결된 모습을 보였더라면, 이들의 노력은 수포로 돌아갈 수도 있었을 것이었다. 하지만 두 실세 위원회 사이의 해묵은 분열 양상은 날이 갈수록 악화되었다. 보안위원회 위원들은, 르바와 다비드David를 제외하고는 모두 공안위원회에 적대적이었으며, 특히 로베스피에르에 대해서는, 개인적인 이유에서든 그가 내세우는 원칙에 대한 반대 때문이든, 여하튼 노골적인 반감을 드러냈다. 두 위원회 사이의 역할 분담, 다시 말해서 권력 배분은 단 한 번도 확실하게 명시된 적이 없었다. 예를 들어, 경찰 문제는 플로레알[혁명력의 여덟 번째 달로 '꽃의 달花月'이라고도 하며, 4월 20일부터 5월 19(20)일까지의 한 달을 가리킨다 – 옮긴이]에 공안위원회 산하에 경찰국이 설립되면서 끊임없는 갈등을 일으켰다. 보안위원회 측의 적대감은 사실 공안위원회 자체가 분열되지만 않았다면 얼마든지 간단하게 잠재울 수도 있었을 것이다.

이 대목에서, 알베르 마티에가 지적하듯이, 사회정책과 방토즈 법령의 실행 문제가 대두되는 것은 사실이나, 그에 못지않게, 조르주

최고 존재의 제전(테시에의 판화).

르페브르가 암시하는 것처럼, 권한 배분을 둘러싼 갈등, 정치적 원한 관계, 기질적인 대립 등의 문제도 고스란히 드러났다. 두 위원회를 화해시키려는 시도(테르미도르 4일과 5일, 즉 1794년 7월 22일과 23일에 열린 총회)에도 불구하고 로베스피에르는 결국 이 갈등을 국민공회에 상정하는 편을 택했다. 이는 말하자면, 승리가 확실시되고 민중들의 압력으로 인한 위험이 사라져버린 것 같은 때에도, 혁명정부를 존속시킬 필요가 있느냐는 문제를 의회가 판단해달라고 요청한 것이나 다름없었다. 이 위험을 로베스피에르는 고스란히 감수했다. 국민공회가 로베스피에르 지지자들에 대한 지원을 거부할 경우에 대비해서, 사전에 콤뮌이나 자치구들이 취해야 할 행동 강령을 마련해놓는 따위의 준비라고는 전혀 없었다. 게다가, 정치 분위기는 점점 무거워지는데, 로베스피에르를 지지하는 파리 콤뮌은, 불만이 팽배한 사회적 상황에 눈감고, 민중들의 요구에 귀를 닫은 채 최고임금제를 발표했다(테르미도르 5일). 요컨대 상당한 비율로 강제적 임금 인하(예를 들어 목수의 경우, 임금이 8리브르에서 3리브르 15솔로 깎였다)가 단행된 셈이었다. 이로 인하여, 혁명정부와 자치구 열성당원들 사이에는, 다시 말해서 콤뮌이라는 행정 기관과 대다수 민중들 사이에는 돌이킬 수 없는 불신과 불화가 자리 잡았다.

혁명력 2년 테르미도르 9일(1794년 7월 27일)에 시도된 힘의 시험[53]은 중앙집권화된 정부의 효과가 어느 정도인지를 확실하게 보여주는 기회가 되었다. 10개의 자치구 단위 혁명위원회만이 콤뮌 봉기에 찬성했으며 자신들의 태도를 견지했다. 하지만 12개 구의 위원회는 주저하는 태도를 보였으며, 18개 구의 위원회는 대번에 국민공회 쪽에 합류했다. 모든 구민회의에서는 극소수의 열성당원들만이 봉기하라는 지시를 따랐다. 콤뮌 측이 희망을 걸었던 혁명의 실천은 독재적 장치, 다시 말해서 자코뱅파를 등에 업은 로베스피에르 지지자들에 의해 실패하고 말았다. 이는 곧 이 장치를 마련하기 위해 헌신한 자들이 자신들이 힘들여 마련한 장치에 의해 공격을 당하는 역설을 의미했다. 자치구 당국들은, 예전 동원령 때처럼 봉기의 틀을 짜는 대신, 대부분의 경우 정부의 의지를 전달하는 기관으로서의 역할에 머물렀던 것이다.

로베스피에르가 처형당하자[54] 혁명정부는 그로부터 얼마 버티지 못했다. 1794년 여름 사이에 해체되고 말았기 때문이다. 여기에는 특히 정부의 중앙집권을 종식시키는 혁명력 2년 프뤽티도르[혁명력의 열두 번째 달로 '열매의 달'이라고도 하며, 8월 18(19)일에서 9월 17(18)일까지의 한 달−옮긴이] 7일(1794년 8월 24일)자 법령이 주효했다. 혁명정부의 해체와 더불어 공포정치도 자연히 폐기되었으며, 강제력 또한 다른 혁명의 원동력들과 더불어 슬그머니 자취를 감추었다. 감옥문은 활짝 열렸다. 혁명력 3년 브뤼메르(혁명력의 두 번째 달로 '안개의 달霧月'이라고도 하며, 10월 22일에서 11월 21일까지의 한 달−옮긴이)에 들어서면서 자코뱅 클럽은 해체되었다(1794년 11월 13일).

곧이어 왕당파에 의한 백색 공포정치Terreur blanche가 고개를 들기 시작했다. 계획경제의 포기는 테르미도르 노선에 이미 포함되어 있었다. 혁명력 3년 니보즈[혁명력의 네 번째 달로 '눈의 달雪月'이라고도 하며, 12월 21(22)일에서 1월 20(21)일까지의 한 달-옮긴이] 4일(1794년 12월 24일)자 법령은 보편적 가격 상한제와 계획경제의 폐지를 못 박고 있다. 아시냐의 가치는 바닥으로 곤두박질쳤고, 물가는 현기증 날 정도로 수직 상승했다. 1795년 4월, 물가 지수는, 1790년을 100으로 잡을 때, 무려 758까지 치솟았으며, 특히 식품만 따로 떼어낼 경우 819까지 올라갔다.

이런 의미에서 본다면, 테르미도르 9일은 상-퀼로트에게는 속임수에 불과했다. 혁명정부에 불만을 품었던 상-퀼로트들은 혁명정부의 몰락이 자신들에게 가해올 위협을 감지하지 못했다. 그로부터 10개월이 지난 후, 높은 물가와 흉작, 유난히 추웠던 겨울 등으로 고단해진 파리의 상-퀼로트들은 계획경제로 회귀할 것을 요구하며 마지막으로 봉기했다. 혁명력 3년 제르미날(씨앗의 달) 12일(1794년 4월 1일)은, 이보다 훨씬 비극적인 프레리알(목장의 달) 1일과 2일(1795년 5월 20, 21일)의 거사를 알리는 서막이었다고 볼 수 있다. 프레리알 4일 저녁엔, 포부르 생탕투안 지구, 1789년부터 줄곧 혁명의 대들보 역할을 도맡아 해온 바로 그 지구가 그동안 그들을 이끌어왔던 우두머리들과 조직을 잃어버린 채 기근에 허덕이면서 변변하게 전투 한번 치르지 못하고 항복하고 말았다.〫 신사紳士들은 비로소 안도의 숨을 내쉬었고, 진압의 거센 폭풍이 휘몰아쳤다. 결정적인 날들이 이어졌다. 이 기간 동안, 공화주의자들로부터 구체제 옹호자들에 이르기까지, 요컨대 부르주아지로 통칭할 수 있는 모든 세력이 하나로 단결하여 군대의 지지를 앞세워, 탈진 상태인 데다 조직마저 헝클어진 민중 운동을 파멸로 몰아갔다. 이로써, 추진력을 잃은 혁명은 종말을 맞고 말았다.

***

혁명력 3년 프레리알의 시위나 테르미도르 9일의 쿠데타 같은 사건은 예전에 제3신분이라고 불리던 신분 내부에서의 계급 갈등이 초래한 비극적인 일화라고 할 수 있다. 이 사건들이 지니는 정확한 의미를 파악하기 위해서는 절대 잊지 말아야 할 사실이 있다. 바로 프랑스 대혁명은 무엇보다도 제3신분 전체가 유럽의 특권 계급을 상대로 벌인 투쟁이었다는 사실이다. 이 투쟁에서 부르주아지는 내내 주도권을 놓지 않았다. 중요한 쟁점에서, 다시 말해서, 특권 계급에 대한 증오와 승리를 쟁취하겠다는 의지라는 면에서 상-퀼로트들 역시 혁명을 주도하는 부르주아지와 같은 의견이었다. 따라서 이들은

■■■■■
- 코레 퇴네손Kåre D. Tønnesson의 『과격 공화파의 패배. 혁명력 3년의 평민운동과 부르주아지의 반응』(오슬로-파리, 1959년)을 읽어볼 것.

부르주아지와 노선을 같이했다. 상-퀼로트들 중에서 가장 의식이 있는 자들은 민중이 느껴 마땅한 억울함을 꾹꾹 눌러 잠재운 채, 방데미에르[혁명력의 첫 번째 달로 '포도의 달葡萄月'이라고도 하며, 9월 22(23, 24)일부터 10월 22(23)일까지의 한 달―옮긴이] 13일(1795년 10월 5일)과 프뤽티도르 18일(1797년 9월 4일)까지는 반혁명을 진압하려는 부르주아지에게 협조했다. 하지만 민중 운동과 공안위원회를 통한 자코뱅 독재 사이의 대립은 오래지 않아 원래의 골을 드러냈으며, 이로써 혁명력 2년에 이루어진 공조체제에는 금이 갔다. 전쟁 결과로 인하여 대립 양상이 한층 더 강조된 면이 없지는 않지만, 이 두 사회적 부류 사이에는 원래부터 도저히 축소할 수 없는 차이점이 있었던 것도 사실이다.

정치적인 관점에서 보자면, 전쟁을 수행하기 위해서는 강력하면서 권위 있는 정부가 필요하다는 점을 상-퀼로트들도 충분히 인식하고 있었다. 그 때문에 그러한 정부를 탄생시키는 데 이들도 협조를 아끼지 않았다. 산악파와 상-퀼로트 양쪽 모두 민주주의를 간절히 원했으나 전쟁과 그에 따른 각종 요구로 말미암아, 민주주의를 각기 다른 의미로 받아들여 갈등을 빚게 되었다. 상-퀼로트들은 귀족 계급을 와해시킬 수 있는 강력한 정부를 원했다. 하지만 그 강력한 정부가 승리를 쟁취하겠다는 의욕으로 충만한 나머지 자신들에게까지도 복종을 요구하게 되리라고는 미처 예상하지 못했다는 말이다. 특히 상-퀼로트들이 추구한 민주주의는 직접민주주의의 경향을 지닌 것이었다. 선거에 의해서 선출된 자들에 대한 통제, 민중이 이들을 소환하고 해임할 권리, 박수를 치거나 큰 소리로 찬반을 표시하는 공개투표방식 등을 통한 직접 통치 정부를 지향하는 것이었다. 하지만 이는 산악파의 부르주아지가 구상했던 자유주의적이고 대의적인 민주주의와는 대립되는 것이었다. 이 같은 대립은 상황에 따른 일시적인 차이에서 기인한다기보다 근본적인 것이었다.[55]

경제적, 사회적인 관점에서도 마찬가지였다. 이 분야에서의 모순 또한 뛰어넘기 쉽지 않았다. 자유 경제를 추구했던 혁명정부 측 인사들은, 로베스피에르를 필두로, 대규모 전쟁을 수행하기 위해서는 과세와 징발이 필요했으므로 마지못해 계획경제를 수락한 처지였다. 반면, 상-퀼로트들은 자신들의 생존에 필요한 식량 등 생활수단을 얻기 위해 가격 상한제를 강요했다. 대혁명은, 비록 민주주의를 추구한다고 하나, 어디까지나 부르주아적이었으며, 혁명정부는 임금에도 식료품에도 가격을 정함으로써 기업가들과 그들이 고용하는 노동자들 사이의 형평성을 유지하려 했다. 이 같은 정책이 제대로 실효를 거두기 위해서는 산악파와 상-퀼로트 간의 연합이 반드시 필요했다. 하지만 이 정책에 대해서는 사실상 자코뱅파 소속의 부르주아지마저도 반감을 드러냈다. 그것이 경제의 자유를 인정하지 않으며, 이윤을 축소시킨다는 이유에서였다. 그 결과, 국가에서 결제하는 군수용품 제조와 농민들에게서 징발한 곡물과 마량馬糧(말의 먹이)을 제외하면, 실제로 가격 상한제는 교묘하게 회피되었다. 그러니 임금노동자들과의 갈등은 피할 수 없었다.

인플레이션과 식량 부족으로 고통 받던 임금노동자들은 당연히 노동력의 상대적인 품귀를 이용해 임금 인상을 얻어내고자 했다. 혁명력 2년 가을부터 이듬해 봄까지 콤뮌은 법에 어긋나게, 임금에는 과세를 소홀히 함으로써 이를 방관했다. 제르미날이 지나면서 정부는 과세와 불법적인 임금 인상으로 이윤이 줄어만 가는 기업들의 어려운 상황을 바로잡는 데 앞장섰다. 그래서 정부가 추진한 정책이 테르미도르 5일에 채택된 파리의 임금상한법 제정이었다. 이것은 혁명정부가 임금노동자들이 거두었던 유리한 입장을 취소시키는 것이었으며, 그래서 혁명정부는 중개자로서의 입장을 포기하는 것처럼 보였다. 요컨대 혁명력 2년에 채택된 계획경제는 계급적 토대를 갖고 있지 않은 불안정한 것이었으며, 결국 테르미도르 9일에 와해되고 말았다.

상황이 그렇게 된 데에는 자코뱅 독재와 민중 운동 사이의 반목 외에 다른 이유들도 꼽을 수 있다. 가령, 혁명력 2년에 성립된 체제를 파탄으로 몰아간 데에는 상-퀼로트들에게 내재했던 고유한 모순들도 작용했다. 상-퀼로트는 하나의 동질적인 계급으로 구성되지 않았으며, 따라서 이들이 이끄는 운동 또한 특정 계급을 대표하는 정당이 될 수 없었다. 수공업자들과 상점 주인들, 직공과 날품팔이 노동자들이 주류를 이루는 가운데 소수의 부르주아들이 합류한 이들 상-퀼로트들은 귀족과 싸우는 데에는 무서운 힘을 발휘했다. 하지

여러 직업의 상-퀼로트를 나타낸 그림. 모두 모자를 쓰고 창을 들고 있다. 왼쪽 두 번째서부터 대장장이, 상인, 제화공, 목수.

만, 이 연합 세력의 내부로 눈을 돌리면, 생산수단이라는 사유재산을 이용해서 이윤을 창출해내는 수공업자, 상점 주인들과, 직공과 날품팔이 노동자처럼 임금만으로 살아가는 자들 사이의 대립이 첨예화될 수밖에 없었다. 혁명 완수라는 필요성 앞에서 상-퀼로트들은 일시적으로 하나가 되었으며, 다양한 구성원들 간의 각기 다른 이해관계로 인한 갈등은 잠시 뒷전으로 미루어두었으니, 그건 어쩔 수 없는 당연한 결과였다. 잠시 뒷전으로 미루어두었을 뿐 갈등이 완전히 제거된 것은 아니었다. 구성원들이 이질적인 까닭에, 이들에게서는 계급의식은 찾아볼 수 없었다.

이들 대부분이 공통적으로 자본주의에 반감을 가진 것은 사실이었지만, 그렇다고 해서 그것이 이들을 결집시킨 직접적인 동인이라고 볼 수는 없었다. 수공업자들은 임금노동자로 전락할까봐 두려워했으며, 직공들은 자신들의 삶을 한층 고달프게 만드는 매점매석 주동자들을 증오했다. 하지만, 임금노동자들이었던 직공들에게서는 그들 집단만의 고유한 사회적 의식을 찾아볼 수 없었다. 이들의 사고방식은 오히려 수공업자들에 의해서 조련되는 경향이 농후했다. 곧, 자본주의적 집중이 계급 간의 연대의식을 일깨우는 단계로까지 진행되지 않은 상태였던 것이다. 이들은 그저 손을 움직이는 직업을 가졌다거나, 옷차림과 생활 방식이 유사하다는 데에서 얼마간의 단일성을 어렴풋이 느끼는 정도였다. 또한, 교육을 받지 못했다는 자괴감은 평민들에게 열등감은 물론 때로는 무력감까지 안겨주었다. 자코뱅파의 중류층 부르주아지에서 볼 수 있는 재능 있는 자들을 파리의 상-퀼로트들에서는 찾아낼 수 없다는 사실을 확인하게 되자, 이들은 곧 낙담하고 말았다.

그 후로 이어지는 역사는, 역사의 변증법이라는 관점에서만 보더라도, 혁명력 2년의 시도가 실패할 수밖에 없었음을 설명해준다. 5년 동안 줄곧 지속된 혁명 투쟁으로, 가장 뛰어난 인재들이 소모되었으며, 이는 결국 장기적인 안목에서 볼 때, 민중 운동의 활력과 사기를 앗아가는 결과를 낳았다. 그런가 하면, 거듭 뒤로 미루어지기만 하는 '위대한 희망'은 결국 단결했던 대다수 민중들의 의지를 약화시켰다. "민중이 지쳐간다"고 로베스피에르는 일찌감치 간파했다. 민중은 노력의 과실을 맛보고 싶어 했지만, 그럴 수가 없었다. "우리는 이제까지 혁명을 위해 우리가 기꺼이 받아들인 모든 희생을 후회하게 될 순간에 직면했다"고, 혁명력 3년 방토즈(바람의 달) 27일 (1795년 3월 17일), 생탕투안과 생마르셀의 상-퀼로트들은 국민공회에서 외쳤다. 날이 가고 달이 갈수록, 봉기가 일어날 때마다, 새로 태어나는 조국의 수호가 혁명의 첫째가는 의무라고 믿었던 가장 혈기 왕성한 젊은이들, 가장 의식 있고 가장 열정적인 사람들이 징집되거나 동원됨으로써 파리 자치구는 약화되었다. 이렇듯 젊은 층이 빠지고 혁명 지지자들이 노화하는 현상이 대다수 혁명 지지자들의 열기에 어떤 결과를 초래했을지는 쉽게 짐작할 수 있다.

이와 동시에, 상-퀼로트들은, 1793년 봄과 여름에 민중이 거둔 바로 그 성공의 결과로 말미암아 핵심 간부들을 상실했다. 파리 각 구의 전투적인 투사들은, 딱히 야심 때문에 행동한 것은 아니었을지라도, 한 자리를 차지하는 것이 자신들의 활동에 대한 당연한 보상이라고 생각했다. 혁명정부가 효율적으로 움직일 수 있었던 것은 그런 대가를 지불했기 때문이었다. 1793년 가을, 행정 당국은 정화 작업을 통해 불순분자들을 제거하고 상-퀼로트 출신의 유능한 인물들을 대거 영입했다. 그러자 새로운 형태의 (체제)순응주의가 나타났다. 파리 각 자치구의 혁명위원들이 좋은 예라고 할 수 있다. 이들은 처음엔 새로 등장한 정치적 인물 가운데 가장 민중적이고 전투적인 사람들이었다. 그러나 그들의 생활조건, 그들의 지위와 그들의 임무가 가져다준 성공 바로 그것이 이들을 봉급 생활자로 만들어버렸으

전쟁터로 나가는 병사가 애인과 작별의 키스를 하고 있다.

며, 그 결과 혁명력 2년 한 해 동안, 과거 자치구에서 가장 전투적으로 활동해왔던 이들이 월급쟁이 공무원이 되어버렸다. 이들은 새로 얻은 각종 기득권을 빼앗길까 두려워 상부의 지시라면 남보다 훨씬 더 고분고분 따르는 순응주의자가 되어버렸다. 이렇게 되자 혁명정부의 권한은 한층 강화되었다. 반면 민중 운동은 약화되었으며, 결과적으로 혁명정부와 민중 운동의 관계에도 변화가 생겼다. 자치구 단체들의 정치 활동엔 제동이 걸렸으며, 민주주의의 기세는 약해졌다. 관료화가 진행됨에 따라 대다수 민중들의 비판 정신과 정치 투쟁은 서서히 마비되어갔다. 마침내 정부 기구에 대한 민중의 통제는 상실되어가는 반면, 정부의 독재적 경향은 강화되었다. 로베스피에르 지지자들은 무기력하게 이러한 추세를 지켜보기만 했다.

테르미도르와 그 에필로그에 해당되는 혁명력 3년 프레리알(목장의 달)에 일어난 사건들[56]은 평등민주주의라는 불가능한 꿈을 꾸었던 민중의 희망을 송두리째 짓밟아버리며, (테르미도르파와 그 뒤를 이은 총재정부로 하여금) '1789년'과의 관계를 되살릴 수 있게 해주었다. 하지만 이 무렵엔 이미 공포정치가 휘둘러댄 가차 없는 타격으로 구체제 사회는 완전히 파괴되고, 따라서 새로운 사회적 관계의 틀을 짜야 할 터전이 닦여 있는 상태였다. 그러니까 부르주아 명사名士들의 통치가 시작될 수 있게 된 것이다.

프랑스 대혁명의 지도자들. 1. 당통, 2. 마라, 3. 카미유 데물랭, 4. 앙리오, 5. 콜로 데르부아, 6. 에베르, 7. 쿠통, 8. 생 쥐스트, 9. 푸키에 탱빌, 10. 로베스피에르, 11. 멜르랭 드 티옹빌, 12. 페시옹, 13. 카리에, 14. 다비드, 15. 르 풀르티에, 16. 조제프 르몽, 17. 르 장드르, 18. 비요 발렌, 19. 소小 로베스피에르(로베스피에르의 동생), 20. M. J. 세니에, 21. 바디에.

파리 민중의 봉기. 1789년 4월 27일, 임금 인하를 통고 받은 생 탕트완의 직인職人들이 폭동을 일으켰다. "제3신분 만세"를 외치며 약탈에 나서자 군대가 이를 진압했다.

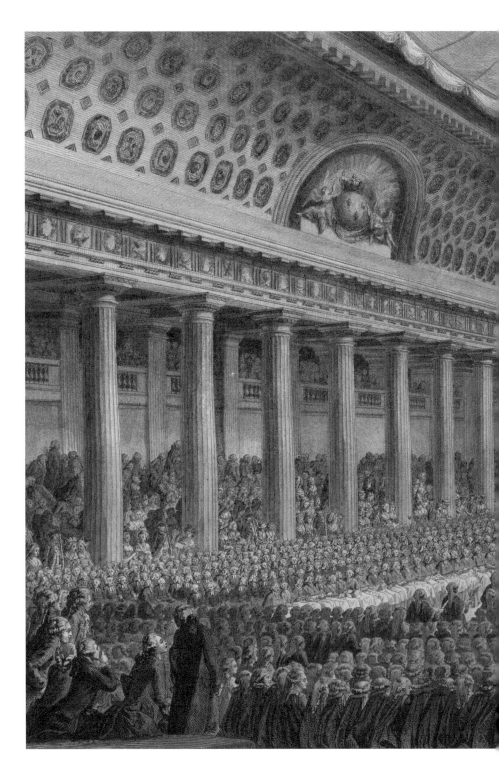

삼부회 회의장 모습(모네의 원화를 에르망이 다시 판화로 만들었다).

거리에서 시위를 벌이는 파리의 민중들.

앵발리드(상이군인회관)의 지하에서 무기를 탈취하는 민중.

〈라 마르세예즈〉. 1792년 루제 드 릴르가 스트라스부르에서 작사 작곡한 뒤 〈라인 주둔군을 위한 군가〉라고 이름 붙인 것인데, 마르세유에서 남쪽 의용군이 파리로 행진해 오면서 이 노래를 불러 〈라 마르세예즈〉로 이름이 바뀌었다. 오늘의 프랑스 국가가 되었을 뿐만 아니라 세계적인 혁명 운동의 상징적인 노래가 되었다.

1789년 8월 4일의 국민의회 모습. 이날 의회는 특권층의 특권 폐지와 봉건제도의 폐지를 선언했다(모네의 그림을 에르망이 판화로 만들었다).

1790년 7월 14일 파리에서 열린 제1회 연맹제(루프랑수아의 판화).

로베스피에르.

로베스피에르의 옆모습.

생 쥐스트의 옆모습.

카미유 데물랭.

루이 16세와 가족들의 최후의 이별(위, 영국인 작가의 그림)과, 왕의 일가가 갇혀 있었던 탕플 사원과 폐허가 된 탕플 탑(아래).

1792년의 튈르리 궁 공격(자크 베르토오 그림).

단두대에 오르는 루이 16세(위)와, 루이 16세가 단두대에서 처형되는 장면(아래).

테르미도르 반동. 1794년 7월 27일(테르미도르 9일), 국민공회에서의 테르미도르 쿠데타를 그린 그림. 로베스피에르가 연설을 하기 위해 단상에 오르려고 하자 탈리엥이 단검을 휘두르고 있다. 로베스피에르는 다음 날 체포되었고, 같은 날 단두대에서 처형되었다(위). 처형장의 마리 앙투아네트(아래 왼쪽)와, 처형장으로 끌려가는 당통(아래 오른쪽).

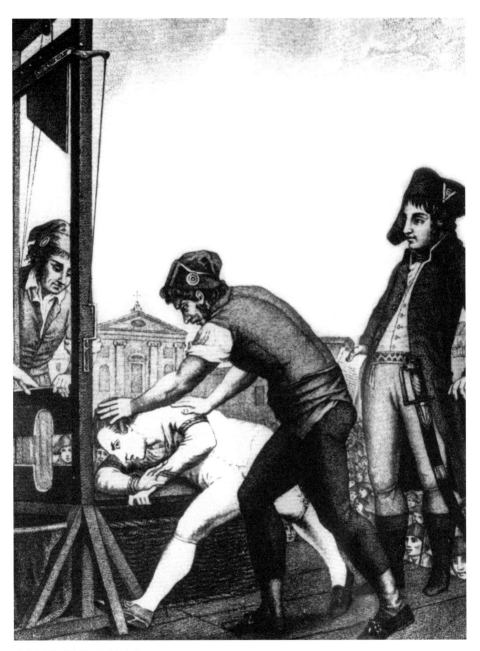

단두대에서 처형되는 로베스피에르.

5백인회의에 나타난 나폴레옹 보나파르트.

나폴레옹 보나파르트의 황제 즉위 대관식(자크 루이 다비드 그림, 파리 루브르 박물관 소장).

3 장

1795년
자유주의인가 독재인가?

1795~1799

1795년이 되자, 1789년부터 서로 밀거니 끌거니 하면서 부르주아지 혁명에 박차를 가했던 두 부류의 민중 운동 가운데 하나는 아예 와해되었고, 나머지 하나는 몰라보게 얌전해졌다. 우선, 대다수 도시 민중은, 혁명력 4년 내내 쏟아부은 노력에도 불구하고, 후퇴하는 기미를 보였다. 이들은 1830년이 되어서야 다시금 들고일어남으로써 역사의 전면에 등장한다. 그런가 하면, 대다수 농민은 회복이 어려울 정도로 심한 분열 양상을 보였다. 1793년 7월 17일자 법령으로 봉건적 권리들이 결정적으로 폐지되면서 산악파 중심의 국민공회는 토지를 소유한 농민층을 기존 질서 속으로 편입시켰다. 혁명의 열기가 식고, 귀족들의 활력이 눈에 띄게 약화되자, 부르주아지 중심의 안정기가 펼쳐지기 시작했다.

테르미도르 시기의 국민공회는 자신들이 창설했으며, 역사 용어로 총재정부le Directoire라고 부르는 체제에 대해, 전쟁을 비롯한 재앙에 가까운 경제 위기와 함께 매우 절묘하게 균형을 이루는 정치 체제(이 체제로 말하자면, 그 명칭보다는 체제를 지탱하는 정신과 실천이 훨씬 중요한 의미를 갖는다)를 물려주었다. 혁명력 2년의 경험에서 비롯된 끔찍한 기억(자유의 제한, 이윤의 제한, 비천한 자들이 자신들보다 고귀한 자들에게 자신들의 법을 강요하기 등)을 잊지 않은 부르주아지는, 더욱 철저하고 강화된 계급의식으로 단단히 무장한 연후에, 조심스럽게 그들의 권력을 조직해나가기 시작했다. 유력한 명사들의 사회적 우월성이 회복되자, '국민'이란 말은 정해진 세금을 납부한 시민 중심으로 다시금 그 틀이 좁아졌다. 그러나 불환지폐의 가치 폭락으로 말미암아 혁명을 주장하는 반대 세력이 새로이 부상하고, 내외적으로 반혁명을 거부하는 기류가 끈질기게 명맥을 이어가자, 정상적으로 통치 경험을 쌓는 것이 불가능한 지경에 이르렀다. 그러자 이러한 혼란을 틈타 예외적인 정치적, 행정적 실천 방식이 비집고 들어오게 되었는데, 총재정부는 이를 이용했고, 이를 제도화했다.

테르미도르 반란에서 제정시대에 이르기까지는 하나의 지속성이 관류하고 있음을 확인할 수 있다. 브뤼메르 쿠데타[57]가 있었다고는 하나, 이로 인한 단절은 어디까지나 표면적인 현상에 불과하다.

I. 테르미도르의 유산: 사유재산과 자유

부르주아지가 사회적, 정치적 주도권을 쥔다는 원칙은 국민공회의 부아시 당글라Boissy d'Anglas*가 혁명력 3년 메시도르 5일(1795년 6월 23일)에 헌법안 입안과 관련한 연설을 하는 과정에서 확실하게 제시되었다. 그는 "부자의 소유권, 가난한 자의 생존권, 산업체를 운영하는 자의 향유권, 그리고 모든 사람의 자유와 안전을 보장해야 한다"고 못 박았다.

사유재산을 소유할 권리는 사회 질서의 근간을 이룬다. 국민공회는 "의심할 여지 없이 진정한 자유를 방해하는 가장 무서운 암초인 절대 민주주의, 무제한적 평등 같은 환상에 불과한 원칙에 대해서는 용기를 가지고 경계해야 한다. 시민으로서의 평등, 이것이야말로 합리적인 인간이 요구할 수 있는 모든 것이다. 반면, 절대적 평등은 망상일 뿐이다. 절대적 평등이 가능하려면, 모든 사람의 정신과 덕성, 체력, 교육 정도, 재산이 완전히 평등해야 할 것이기 때문이다"라고 했다. 베르니오도 이미 1793년 3월 13일에 이와 똑같은 논리를 개진한 적이 있다. "사회적 인간에게 평등이란 권리의 평등을 의미한다. 사회적 인간의 평등은 재산의 평등도 아니고, 그렇다고 신체나 물리적 힘, 정신, 활동, 산업, 노동 등의 평등도 아니다." 지롱드파에서 테르미도르파로 주도권이 넘어가기는 했지만, 이들 사이에는 참으로

희한한 지속성이 느껴지지 않는가!

부아시 당글라의 말을 조금 더 들어보자. "우리는 가장 뛰어난 자들의 통치를 받아야 한다. 가장 뛰어난 자들이란 가장 높은 교육을 받고, 법의 유지에 지대한 관심을 가지고 있는 사람들이다. 그런데 이런 사람들은, 몇몇 예외적인 경우를 빼고는 사유재산을 가지고 있으므로, 그 재산이 속해 있는 나라와, 그 재산을 지켜주는 법, 그 재산을 지켜주는 사회 질서 등에 애착을 갖는 자들 가운데에서만 발견할 수 있다. 또한, 이들 가장 뛰어난 자들은 그러한 사유재산과 여유 덕분에 교육을 받고, 그 교육 덕분에 조국의 운명을 결정짓는 법의 장단점을 지혜롭고 올바르게 논의할 수 있는 자들이기도 하다. 하지만 이와 반대로 지킬 것이 아무것도 없는 무산자들이 질서에 대해 관심을 갖고자 한다면, 그는 미덕을 행하기 위해 끊임없이 노력을 해야만 할 것이다. 자신에게 어떤 희망을 주는 움직임에 대해 반대할 때에도 그러한 노력을 해야 할 필요가 있다."

경제의 자유는 필연적으로 소유권과 연계되어 있게 마련이다. "만일 사유재산이 전혀 없는 사람들에게 무제한으로 정치적 권리를 부여한다면, 그리고 그 사람들이 만에 하나 입법자의 자리에 앉게 된다면, 그 사람들은 결과 따위는 전혀 두려워하지 않고 다른 사람들을 동요하게 만들거나, 동요하는 사람들을 방관할 것이다. 그들은 상업이나 농업 부문에 해가 될 수도 있는 세금을 매기거나, 세금이 매겨지는 것을 방관할 것이다. 왜냐하면 이들은 그러한 행동이 얼마나 개탄할 만한 결과를 초래할지를 느끼지도, 두려워하지도, 예상하지도 못하기 때문이다. 결과적으로 이들은 우리가 이제 막 빠져나온 극심한 경련 상태로 우리를 다시 몰아넣을 것이다.…… 사유재산을 소유한 자들이 통치하는 나라는 사회적 질서 속에서 사는 나라이며, 아무런 재산이 없는 자들이 통치하는 나라는 자연 상태에서 사는 나라이다."

이처럼 부르주아지가 사유재산권의 행사를 자신들의 권리로 확보하게 되었다는 것은 결국 민중 계급에게 더 이상 아무런 희망도 남지 않았다는 것을 의미했다. 토지 재산 획득은, 산악파들의 입법으로 한때 용이해지는가 싶더니, 곧 재산을 갖지 못한 사람, 특히 소농민들에게는, 자유주의 경제의 요건이라는 이름으로 거부되었다. 혁명력 2년 프뤽티도르(열매의 달) 22일(1794년 9월 8일)부터 이미 샤랑트-앵페리외르의 의원인 로조Lozeau는 국민공회를 향하여 "모든 프랑스 사람들을 토지 소유자로 변신시킬 수 없는 물질적 불가능성과 이러한 변신이 초래하게 될 우려스러운 결과"에 대한 보고서를 제출하면서, 거부해야만 한다고 그 필요성을 누누이 강조했다. 설사 모든 농민들을 자영농으로 변신시킬 수 있다고 하더라도, 그것은 결코 공화국이 축하할 일이 아니라는 것이었다. "그렇게 될 경우, 먹고 살기 위해서 저마다 밭을 갈거나 포도밭을 일구어야 하기 때문에, 머지않아 상업과 기술, 산업은 소멸되고 말 것"이라는 것이 그의 반대 논리였다.

그러므로 예속적인 프롤레타리아, 즉 무산계급의 존재는 자본주의 경제와 부르주아지 사회를 유지하기 위해 반드시 필요하다. 부富의 특권을 침해하면 곧 사회 질서를 위험에 빠트리게 할 것이라고 했다. 토지균분법이라는 망령은 대단히 효율적인 힘을 발휘했으며, 사회 질서 교란에 대한 두려움은 점차 군부독재 체제로 나아갈 수 있는 기틀을 제공해주었다. 도쉬Dauchy는 누진세 제정에 대해 반대 입장을 표명하며, 혁명력 4년 프리메르[서리의 달, 혁명력의 세 번째 달로 11월 21(22)일부터 12월 20(21)일까지의 한 달-옮긴이] 10일(1795년 12월 1일), 5백 인의 입법의원Cinq-Cents(혁명력 3년의 헌법에 의해 만들어진, 국민공회를 대체한 새로운 의회. 총재정부 기간 동안, 정확하게는 1795년 8월부터 1799년 11월까지 기능했던 입법기관으로, 말하자면 의회의 양원 가운데 하원에 해당된다. 양원 가운데 상원에 해당하는 원로원은 40세 이상의 250명의 의원으로 구성되고, 하원인 5백인회의는 30세 이상의 5백 명의 의원으로 구성되었으며, 각각 매년 3분의 1이 개선되었다. 입법발의권을 가진 5백인회의가 결의안을 채택하면 원로원은 이를 검토해 법령으로 만들었다. 브뤼메르 18일의 쿠데타를 성공시킨 나폴레옹은 이를 해산했다-옮긴이) 앞에서 상당히 난해한 연설을 시작했다. "국가는 최대한 많은 시민이 사유재산을 가질 수 있는 환경을 제공함으로써만 번영을 누릴 수 있다.…… 누진세는 부유한 시민들에게 불리한 예외적인 법률이다.…… 이는 필연적으로 사유재산에 속하는 토지들을 극단적으로 잘게 쪼개는 결과를 초래할 것이다. 이런 제도는 국유재산

매각을 둘러싸고 이미 철저하게 적용되었다.…… 누진세는, 한마디로 말해, 진정한 의미에서 토지균분법의 싹이 분명하므로, 애초에 싹을 잘라버려야 한다.…… (사유재산)에 대해 가히 종교적이라 할 만한 존중심을 가질 때 우리는 비로소 모든 프랑스 인들을 자유와 공화국의 깃발 아래로 집결시킬 수 있을 것이다."

혁명력 3년의 헌법에 앞서는 권리선언은 1789년의 인권선언에 비해 뚜렷하게 후퇴한 면모를 보였다. 테르미도르(열의 달) 26일(8월 13일)에 벌어진 토론에서, 장-바티스트 마이유Jean-Baptiste Mailhe는 헌법에 위배되는 원칙을 선언하는 데 따르는 위험을 역설했다. "우리는 지금까지 언어의 남용으로 인한 무서운 시련을 충분히 겪었으므로, 이제는 쓸데없는 언어는 사용하지 않는다." 1789년의 인권선언 제1조 ("인간은 누구나 태어날 때부터 자유로우며 권리에 있어서 평등하다")는 삭제되었다. 랑쥐네Lanjuinais는 테르미도르 26일, "모든 인간이 권리에 있어서 평등하다고 말한다면, 이는 모든 사람의 안전을 위하여 시민으로서의 권리 행사를 거부당하거나 유보당한 자들로 하여금 헌법에 대항하여 반란을 일으키도록 부추기는 격이다"라고 주장했다.

테르미도르 쿠데타 지지자들은, 제헌의회 의원들보다 훨씬 신중한 태도를 보이며, 평등에 관해서라면 어디까지나 시민으로서의 권리만이 문제될 뿐이라고 분명하게 선을 그었다. "평등은 법이 모두에게 동등하다는 데에서 찾아야 한다"(제3조). 1793년 권리선언이 인정한 사회적 권리 중에는 저항권(봉기) 따위는 언급되지도 않았으니,

봉기할 권리는 당연히 빠졌다. 반대로, 1789년 인권선언에서는 따로 정의되지 않았던 사유재산권에 대해서 1793년 권리선언은 명확하게 이렇게 규정했다. "사유재산권은 자신의 재산, 자신의 수입, 자신의 노동과 기업의 결실을 향유하고 처분하는 권리이다"(제5조). 이는 경제의 자유를 최대한 넓은 의미로 해석한 것이라고 볼 수 있다. 테르미도르 쿠데타 지지자들이 권리선언에 덧붙인 의무선언 제8조도 "토지 경작과 모든 생산, 모든 노동 수단, 모든 사회 질서는 사유재산권을 유지하는 데에서 비롯된다"고 명시하고 있다. 선거권도 제한되었다. 하지만 1791년에 비하면 선거권 획득에 필요한 요건은 훨씬 완화되었다. 21세 이상의 프랑스 인으로, 프랑스에 거주한 지 1년 이상 되어야 하며, 정해진 금액(정액 세금)을 납부하면, 선거권자가 될 수 있었다.

이렇게 볼 때, 이러한 조건, 그러니까 테르미도르 쿠데타 이후 총재정부가 혁명을 안정시키기기 위해 발판으로 삼은 사회적 토대는 이상하리만치 편협해 보인다.

혁명력 2년[58]에 대한 기억과 사회 질서 교란의 공포가 결과적으로 브뤼메르 18일의 쿠데타를 불러오는 강력한 동인으로 작용했다고 할 수 있다. 민중들 중에서 가장 의식 있는 사람들은 이런 식으로 그들이 국가의 밖으로, 자신들이 투쟁해서 얻어낸 공화국의 주변으로 내동댕이쳐지는 현실에 저항했다. '평등주의자들의 음모la Conjuration des Egaux'[59]가 이를 입증한다. 혁명 운동이 새로운 방향을 모색하면서 나아가는 동안, 부르주아지가 느끼는 공포는 정부에게 열외자, 즉 테러리스트, 무정부주의자, 유혈 투쟁자, 강도들을 밀어 붙일 수 있는 강력한 지렛대가 되어주었다. 유력 명사들, 순응주의자들은 무엇보다도 혁명력 2년에 실행되었던 체제로 복귀하는 것, 다시 말해서 부자를 반혁명 용의자로 지목한다거나, 전통적 가치를 전복시킨다거나, 정치적 민주주의로 사회 평준화를 달성하려던 시도들이 부활하지는 않을지 두려워했던 것이다.

유산계급 쪽에서 보자면, 귀족은 여전히 배제되었고, 일부 부르주아지도 역시 배제되었다. 혁명력 4년 브뤼메르(안개의 달) 3일(1795년 10월 25일)자 법령으로, 국외 망명자의 인척에게는 공직 진출이 금지되어 있었다. 그러던 것이 의회에서 왕당파 의원 다수의 요구에 따라 혁명력 5년에 철회되었다가, 프뤽티도르(열매의 달) 18일(1797년 9월 4일)의 쿠데타로 이 금지 조항은 다시 회복되었다. 그로부터 얼마 지나지 않아, 시에예스는 앙시앵 레짐하에서 공직에 있었거나 고위직에 올랐던 이들을 축출하고, 그 나머지 인사들에 대해서는 외국인으로 취급해 신분을 낮출 것을 제안했다. 혁명력 6년 프리메르(서리의 달) 9일(1797년 11월 29일)자 법령은 시에예스의 두 번째 제안만 받아들였다. 이 법령은 실제로 시행에 옮겨진 적은 없지만, 이와 같은 조항을 제정한 의도만큼은 분명했다. 배척 움직임은 이보다 훨씬 확대되었다. 대체로 중류층 부르주아지 출신이었던 총재정부 내의 부르주아지가, 자신들보다 사회적 지위가 훨씬 높아 거의 귀족

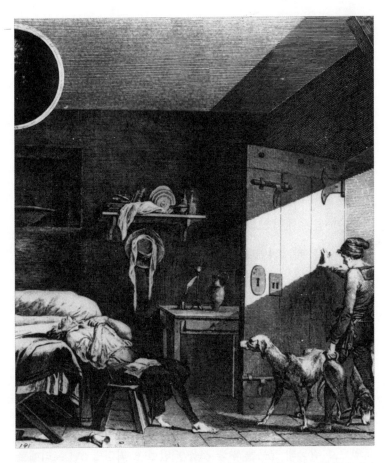

지롱드파가 패배한 후 지방으로 도망다니는 사람들이 많았다. 콩도르세도 도망다니다가 체포되어
감옥에서 자살했다.

과 맞먹는 수준이었던 구체제하의 부르주아지를 심하게 견제했음을 상기할 필요가 있다. 의회 내부의 왕정주의자들은 절대주의자들이라는 이유로 배척되었다. 테르미도르 쿠데타파는 총재정부로 자리를 옮기면서, 공화국이 부르주아적이어야 하며 보수적이어야 한다고 생각했다. 그러나 일부 왕정을 지지하는 부르주아지의 지원은 거부했다. 이들이 왕정복고 쪽으로 몰아가지는 않을까 두려웠기 때문이다.

II. 화폐의 대재앙과 평등주의자들의 음모(1795~1797)

테르미도르파는 사유재산권, 정액 세금을 납부한 부르주아 선거권자, 공화국을 지지하는 명사라는 협소한 발판을 토대로 혁명을 안정권에 진입시키려고 시도했지만, 그것은 불가능한 것으로 판명되었다. 혁명의 안정은 테르미도르 시대로부터 물려받은 근본적인 문제들에 대한 해결책을 내놓아야만 가능한 일이었다. 그 근본적인 문제들이란, 대외적으로는 전쟁, 그리고 국내로는 경제와 금융의 위기를 꼽을 수 있다. 테르미도르 쿠데타 주역들이 1795년 바젤에서 프러시아, 스페인과, 헤이그에서 네덜란드와 각각 평화 조약을 조인했음에도, 전쟁은 오스트리아를 상대로 여전히 계속되다가 1797년 10월 18일 캄포포르미오 조약을 체결하면서 비로소 종식되었다. 화폐가치는 폭락을 거듭했고, 경제는 파탄 났다. 국가 재정의 위기는 통화의 위기를 증폭시켰으며, 세금은 걷히지 않고, 국고는 완전히 비어버렸다. 뢰벨Reubell은 "무관심하던 자들까지도 공화국에 애착을 갖고, 다수파 공화주의자들에게 힘을 보태야만, 나머지 분파들이 자취를 감추게 될 것"이라며 참여를 호소했으나 소용없었다.

총재정부가 발족(혁명력 4년 브뤼메르 4일 1795년 10월 26일)한 지 얼마 되지 않아, 인플레이션은 정점을 찍었다. 1백 리브르짜리 아시냐의 가치는 15수로 뚝 떨어졌다. 아시냐의 조폐 원판은 계속 돈을 찍어댔지만, 그 가치는 종이 값에도 미치지 못했다. 4개월이 안 되는 기간에 통화량은 2배로 증가, 1796년 2월에 총 통화량은 390억 리브르에 달했다. 누진세율의 적용을 받는 강제 국채, 다시 말해 자본에 대한 진정한 세금이라 할 국채(금속화폐, 곡물 또는 액면가의 1퍼센트에 해당되는 아시냐 지폐로 지불)가 기채起債되었으나 아무 소용이 없었다. 아시냐의 가치가 유통 과정에서 서너 배가량 떨어졌기 때문이다. 결국 혁명력 4년 플뤼비오즈[혁명력의 다섯 번째 달로 '비의 달雨月'이라고도 하며, 1월 20(21)일부터 2월 19(20)일까지의 한 달을 가리킴 — 옮긴이] 30일(1796년 2월 19일)을 기해서 아시냐의 발행은 중단되었고, 이로써 이 지폐는 폐지되었다.

하지만 그렇다고 해도 금속화폐, 곧 정화正貨로 되돌아가는 것은 불가능해 보였다. 왜냐하면 구체제 말 정화의 통화량은 약 25억 리브르였으나 이 무렵의 통화량은 3억 정도에 불과했기 때문이다. 화폐 발행권을 가진 국립은행을 설립한다는 안은 애초부터 배제되었다. 혁명력 4년 방토즈(바람의 달) 28일(1796년 3월 18일)자 법에 의해 망다 테리토리알mandat territorial(토지환土地換)이라고 하는 새로운 화폐가 생겨났으며, 법률 공포 이후 즉각적으로 24억 리브르어치가 발행되었다. 아직 매매하지 않은 국유재산을 담보로 하는 토지환은 1 대 30의 비율로 아시냐를 대체했다. 같은 시기에 강제 국채 지불을 위해서 1 대 100의 비율이 적용된 것과는 대조적이다. 아시냐가 5년 동안 겪은 과정을 토지환은 6개월이라는 짧은 기간 동안 모두 겪게 되었다. 최초 발행 직후, 토지환은 65퍼센트에서 70퍼센트가량 가치를 상실했다. 플로레알(꽃의 달) 1일(1796년 4월 20일)의 경우, 화폐가치 하락은 무려 90퍼센트에 이르렀다. 이렇게 되자, 식품의 가격은 세 가지로 책정되었으며, 이는 상업 면에서나 식량 조달 면에서 어려움을 가중시켰다.

국유재산의 탕진으로 담보가 줄어들자 토지환의 가치는 폭락했다. 혁명력 4년 플로레알 6일(1796년 4월 26일)자 법으로, 국유재산 매매는 재개되고, 경매를 배제하며 토지환을 명목가치대로 쳐준다는 매매방식도 결정되었다. 그러자 국유재산을 매입하려는 자들이 구름 떼처럼 몰려들었다. 이는 말하자면 국가에 물품을 제공하고 망다로 대금을 받는 자들의 배만 불려주는 날강도 짓이나 다름없었다.

5리브르 아시냐(위)와 툴롱 시가 발행한 공채(아래).

프레리알(초원의 달)에 빵은 아시냐로 150리브르였다. 거의 쓰레기가 되어버린 이 종이돈을 내밀면 거지조차 거절하는 웃지 못할 상황이 벌어졌다.

이후로 사태는 한층 가속화되었다. 메시도르(수확의 달) 29일(1796년 7월 17일)에 토지환의 강제유통은 폐지되었다. 테르미도르 13일(7월 31일), 국유재산 매각은 토지환으로 시세에 따라 결제하기로 결정되었다. 하지만 국유화된 재산의 낭비를 막기엔 너무 늦은 감이 있는 조치였다. 혁명력 4년 말(1796년 9월 중순)에, 종이화폐는 하나의 허구라는 것이 드러나 사실상 막을 내렸고, 금속화폐가 다시 등장했다. 하지만 국가는 종이화폐만을 받았기 때문에 금속화폐의 덕을 보지 못했다. 혁명력 5년 플뤼비오즈(비의 달) 16일(1797년 2월 4일)자 법은 토지환의 가치를 명목가치의 1퍼센트로 고정시킨 채 토지환의 유통을 실질적으로 끝냈다. 이로써 이미 마무리 단계에 들어섰던 파산은 공식화되었다. 혁명이 낳은 종이화폐의 일화는 이렇게 끝을 맺었다. 전쟁이 사실상 체제를 먹여 살렸다. 정화正貨가 다시 돌아온 건 프랑스가 점령한 나라들로부터 얻은 (금화) 수입 덕분이었다. 혁명력 5년 제르미날(씨앗의 달) 5일(1797년 3월 25일) 시점에서, 총재정부는 상브르에뫼즈 주둔 군대로부터 정금 1천만 리브르를, 이탈리아 주둔 군대로부터 정금 5천1백만 리브르를 각각 거두어들였다.

이로 인한 사회적 결과는, 늘 그렇듯이, 민중 계급 전체를 놓고 볼 때, 그야말로 재앙이었다. 혁명력 4년의 겨울, 물가의 고공 행진으로 고통받는 임금노동자들의 삶은 처참하기 이를 데 없었다. 시장은 텅텅 비어버렸다. 1795년의 경우, 수확은 좋지 않았고, 농민들은 정화만을 받았으며, 식량의 징발은 없었다. 총재정부는 외국으로부터 식량을 사들여야 했으며, 엄격하게 소비를 규제해야만 했다. 파리에서는 하루에 1파운드(453.5그램)이던 빵 배급이 75그램으로 줄었고, 나머지는 쌀로 보충했는데, 가정에서는 땔감이 없어서 배급 받은 쌀을 익혀 먹을 수 없었다. 겨울 내내 경찰은 지겨울 정도로 단조롭게 하루하루 민중의 궁핍과 불만을 보고했다. 이는 투기꾼들의 사치스럽고 파렴치한 작태와 대조를 이루며 한층 두드러졌다. 총재정부를 향한 반감은 날로 거세져갔다. 팡테옹 클럽club du Panthéon(혁명력 4년 브뤼메르에 결성된 정치 단체로, 하층 부르주아지가 주축을 형성하고 있던 자코뱅파와 테러리스트들이 주요 구성원이었다. 총재정부가 추진하는 정책을 좌경화시키는 것이 이들이 추구하는 목표였다 -옮긴이)에 모인 자코뱅파는 가격 상한제 부활을 논의했다. 그러나 혁명주의자인 반대파는 바뵈프의 영향을 받아 새로운 형태의 정책을 제시했다.

사태의 추이에서 받은 압박감, 자신이 살고 있는 시대에 대한 성찰, 자신이 적극적으로 참여했던 혁명 활동 등을 통해 바뵈프는 그동안 책으로만 접해왔던 천년 묵은 공산주의에 대한 이해를 넓히고 이로부터 새로운 영감을 얻을 수 있었다. 민중을 위해 헌신하는 정치가들이라면 민중의 생존권을 유지시켜야 할 것이냐 아니면 사유재산권과 경제의 자유를 유지시킬 것이냐는 문제에 맞닥뜨려야 했는데, 그 모순을 극복한 사람은 프랑스 혁명사에서 바뵈프가 처음이었다.

프랑수아-노엘 바뵈프.

확실히, '평등주의자들의 음모'라고 부르는 시도를 부르주아지 혁명과 같은 궤도에 놓고 말할 수는 없다. 그러나 역사적 변화라는 큰 틀에서 굽어본다면, 이 시도는 분명히 혁명력 2년 무렵에 절정에 달했던 구식 민중 운동과 새로운 사회의 모순에서 태어난 혁명 운동 사이에 필연적인 변화가 있었음을 보여주는 것이다.

상-퀼로트나 자코뱅파와 마찬가지로 바뵈프도 사회의 목적은 공동의 행복이며, 혁명은 '향유의 평등l'egalité des jouissances'을 보장해주어야 한다고 선언했다. 그런데 사유재산권은 필연적으로 불평등을 가져오고, 토지균분법(토지의 평등한 분배)은 "단 하루 정도밖에 지속될 수 없으므로"(토지법이 확립된 그다음 날부터 불평등이 다시 나타날 것이다), 사실상의 평등에 도달하는 유일한 방법은 "공동 관리제를 수립하고, 사유재산을 폐지하며, 한 사람 한 사람이 자신의 재능을 살리고 자신이 잘 할 줄 아는 직업에 종사케 하는 것이다. 그렇게 한 후에 그로 인한 노동의 결실을 현물로 공동 창고에 저장하고, 모든 사람과 물품을 장부에 등록하여 가장 평등하게 물건들을 배분하는 것"이라고 그는 주장했다. 혁명력 4년 프리메르(서리의 달) 9일

(1795년 11월 30일)자《르 트리벙 뒤 푀플Le tribun du peuple(호민관)》지에 "평민 계급의 선언Manifeste des plébéiens"이라는 제목으로 발표된 이 제안은, 각 개인의 노동에 입각한 소규모 사유재산제를 추구했던 자코뱅파나 상-퀼로트의 이념과 비교해볼 때 하나의 큰 혁신이었으며, 매우 급진적인 대전환이 아닐 수 없었다. '재산과 노동의 공동체 la communauté des biens et des travaux'는 혁명으로 탄생한 새로운 사회가 제시한 최초 형태의 혁명적 이데올로기였다. 바뵈프주의에 의해서, 그 때까지 유토피아적 몽상에 머물러 있었던 공산주의는 비로소 이데올로기 체계를 갖추게 되었다. 평등주의자들의 음모를 통해서 공산주의는 정치사에 당당하게 등장했다.

조르주 르페브르는 바뵈프 체제를 가리켜 "분배의 공산주의"라고 이름 지었다. 분명히, 식량의 분배 문제는 당시 대다수의 민중들에게 큰 무게를 지닌 중요한 문제였기 때문에, 바뵈프의 사회적 성찰의 가장 중심적인 관심사였다. 토지대장 관리자였고 봉건법 전문가였으며, 한때 공동체의 기록계 서기로 일한 적이 있는 바뵈프는 피카르디 지방 농민들의 삶, 그들의 당면 문제, 그리고 그들의 투쟁을 직접 경험하기도 했다. 집단적인 권리를 보유하며 공동체적인 오랜 관습을 공유한 활기 넘치고 투지에 불타는 마을 공동체에 대한 경험이 그를 혁명 이전부터 사실상의 평등과 공산주의 쪽으로 이끌었을 수도 있다.

그는 1789년에 쓴 『영구적인 토지대장』에서는 토지균분법 쪽으로, 그리고 1848년의 표현을 따른다면, 평등분배를 요구하는partageux 사회주의 쪽으로 기울어 있음을 보여주었다. 그러나 그보다 앞서 1785년에 내놓은 『대규모 농장에 관한 소고mémoire』나 1786년 6월에 쓴 한 편지에서는 "형제애적 공동체"로서의 "집단농장" 조직을 권고한 바 있었다. 그는 "모든 개개인이 같은 면적으로 토지를 균등하게 잘게 쪼개 나누어 갖는 것은 공동의 노동(집단노동)에 제공해야 할 자원의 최대치를 파괴하는 것"이라고 했다. 혁명 이전부터 바뵈프는 이렇듯 실질적인 권리의 평등 문제, 따라서 분배 문제에 지대한 관심을 보였을 뿐 아니라, 집단적인 토지 경작의 필요성을 예감함으로써 생산 문제에도 관심을 가졌음을 알 수 있다.

그렇다면 그는 자본의 집중과 산업 생산의 비약적 발전이라는 문제는 보지 못한 걸까? 그는 고대 경제 형태, 그중에서도 특히 수공업적인 형태에 대한 연구를 선호했으며, 그의 저술 어디에서도 풍부한 소비재 생산에 토대를 둔 공산 사회에 대한 언급을 발견할 수 없다는 사실로 미루어, 우리는 그가 일종의 경제적 비관론자였다고도 말할 수 있다. 당시 경제의 특수성, 미약한 자본집중과 진정한 대량생산의 부재, 바뵈프 본인의 기질과 사회 분야에서의 그의 개인적 경험 등으로 말미암아 그는 생산력의 비약적 발전과 풍요보다는 궁핍과 생산의 정체에 더 주목할 수밖에 없었던 것이다. 이로써 바뵈프주의는 18세기를 풍미한 도덕적 유토피아적 공산주의와 생시몽Saint Simon의 산업사회주의의 중간쯤에 자리 잡고 있음이 분명해진다.

1795년에서 1796년으로 넘어가는 겨울에 일어난 '평등주의자들의 음모'는 공산주의를 현실에 접목시키기 위한 최초의 시도였다. 이음모는 정치적으로 조직화되었다는 점에서 그때까지의 민중 운동들이 사용했던 방식과는 뚜렷하게 구별된다. 중심부에는 열성적이고 검증된 소수의 정예 당원들의 지지를 받는 지도자 집단이 자리 잡고 있었다. 그리고 주변에는 (혁명력 2년에 통용되던 의미에서의) 애국파와 민주파 동조자들이 있었다. 이들은 중심의 비밀스러운 결정에서 비켜나 있었으며, 새로운 혁명의 이상을 확실하게 공유했다고는 보이지 않는 사람들이었다. 그다음으로는, 위기를 이용해서 동조자로 만들어야 할 대다수 민중들이 있었다.

　　이처럼 평등주의자들의 모반은 어느 모로 보나 조직적인 음모였으나, 대다수 민중들과의 연결 문제가 사전에 확실하게 조율되지 않았던 것으로 보인다. (이러한 조직적인 음모가) 민중 폭동의 차원을 넘어서게 되자, 마라 자신이 무어라 정확하게 정의하지는 못하면서 느낌만 가지고 있었던 혁명 독재의 개념이 더욱 명확하게 나타나기 시작했다. 폭동을 일으켜 정권을 장악한 후, 그 정권을 민주주의 원칙에 따라 보통선거로 뽑힌 의회에 이양한다는 것은 어린아이 같은 생각이라는 것이다. 혁명을 주도하는 소수가 독재를 하는 것은 사회를 재조직하고 새로운 제도를 정비하는 데 필요한 기간만이라도 불가피하다는 것이다. 이러한 생각은 부오나로티Buonarroti를 통해 블랑키에게로 전수되었으니, 따라서 프롤레타리아 독재의 교리나 실천 강령은 의심할 여지 없이 블랑키주의에서 기인한다고 보아야 한다.

루이-오귀스트 블랑키.

평등주의자들의 음모와 바뵈프주의가 갖는 중요성은 우리가 살고 있는 현재의 관점에서만 제대로 평가될 수 있다. 총재 정부 당시로 보자면, 이는 단순히 일회적인 사건에 불과했다. 하지만 최초로 공산주의적 사고가 정치세력화되었다는 의미를 간과해서는 안 된다. 친구의 소망에 화답하는 의미로 부오나로티는 브뤼셀에 망명 중이던 1828년에 『바뵈프라는 이름의 평등을 위한 음모』를 출판했다. 이 책은 지대한 영향을 끼쳤다. 이 책 덕분에 바뵈프주의는 공산주의 사상의 전개 과정과 혁명의 실천에서 빼놓을 수 없는 중요한 연결 고리로 인정받게 되었다.˚

■■■■■

• 바뵈프주의에 관한 주요 연구로는 『바뵈프(1760~1797), 부오나로티(1761~1837) 탄생 200주년 기념』(로베스피에르 연구회 출판, 낭시, 1961년), 마조릭Claude Mazauric의 『바뵈프와 평등주의자들의 음모』(파리, 1962년), 『바뵈프와 바뵈프주의의 문제점』(파리, 1963년), 달린Victor Daline의 『그라쿠스 바뵈프(1785~1794)』(모스크바, 1963년, 러시아판) 등을 꼽을 수 있다.

Ⅲ. 정치 판도: 총재정부의 자유주의에서 집정체제의 권위주의로

경제 불황은 통화 정책의 실패로 인한 대재앙이 수습된 이후로도 지속되었으며, 총재정부 기간 내내 무거운 짐이 되었다. 예상과 달리, 종이화폐의 폐지는 경제 활동의 활성화로 연결되지 못했다. 시장은 이제나 저제나 쥐 죽은 듯이 한산했다. 농민들은 물건을 팔려고 하고, 공급도 풍성했지만, 구매자들은 어디론가 달아나버렸고, 돈도 꼭꼭 숨어버렸다. 인플레이션이 끝난 후 상황은 완전히 반대가 되어버린 것이다. 도시의 소비자들은 농민들에 비해서 유리한 상황이었다. 판로가 막힌 농민들은 이익을 낼 수 없었다. 한 예로, 센 지방 행정 담당자들의 1798년 9월 보고서에 따르면, 파리 주민들은 그들이 구체제하에서부터 줄곧 품어왔던 염원이 마침내 실현되는 광경을 직접 확인할 수 있었다. 그들의 염원이란 바로 "빵 8수sou, 포도주 8수, 고기 8수"라는 낮은 물가였던 것이다.

반면, 곡물 값이 바닥으로 떨어지자 농촌 사람들은 탄식했다. 농민들의 곤궁은, 언제나 그랬던 것처럼, 경기 전반을 침체로 빠뜨렸다. 1796년부터 이어진 풍작, 남아돌던 종이화폐가 사라지면서 나타난 금속화폐의 희귀성 등을 이 같은 경기 불황의 요인으로 꼽을 수 있을 것이다. 인구의 도시 집중 현상은 아직 미미한 상태였으므로, 수요가 증가하여 농산물의 가격 하락을 저지하기에는 미흡했다.

이런 상황에서 정치적 요소들은 거의 아무런 역할을 하지 못했다. 3~4년간 지속된(혁명력 5~7년, 그리고 8년도 포함시켜야 할 것이다) 경기 불황은 총재정부에 정치적으로 치명적인 결과를 안겼다. 대다수 국민들은 그 기간에 대해 매우 쓰라린 기억을 간직하게 되었다. 농민들은 물론 자본가들도 정치의 변화를 통해 경기가 활성화되기를 기대했으며, 공장 노동자들은 실업 상태가 막을 내리게 되기를 고대했다. 공직자들도 예외는 아니었다. 급여를 제때 제때에 주지 못하는 정부에 그들이 무슨 충성을 바칠 수 있겠는가? (나폴레옹) 보나파르트 정부는 운이 좋게도 상황 변화의 덕을 본 셈이다.

1795년부터 1799년까지의 총재정부 기간을 전반적인 불안정 국면이라고 할 때, 혁명력 3년에 이루어진 헌법[60]을 운용하는 것은 험난할 수밖에 없었다.

권력은 정교한 계산에 따르기라도 한 것처럼 절묘하게 분산되어 있었다. 행정부는 법률 제정을 주도할 수 없었으며, 국고에 대해 전혀 지배력을 행사할 수 없었다. 지방 행정은 다시금 분권화되었다. 전체 시 자치체 정원의 절반, 상하 양원 의원의 3분의 1, 지방 행정기관의 5분의 1과 총재정부 집행부의 5분의 1을 해마다 물갈이해야 하다 보니 불안정은 일상이자 거의 제도화되어버렸다. 혁명은 아직도 안정권에 들어서지 못했고(선서 거부 사제들과 국외 망명자들에 대한 예외법이 여전히 잔존해 있었다), 파산의 위협이 도처에 도사리고 있었으며, 전쟁도 계속되는 와중에 권력마저 이처럼 분열되어 있었던 것이다.

그런데 한편, 혁명력 3년의 헌법 내용 자체가, 흔히들 말하는 것처럼, 총재정부를 무력화시킨 것은 아니다. (총재정부의) 정치적 실천이 실제로 진행되면서 집정체제의 본질적 특성들이 차츰 드러나게 되었던 것이다. 테르미도르 쿠데타의 주역들로부터 총재정부의 주인공들, 그리고 브뤼메르(쿠데타)[61]의 주동자들로 이어지는 정치 판도에서 유력 명사 중심의 체제가 다시 한 번 확인된다. 그러므로 (그 후 일어난) 브뤼메르 쿠데타는 집정에 관련한 신화들이 흔히 암시하는 것처럼 과거와의 단절이 아니라, 오히려 반드시 거쳐야만 하는 결정적인 단계였던 것이다.

기존 의원들이 신입 의원을 뽑는 호선제互選制, la cooptation가 위선적으로 이용됨으로써, 자유선거의 원칙은 애초부터 여지없이 무시되었다. 예외법 조항 제정에서 쿠데타로 이어지면서 이 방식은 의회의 역할을 왜곡시켰으며, 결국 총재정부 체제에서는 아예 선거를 대체하기에 이르렀다. 3분의 2법(혁명력 3년 열매의 달 5일, 1795년 8월 22일)으로 테르미도르 쿠데타 지지 세력은 영구적으로 권력을 장악하게 되었다. "신성한 헌법을 누구의 손에 맡길 것인가?" 선거인회의에서 새로운 의원의 3분의 2(상하 양원 7백5십 명 중 5백 명)를 현재 활동 중인 국민공회 의원 중에서 뽑아야 한다는 것이 이 법의 골자였다. 한편, 열매의 달 13일(8월 30일)자 법령은 이 비율이 채워지지 못할 경우 부족한 인원을 의원들끼리 상의해서 호선互選하는 방법으로 채우기로 결정했다. 이 결정은 테르미도르 지지자들에게 매우 유리한 것으로, 산악파와 입헌군주파들을 제거하기 위한 편법이라고도 할 수 있었다. 결국 총재정부 치하 의회의 양원에 국민공회 출신은 511명이 되었고, 이는 법에서 정한 3분의 2를 넘어서는 수치였다.

총재정부에 자랑스럽지 못한 불명예를 안겨준 몇 차례의 '쿠데타'[62]는, 선거라는 급격한 과부하에 대처하기 위해서 집행부가 선거무효, 배제, 또는 끼리끼리 나눠 먹기 등의 편법을 동원하여 결과를 유리하게 바로잡겠다는 정치적 계산에서 비롯되었다.

의회의 양원(이들 중 절반은 종신 의원이다) 가운데 3분의 1을 새로 뽑기 위한 혁명력 5년 제르미날(씨앗의 달, 1797년)의 선거에서 총재정부 측은 열 개 남짓한 지방을 제외하고는 참패했다. 현직 의원 중에서 겨우 11명만이 재선에 성공했고, 새로 뽑힌 3분의 1은 왕당파를 지지하는 우파의 입지를 강화해주었다. 혁명력 5년 프뤽티도르(열매의 달) 18일(1797년 9월 4일)의 쿠데타를 통해서 총재정부는 의회에 예외적인 조치를 강요했다. 49개 지방에서의 선거를 전적으로 무효 처리했으며, 나머지 지방에서는 당선자들 중의 일부가 피해를 보았다. 177명의 의원이 후임자 없이 의원직을 박탈당했다. 집행부가 건드리지 않은 의원들 중에서 일부는 자진해서 사퇴하고, 일부는 침묵으로 일관했다.

혁명력 6년(1798년)에 치른 선거에서는 이와 같은 편법이 한층 강화되었으며, 이 편법이 지니는 몇몇 특성은 19세기에 들어와서도 끈질기게 살아남았다. 이러한 편법이 갖는 중요성은 상당했다. 강제로 배제되는 인물들의 수가 늘어나다보니, 무려 437석을 충원하는 대규모 선거가 되어버렸다. 이 437석 중에는 종신의원의 절반도 포함되었다. 의회의 양원은 신중을 기하기 위해 혁명력 6년 플뤼비오즈(비의 달) 12일(1798년 1월 31일)의 법령을 통해 앞으로의 자구책을 강구하기로 했다. 퇴임하는 236명의 의원들이 남아 있는 297명의 의원들과 함께 새로 선출되는 의원들을 선별하는 작업을 한다는 것이었다. 각종 행정적 압력을 가하는 정부 측에 의해서 세심하게 준비된 선거는 선거인단 내부에서 무수한 분열을 겪었지만, 총재정부는 자신들이 원하던 것을 밀어붙일 수 있었다. 즉, 총재정부는 분열된 선거인단에 의해서 선출된 의원들을 지지했으며, 이들 선거가 유효함을 인정해줄 것을 요청했다.

5백인 의원으로 구성된 하원의 대부분은 새로 선출된 의원들 가운데 배제해야 할 인사의 명단을 작성했으며, 상원도 그에 따랐다. 결국, 혁명력 6년 플로레알(꽃의 달) 22일(1798년 5월 11일)자 법은 8개 지방의 선거를 무효 처리했으며, 분열된 선거인단이 치른 19개 지방의 선거는 유효로 인정했고, 새로 선출된 의원 60명에 대해서는 이들이 판사거나 행정가라는 이유를 들어 의원직에서 배제했다. 도합 106명의 의원이 축출되었다. 반대로, 총재정부 측이 내세운 191명의 의원이 새로이 양원으로 들어왔다. 85명은 총재정부로부터 임명 받아서 직무를 수행했던 위원회 위원 또는 기타 공직자였으며, 106명은 판사 또는 행정관리들로, 이론적으로는 선거에 의해서 뽑

5백인회의의 회의장 모습.

했다고 하나 실상은 정부 측에서 박아놓은 인사들이었다고 해도 틀리지 않는다. 요컨대, 대의제가 제명 처분이나 호선에 의해 부정될 지경에 이르지는 않았다 해도, 권력 주체들이 공식적으로 입후보함으로써 왜곡되고 변질되었던 것이다. 이러한 악습은 프랑스에서 그 이후로도 오랜 기간 효력을 발휘했다.

혁명력 7년 프레리알(목장의 달) 30일(1799년 6월 18일)은 쿠데타라기보다는 의회가 실력행사를 한 날이라고 평가할 만하다. 양원이 합법적으로 두 명의 총재를 사임시켰기 때문이다. 이와 반대로, 브뤼메르(브뤼메르 18일의 쿠데타)는 프뤽티도르(열매의 달)와 플로레알(꽃의 달)의 연장선상에 있다고 보아야 한다. 보나파르트가 쿠데타를 일으킨 다음 날 저녁, 그러니까 혁명력 8년 브뤼메르(안개의 달) 19일 (1799년 11월 10일), 상원의 다수파와 하원의 소수파는 권한 남용과 국가에 대한 음모에 가담했다는 이유로 62명의 의원들을 국민의 대표 자리에서 축출했으며, 각각 25명으로 이루어진 2개의 위원회의 위원들을 뽑았다. 이제까지의 경험으로 그 해악과 부정적인 측면이 드러난 조직의 변화를 준비하는 것이 이들 신설 위원회의 임무였다. 총재정부의 합헌을 빙자한 위선적인 관행이 절정에 이르렀음을 보여주는 사례라고 하겠다.

혁명력 5년(1797년) 봄에 벌써 방자맹 콩스탕Benjamin Constant*은 『정치적 반응』이란 책을 펴냈다. 이 책에서 그는 "정부의 힘과 안정"이 필요하다고 역설했다. 플로레알 22일 이후에는 혁명력 3년의 헌법 작성자 중의 한 사람인 도누Daunou가 나서서 한 해가 멀다 하고 모든 것을 뒤엎어버리는 선거가 너무 잦다고 목소리를 높였다. 하나 주권이라는 원칙은 감히 어느 누구도 손댈 수 없는 신성한 것으로 남아 있었다. 테르미도르 쿠데타를 주도한 부르주아지조차 차마 이를 단념할 수는 없었다. 주권을 단념하는 것은 자신들의 존재를 부인하고, 신권神權을 지지하는 자들의 주장에 동조하는 것과 마찬가지였기 때문이다. 그러므로 안정적이고 강력한 집행부에 대한 요구와 주권을 화해시키는 방법을 모색해야만 했다. 시에예스는 현직 의원이 신입 의원을 뽑는 호선 방식을 통해 보통선거의 단점을 수정할 수 있으리라고 보았다. 일정 기준에 의해 형성된 선거인단이 민중들이 작성한 명단에 올라 있는 유력 명사들
중에서 신입 의원을 뽑자는 것이었다. 그
렇게 하면, 위선적일지언정, 주권자인 민
중이 참여하는 보통선거의 모양새도 갖출
수 있다는 것이 그의 판단이었다.

나폴레옹 보나파르트Napoléon Bonaparte[*]
는 여기에 동의할 수밖에 없었다. 따라서
혁명력 8년(1799년 12월 24일)에 제정된
집정헌법은 이 제도로 특징지어진다. 상

나폴레옹 보나파르트.

원도 같은 제도를 통해 보충되었다. 원래 상원은 법제 심의원과 입
법주체 구성원을 임명했는데, 후에는 이 임명권도 여러 수준의 보
통선거를 통해서 선출된 유력 명사들을 대상으로 행사되었다. 사실,
혁명력 9년에 작성된 이 명단은 전혀 이용되지 않았으며, 혁명력 10
년(1802년 8월 16일) 헌법에 의해 아예 폐지되어버리고, 그 대신 선
거인단으로 대체되었다. 뤼시앵 보나파르트는 1803년 3월 24일에
"새로운 선거권에 관한 우리의 원칙은 더 이상 망상적인 사고에 의
존하지 않고, 민간단체라는 단단한 토대, 공공질서 유지의 필요성을
요구하는 사유재산권에 뿌리를 둔다"고 선언했다. 나폴레옹 보나파
르트는 이미 이보다 훨씬 간명하게 "오직 나 혼자만이 민중의 대표"
라고 선언한 바 있다.

선거 방식의 변화와 더불어 권력은 다시금 중앙집권화되었다. 흔

브뤼메르 18일의 아침, 한 무리의 장교들이 나폴레옹 보나파르트의 집으로 몰려들면서 쿠데타 계획은 행동으로 옮겨졌다.

히 중앙집권화는 보나파르트의 업적으로 꼽히지만, 사실 이는 총재정부의 관례를 거치면서 점진적으로 준비되어왔다고 보는 것이 타당하다. 혁명력 3년의 행정 조직은 흔히 말하는 것보다 훨씬 중앙집권적이었다. 소규모 농촌 콤뮌들은 콤뮌보다 약간 큰 단위인 캉통 canton에 속한 시 행정 조직 속에 통합되어 있는 반면, 대도시들, 특히 파리 같은 곳은, 하나의 콤뮌과 한 명의 시장이라는 자격을 상실하면서 자율성마저 잃고 여러 개의 시 조직으로 분할되어 있었다. 구 district라는 단위는 자취를 감추었다. 도道, département 차원의 위원회는 폐지되고, 5명으로 구성된 중앙 행정 조직이 이를 대신했다. 이처럼 권위가 집중되면서, 행정 조직은 서열화되었다. 시 단위 조직은 도 단위 조직에 종속되며, 도 단위 조직은 국가 전체를 관장하는 장관의 지시를 받는 식이었다. 총재정부는 최종적으로 지방 행정 조직의 결정을 파기하거나, 담당자들을 해임하고, 전원 파면되었을 경우(부분적인 교체의 경우, 기존 구성원이 신입자를 선출하는 호선 방식을 택하도록 규정되어 있었다), 이들을 교체할 수 있는 권한을 지녔다.

특히 도 단위 혹은 시 단위 행정 조직마다 위원이라는 해임 가능한 임명직을 두어 중앙의 집행부를 대표하도록 하였다. 총재정부의 위원들은 법의 집행을 요구하고, 각종 회의의 토론에 참석했으며, 공직자들을 감시했다. 행정 조직이 해마다 부분적으로 쇄신되는 데 비해서, 이들 위원들은 상대적으로 지속성을 보장받았다고 말할 수 있다. 게다가 도 위원은, 내무장관과 직접 소통하며, 각급 부서들을 관장하고, 시 위원들에게 지시 사항을 하달하는 역할을 맡고 있어, 집정체제가 탄생시킨 도지사의 전신이라고 할 수 있다.

혁명력 3년의 헌법은 총재정부에 막강한 권한을 부여했다. 총재정부는 각종 조례 제정권, 다시 말해서 행정명령을 내릴 수 있는 권한을 갖는다. 총재정부는 외교를 관장하며, 비밀협약을 포함하여 각종 협약을 체결한다. 또한 군사력을 보유하며, 총사령관을 임명한다. 총재정부는 공화국 내부의 치안 책임자로서 구인장과 체포영장을 발부할 수 있다. 이러한 권한들은 혁명력 2년 체제에서 볼 수 있었던 '강제력'에 비하면 미약해 보일 수도 있으며, 집정체제의 중앙집권화에 비하면 멀어도 한참 멀다고 할 수 있을 것이다. 하지만 1791년 헌법이 제창한 완전한 지방분권과 비교하면, 역시 멀어도 한참 멀다고 하지 않을 수 없다.

실제로, 권위적이며 중앙집권적인 지속성은 간헐적으로, 그러니까 헌법에 위배되는 경우가 있을 때만 어쩌다 확인되지만, 그럼에도 지속성이라는 현상은 뚜렷하게 관찰된다. 프뤽티도르(열매의 달)가 지난 후, 예외적 권한들이 군사위원회라는 형태를 빌려 다시 등장했다. 여러 도에서 행정 인력을 중앙 권력의 구미에 맞게 쇄신하기 위해서 선거 무효와 파면을 남발함으로써 중앙집권화는 한층 강화 되었다. 중앙 권력은 법원을 정화할 권한까지 부여받았다. 혁명력 6년 플로레알 22일(1798년 5월 11일)의 쿠데타[63]로 집행부의 권한은 눈에 띄게 강화되었는데, 집행부는 의회 양원을 자신들이 임명한 공직자

브뤼메르 18일의 쿠데타가 일어난 생 클루 성.

들로 채우는 것으로는 만족하지 못하고, 혁명력 8년까지 치안재판소와 형사재판소의 공석까지 채울 수 있는 권한을 얻어냈다. 프뤽티도르 18일(1797년 9월 4일) 이후 20여 개월 동안, 한껏 증대된 안정성과 권위를 누리면서, 총재정부는, 혁명력 7년 법에 의거하여, 재정을 재조직할 수 있는 초석을 깔았으며, 실제로 재정의 재조직은 집정정부에서 완성되었으나, 이미 해결의 실마리는 이 무렵부터 조심스럽게 대두되었다고 할 수 있다. 곧, 혁명력 6년 브뤼메르 22일(1797년 11월 12일)자 법에 의거하여 직접세를 담당하는 독립 행정기관을 설립하고, 간접세로 회귀하며, 국고를 집행부 산하에 둔다는 원칙을 수립한 것이 말하자면 문제 해결의 단서가 되었다고 할 수 있다. 혁명력 7년 프레리알(목장의 달) 30일(1799년 6월 18일)을 기해서 입법부가 총재정부를 장악하게 되고, 입법부의 뜻에 맞게 정부 인사 쇄신을 단행하게 되었다고는 하지만, 그렇다고 해서 집행부의 권한이 거기에 종속되거나 약화되었다고 할 수는 없다.

***

하지만 모든 것은 여전히 미해결 상태였다. 대외적으로는 캄포포르미오 조약[64] 이후 영국만이 유일하게 프랑스와 계속 대치 중이었다. 대륙에서는 어렵게 정착한 평화를 유지하기 위해 신중한 외교가 요구되었으나, 총재정부가 대륙 진출 정책을 시도하는 통에 대외적으로 안정 국면을 맞이할 수 있는 기회를 날려버렸으며, 이로 인해 내부적으로 개혁의 노력이 수포로 돌아갔다. 1798년 말에 프랑스에 대항하는 2차동맹이 형성되어 이듬해 봄부터 전쟁이 재개되었다.

한편, 프랑스 국내의 반혁명은 새로운 도약의 전기를 맞았다. 혁명력 7년 프레리알(목장의 달) 30일(1799년 6월 18일)과 1799년 여름의 전쟁이 잠시 상황을 호전시키는 기회가 되었더라면, 혁명력 8년(1800년)에 또다시 선거를 치르게 되었을 것이다. 그렇게 되면 왕당파가 승리를 거두거나 자코뱅파가 승리를 거두었을 것이고, 정부의 안정은 한 번 더 물 건너갔을 것이다. 그런데 브뤼메르 18일의 쿠데타는 이런 불확실성을 단번에 잠재워버렸다.

《르 모니퇴르Le Moniteur》지의 브뤼메르(안개의 달) 24일(1799년 11월 14일)자에 소개된 파리의 벽보 한 장에 따르면, "프랑스는 위대하고 영속적인 무엇인가를 원한다. 불안정 때문에 방황을 거듭하고 있는 프랑스는 이제 안정을 원한다.…… 프랑스는 법을 집행하는 권력의 행위 속에서 단결하기를 원한다"고 했다. 혁명력 8년의 헌법은 전권을 제1집정관에게 부여함으로써 잠재적인 독재 체제라는 총재정부의 애매한 위상을 종식시켰다. 이 헌법은, 이런 관점에서 보자면, 반드시 필요한 과정이었다고 할 수 있다. 혁명력 3년 헌법이 총재정부에 부여한 막강한 권위는 상황의 추이에 따라, 집행부에 의해서 또는 입법부에 의해서, 항상 잠정적이라는 조건하에, 강화되고 확대되었다. 그러나 '잠정적'으로 결정되는 빈도가 너무 잦다보니 오히려 그렇게 하는 것이 정상인 것으로 인식되었다. 조례 제정 권한의 확대, 행정 담당자들과 판사 임명권, 경찰력 동원 등, 집정정부는 새롭게 혁신할 것이라고는 전혀 없었다. 프랑스 공화국의 자매뻘 되는 네덜란드, 스위스, 로마 공화국의 경우, 정부에 부여된 헌법은 한결같이 집행부의 권한을 대폭 강화했다.

혁명력 8년 헌법은 총재정부가 헛되이 추구해왔던 입법부의 종속을 결정적으로 공식화했다. 모든 권한을 유일하고 안정적인 의지의 상징으로서의 제1집정관에게 몰아줌으로써, 혁명력 8년의 법에 의해 행정 재조직과 사회적 안정을 완성시켰다. 이 행정 재조직과 사회적 안정은 "혁명과 불가분의 관계에 있는 혼란 대신 사회적 질서를 정립하자"는 혁명력 4년 브뤼메르 14일(1795년 11월 5일) 선언을 통해 총재정부가 일찌감치 목표로 내세웠던 과제였다.

총재정부에서 집정정부로 넘어가는 과정에서, 적잖은 전설에 의해 그럴듯하게 미화된 겉모습에도 불구하고, 지속성이 확인되는 것은 어쩔 수 없는 노릇이다. 전쟁은 계속되고, 반혁명의 불씨도 줄기차게 타오르니, 부르주아적 사회연대감을 공고히 하기 위한 내부적인 필요에 의해 자연스럽게 권력집중이 이루어질 수밖에 없었다. 유력 명사들 중심의 공화국과 교대하면서 집정독재는 이를 배려해야만 했다. 집행부를 강화하고 정부 활동의 통합성을 회복했다고 하더라도, 브뤼메르 쿠데타를 지지하는 부르주아지가 정치적 자유마저 포기한 것은 아니었다. 물론 자신에게 이익이 되는 경우라면 기꺼이 그렇게 했겠지만 말이다. 하지만 그 이후의 사건들은 이들의 예측이 보기 좋게 틀렸음을 보여주었다. 쿠데타 주동자들이 추구했던 권위주의체제는 보나파르트 개인의 권력을 강화하는 방향으로 급속하게 바뀌어갔고, '명사들'의 공화국은 군사독재 체제로 변해갔던 것이다.

결론

현대 세계사 속에서

프랑스 대혁명이 갖는 의미

I. 혁명의 결과

10년에 걸친 혁명의 우여곡절을 겪고 난 뒤 프랑스의 현실은 근본적으로 변화한 것으로 보였다.

구체제를 지탱하던 귀족 계급은 특혜와 지배권을 박탈당함으로써 와해되었고, 봉건제도는 폐지되었다. 봉건적 잔재를 불도저로 밀듯싹 쓸어버리며, 농민들을 영주권領主權과 교회에 바치는 십일조로부터 해방시키고, 어느 정도까지는 공동체적 속박으로부터도 자유롭게 만들어주었으며, 동업조합의 독점 체제를 허물고 국내 시장을 단

일화해주었다. 프랑스 대혁명은 한마디로 봉건주의에서 자본주의로 이행하는 데 결정적인 것이었다. 혁명에서 가장 큰 활동을 보인, 이른바 외익外翼은 상업에 종사하는 부르주아지(상업 부르주아지는 오로지 상인, 곧 중개자로 머물러 있는 한, 구체제를 그대로 받아들인 편이었다. 1789년부터 1793년까지, 이들은 일반적으로 타협하려는 경향을 보였다)라기보다 직접적으로 생산에 종사하는 다수의 소규모 생산자들이었다. 봉건귀족들은 구체제하에서 국가가 보유한 법률 장치나 구속력 있는 수단에 힘입어 이들의 초과노동 혹은 초과생산을 독차지해왔다. 소규모 생산자, 곧 농민과 수공업자들의 반란은 그러므로 구체제 사회에 가장 효율적인 타격을 입힐 수 있었다.

그렇다고 해도 봉건제도를 누르고 거둔 승리가 새로운 사회적 역학 관계의 즉각적인 출현을 의미하지는 않았다. 자본주의로의 이행은 자본주의적인 요소들이 구체제 사회 속에서 서서히 발전해가는 단순하고 순조로운 과정이 아니었다. 적어도 자본주의적 요소들이 구체제 사회라는 틀을 부술 정도로 강력해지기 전까지는 그럴 수 없었다. 자본주의가 프랑스에서 확고하게 존재감을 부각시키기까지는 오랜 시간이 필요했다. 자본주의의 발전은 혁명 기간에는 매우 느리게 진행되었다. 기업의 규모가 소박한 데다 상업자본이 절대적인 우세를 보였기 때문에 그럴 수밖에 없었다. 그러나 봉건적 토지 소유의 붕괴, 동업조합 중심의 규제 체제 와해는 중소규모 직접 생산자들을 해방시켰다. 이는 농촌 공동체나 도시 수공업자 내부에 계급에 따른 차별화 과정을 가속화했으며, 자본과 임금노동으로 사회가 양극화되는 현상 또한 가속화되었다. 그 결과 자본주의 생산양식의 자율성은 농업 부문에서뿐만 아니라 산업 부문에서도 보장되었으며, 생산과 유통 사이의 부르주아적 관계로 나아가는 길도 열렸다. 이는 혁명이 가져온 변화의 가장 대표적인 예라고 하겠다.*

중소 규모 생산 경제 내부의 차별화, 농민과 수공업자의 분리 등이 진행되는 가운데, 부르주아지 내부의 균형 판도도 변화를 맞았다. 전통적으로 대물림되는 재산을 가진 자들이 우세를 보이던 과거와 달리 사업가와 기업가들이 이들을 대체했다. 투기, 새로 점령한 나라에서의 개발 사업 등은 이들에게 이익을 증대시킬 수 있는 새로운 기회를 제공했으며, 경제의 자유는 기업 집중의 길을 열어주었다. 머지않아, 위험을 무릅쓰는 모험심과 개척자 정신으로 무장한 이들 기업가들은 투기 대신 자신들의 자본을 생산에 투자하는 쪽을 택함으로써 산업 자본주의의 도약에 나름대로 힘을 보태게 된다.

이렇듯 프랑스 대혁명은 사회 경제 구조를 전복시켰으며, 이와 동시에 낡은 자치의 잔재를 쓸어버리고, 지역적 특혜, 지방의 개별성 등을 파괴하면서, 구체제라는 국가의 뼈대까지도 와해시켰다. 이로써

■■■■■
- 이 문제에 관해서는 M. 돕의 『자본주의 발전 연구』(런던, 1946년), 다카하시의 『부르주아지 혁명의 구조』(도쿄, 1951년)[《르뷔 이스토리크》 1955년 4~6월호(제호 434호)에 실린 아그노에Charles Haguenauer의 서평, 345쪽] 등을 참조할 것.

혁명은 총재정부에서 제정으로 넘어가는 변화 과정을 통해서 부르주아지의 이익과 요구에 부응하는 근대국가의 성립을 가능하게 했다.

이 두 가지 관점에서 볼 때, 프랑스 대혁명은 일부 사람들이 주장하는 신화*와는 거리가 멀다. 사실, 중세적인 의미에서의 '봉건제도'는 1789년 무렵의 현실과는 매우 동떨어진 감이 많았다. 하나, 농민과 부르주아지의 구별을 떠나, 혁명의 동시대인들에게, 봉건제도라고 하는 이 추상적인 단어는 그들이 속속들이 잘 알고 있으며, 이제는 무너진 현실(봉건적 권리, 영주의 권위 등)을 뭉뚱그려 함축하는 용어로 남아 있었다. 한편, 혁명의회가 기업가, 금융가 또는 제조업자 등, 요컨대 일반적인 의미에서의 자본주의자들이 아닌 자유 전문직 종사자와 공직자들을 주축으로 구성되었다는 이유로, 그들이 자본주의 질서를 확립하는 과정과 프랑스 대혁명 과정에서 갖는 중요성을 폄하해서도 안 된다. 자본주의자들은 비록 수적으로는 소수에 불과하지만 이들 중에서 유난히 활동적이고 적극적인 인사들이 의회에 진출했으며, 압력단체들(상업 분야를 대표하는 의원, 식민지 개발업자들의 이익을 옹호하는 마시악Massiac 클럽 등)도 무시할 수 없는 활동을 펼쳤다. 이뿐만 아니라 중요한 것은 프랑스 대혁명이 이전의 사

■■■■■■

- 알프레드 코반Alfred Cobban의 『프랑스 대혁명이라는 신화』(런던, 1955년), 같은 저자가 같은 관점에서 저술한 『프랑스 대혁명의 사회적 해석』(케임브리지, 1964년) 등이 여기에 해당된다. 조르주 르페브르가 쓰고, 《프랑스 대혁명의 역사적 연보》 1956년호, 337쪽에 게재된 「프랑스 대혁명의 신화」도 읽어볼 것.

회 경제 체제를 붕괴시켰다는 점이며, 기업과 이윤 추구의 자유에 대해서 아무런 제한도 두지 않겠다고 천명함으로써 자본주의로 이행하는 길을 닦았다는 사실이다.

Ⅱ. 프랑스 대혁명과 부르주아지 혁명

봉건주의에서 자본주의로 넘어가면서 으레 겪게 마련인 과도기였다고는 하지만, 프랑스 대혁명은 다른 유사한 혁명들과 비교해볼 때 나름대로 고유한 특성도 지니고 있는데, 이는 구체제 말 프랑스 사회라고 하는 특수 구조에서 기인하는 것이라고 할 수 있다.

그런데 지금까지 이러한 특성들은 부정되어왔다. 프랑스 대혁명은 "서양 혁명, 아니 더 엄밀하게 말하자면, 영국의 식민지인 미국에서 1763년이 지나면서 막 시작되어 스위스, 네덜란드, 아일랜드 등지로 확산되다가 마침내 1787년과 1789년 사이에 프랑스로 번져온 대서양 혁명의 한 양상에 불과하다. 그리고 프랑스로부터 네덜란드로, 이어서 독일 라인란트, 스위스, 이탈리아로……"* 번져간 혁명이라고 보는 것이다. 확실히, 서구의 경제 혁신과 식민지 경영에서 대양의 중요성을 간과할 수는 없다. 하지만 이 저자들의 논점은 거기에 있지 않다. 이들은 프랑스 대혁명이 역사상 보편적으로 나타나게 마련인 운동, 곧 네덜란드, 영국, 미국 혁명 이후 부르주아지를 권좌에 앉힌 그 도도한 움직임의 한 부분임을 증명해 보이겠다는 의도를 가지고 있는 것 같지도 않다. 프랑스 대혁명은, "대서양"이니 "서양"이니 하는 모호한 단어들이 암시하는 것처럼, 혁명이라는 대변화를 지리적인 용어로 제한하려 들지 않는다. 19세기는 자본주의 경제가 도처에서 자리를 잡아가던 시기인 만큼 부르주아지의 부상은 당연한 결과였다. 다시 말해서 지리적인 제한을 뛰어넘는 보편적인 현상이었다는 말이다. 다른 한편으로, 프랑스 혁명과 "스위스, 네덜란드, 아일랜드 혁명"을 같은 차원에 놓으려다보면, 이상하게도 프랑스 혁명이 갖는 깊이와 차원, 그리고 그것이 일으킨 급격한 변화를 대수롭지 않게 취급하게 된다. 프랑스 대혁명의 특수성을 모두 배제하려는 이 같은 이해 방식은 반세기 동안, 그러니까 장 조레스로부터 조르주 르페브르에 이르기까지 기라성 같은 연구가들이 혼신의 노력을 기울여온 혁명사 관련 사료편찬 작업을 무화시키려는 것과 다름없다.

■■■■■

- 자크 고드쇼의 『위대한 국가. 프랑스의 세계 속으로의 혁명적인 확장. 1789~1799』(파리, 1956년, 총2권), 1권, 11쪽. 팔머Robert Rosewell Palmer의 「서반구의 세계적 혁명」(《폴리티칼 사이언스 쿼털리》 1954년호에 게재)에 등장한 "서양" 또는 "대서양" 혁명이라는 개념은 자크 고드쇼와 팔머의 『18세기에서 20세기 사이의 대서양 문제, 제10회 국제역사학대회』(피렌체, 1955년) 5권, 175~239쪽, 팔머의 『민주주의 혁명 시대. 유럽과 아메리카의 정치사. 1760~1800』의 1권 『도전』(프린스턴, 1959년), 자크 고드쇼의 『여러 혁명(1770~1799)』(파리, PUF, 2판, 1965년, 누벨 클리오 총서) 등을 참조할 것.

토크빌은 "왜 비슷한 원칙과 비슷한 정치 이론이 미국에서는 정부를 바꾸는 것으로 그치고 프랑스에서는 사회 전체를 전복시키는 결과를 초래했는가?"라는 문제에 대한 궁금증을 끈질기게 물고 늘어짐으로써 일찌감치 성찰의 방향을 제시했다. 이 같은 방식으로 문제를 제기하는 것은 정치사, 헌법역사라는 피상적인 양상을 뛰어넘어, 한 나라의 특수성 안에서, 그 나라가 처한 사회 경제 현실을 꿰뚫어보고자 노력하려는 의지를 반영한다. 이렇게 될 때 비로소 네덜란드, 영국, 미국에서 일어난 변화의 조건과 양상들을 비교하는 것이 가능해지며, 비교 결과, 프랑스 대혁명이 어떤 면에서 이들 나라에서 일어난 혁명의 전망을 바꾸어놓았는지, 프랑스 대혁명만이 지니는 타협할 수 없는 특성이 무엇인지를 더욱 확실하게 설명할 수 있다.

1688년에 영국에서 일어난 '명예 혁명'이 부르주아지와 토지 귀족들(이 점에 관해서라면, 프랑스의 1830년 7월의 시위와 비교할 만하다)이 공동으로 권력을 장악하는 선에서 사회적, 정치적 타협을 이루는 데 성공했다면, 그것은 그보다 앞서 17세기에 일어난 최초의 혁명을 통해서 이미 잠재적 절대왕정을 (민주주의적이 아닌) 대의정부 체제로 바꿈으로써 박해를 일삼는 영국 국교의 배타적인 지배에 종지부를 찍었을 뿐 아니라 자본주의 발전의 길을 터준 덕분이었다. 이 문제에 정통한 한 역사학자가 최근에 발표한 표현대로라면, 요컨대 "17세기 최초의 혁명이 중세에 마침표를 찍었다"는 것이다. 봉건제도 최후의 잔재마저 쓸어내고, 봉토 종속관계도 폐지되면서 토지소유

계급은 자신들의 재산을 절대적으로 보장받게 되었다. 교회와 왕실, 왕당파 재산의 몰수와 매매는 농촌에서 통용되던 전통적인 봉건적 관계의 청산을 가져왔으며, 자본 축적을 가능하게 했다. 동업조합들은 경제적 패권을 상실했으며, 상업, 금융, 산업 분야의 독점은 폐지되었다. "영국의 경우, 더욱 자유로운 경제 발전을 이루기 위하여, 그러니까 국가의 부를 최대치로 끌어올리며, 세계적 지도자로서의 지위를 획득하고, 대외 정책을 포함한 정치가 국가에서 중요성을 인정받은 자들의 통제하에 이루어지도록 하기 위해서는, 그리고 필수적인 경제의 발전을 성공적으로 이룩하려면, 구체제는 전복되어야만 했다"고 크리스토퍼 힐은 말했다.

하지만 영국 혁명은 프랑스 혁명에 비해서 훨씬 덜 급진적이었다. 조레스가 그의 역저 『사회주의 역사』에서 사용한 표현을 빌리자면, 영국 혁명은 "폭넓게 부르주아적이면서 민주적이었던" 프랑스 혁명과 달리, "편협하게 부르주아적이고 보수적"이었다. 영국 혁명에도 분명 평등주의자들이 등장했지만, 농민들은 전혀 토지를 손에 넣지

■■■■■

- 《르뷔 이스토리크》 449호, 1959, 5~32쪽에 실린 크리스토퍼 힐의 논문 「17세기 영국 혁명(해석 시도)」. 명실공히 그 분야 학파의 수장 격인 같은 저자의 다른 논문들과, M. 제임스, E. 리크워드의 『영국 혁명, 1640』(런던, 1940년. 1949년에 부분적인 재판 출판), E. 델의 『해묵은 정당한 원안The Good Old Cause』(런던, 1949년)과 『혁명의 세기, 1603~1714』(런던, 1961년), 그리고 『혁명을 앞둔 영국의 사회와 청교도주의』(런던, 1964년) 등을 참조할 것.

못했다. 그뿐만 아니라 영국에서 농민 신분은 그다음 세기에 아예 자취를 감추어버리고 만다. 이 같은 보수주의의 원인은 영국 자본주의의 농촌적인 성격에서 찾아야 할 것이다. 즉 수많은 신사들로 이루어진 상류 부르주아, 즉 분열된 계급인 영국의 신사 계급은 1640년 이전부터 양을 사육하거나, 섬유 산업, 광산 개발 등에 적극적으로 개입하고 있었던 것이다. 다른 한편으로 영국 혁명은, 평등주의자들Niveleurs과 더불어, 인권에 토대를 둔 정치 이론, 존 로크를 통해서 미국과 프랑스의 혁명주의자들에게 전파된 이론의 출현을 목격은 했으나, 후에 프랑스 혁명이 강력하게 주장한 것과는 대조적으로, 이 인권의 보편성과 평등성을 만방에 외치지는 않았다.

미국 혁명의 경우, 이보다 앞서서 일어난 영국 혁명과 마찬가지로, 물론 그 정도는 훨씬 덜하다고 할 수 있지만, 어쨌거나 경험적 방법에 의존한 경향이 짙다. 자연권을 주장하고 숭고한 권리를 선언했음에도 불구하고, 미국 혁명은 자유도 평등도 인정하지 않았다. 흑인들은 여전히 노예로 남아있어야 했으며, 백인들 사이에서는 권리의 평등이 인정되었다고는 하나, 부의 많고 적음에 토대를 둔 사회적 위계질서에는 아무런 변화가 없었다. 미국의 '민주주의'는 분명히 국가 통치 체제를 규정하는 용어임에 틀림없지만, 그 운용 방식은 여전히 돈 많은 유력 명사들에게 유리했다.

그럼에도 영국과 미국의 혁명은 깊은 영향을 끼쳤으며, 이들 혁명이 지니는 후광은 오래도록 지속되었다. 보수 성향을 보인 이들 혁명의 정치적 타협은 평등보다는 자유에 훨씬 큰 관심을 보인 자산가 계급을 안심시켰다.

하지만 프랑스 혁명은 달랐다. 부르주아지 혁명 중에서 프랑스 혁명이 유독 계급투쟁의 드라마틱한 성격을 백일하에 드러냄으로써 앞선 혁명들을 빛바래게 만들고, 스스로 가장 선명한 색깔을 드러냈다면, 그건 틀림없이 봉건적 특권이 몸에 밴 나머지 어떤 타협도 거부한 귀족 계급의 끈질긴 저항과 그 저항에 대항한 대다수 평민들의 그에 못지않은 끈질김 덕분일 것이다. 또한, 귀족 측의 반혁명이 혁명을 주도하는 부르주아지로 하여금 이들에 못지않은 집요함으로 구체제 질서를 완전히 박살내도록 부추긴 면도 감안해야 한다. 그러나 부르주아지는 농촌과 도시의 민중들과 동맹을 맺음으로써만 이 목표에 도달할 수 있었으며, 따라서 민중들의 요구를 충족시켜주어야 하는 입장에 놓이게 되었다. 그 결과 봉건제도는 파괴되었고, 민주주의도 발을 붙였다. 사회 변화를 이끈 정치적 도구로는 중소 부르주아지가 주축이 되어 대다수 민중의 지원을 받은 자코뱅 독재를 꼽을 수 있다. 이들은 자율적인 소규모 생산자, 즉 자유롭게 노동 행위와 교환 행위를 하는 수공업자나 자영농이 주축이 된 민주주의 체제를 이상으로 삼았다. 프랑스 혁명은 이처럼 민중 혁명 세력과 농민이 부르주아지 혁명의 중추 세력을 형성하면서, 부르주아지 혁명을 이끌어갔다는 점에서 현대 역사에서 매우 독특한 자리를 차지한다.

이와 같은 특성이야말로 프랑스 대혁명과 그 혁명이 지니는 가치가 현대 세계의 진화에 끼친 영향을 설명해준다. 분명, 프랑스에게 점령당했던 유럽 국가들의 경우, 이들 국가에서 구체제를 무너뜨린 것은 사상의 힘이라기보다는 공화국 군대, 이어서 나폴레옹 군대의 힘일 것이다. 프랑스에 의한 점령은 노예제도를 폐지하고, 영주에게 바치는 부과조와 교회에 바치는 십일조로부터 농민들을 해방시키고, 상속불능 재산을 유통시킴으로써 자본주의 발전에 확실하게 기여했다. 그뿐만이 아니다. 본질적으로 정복을 추구하는 속성을 지닌 자본주의를 확산시킴으로써, 새로운 원칙들과 부르주아적 질서가 곳곳에서 이와 같은 사회 변혁을 주도했으며, 마침내 세계를 휩쓸기에 이르렀다.

국가별로 다양한 사회 구조, 각기 다른 발전 속도 등은 당연히 현대 자본주의 사회를 형성하는 데서 무수히 다른 조합을 가능하게 하며, 따라서 그 과정에서 무수히 다른 뉘앙스들이 생겨나게 마련이다. 특히, 자본주의적 생산양식으로의 진화가 위에서 아래로 강요되었을 경우, 진화의 이행 과정은 중도에서 멈추고, 예전의 생산양식이 완전히 소멸하는 대신 부분적으로나마 살아남기도 한다. 말하자면 타협의 길을 택하는 것이다. 19세기 역사를 살펴보면, 이와 같은 타협의 사례들을 심심치 않게 만날 수 있다. 그런 사례들을 보면, 다른 혁명들과 비교했을 때, 프랑스 혁명만이 지니는 고유한 특성이 분명하게 드러난다.

19세기 유럽을 휩쓴 국가 통합 운동은, 여러 관점에서 볼 때, 부르주아지 혁명의 일환으로 간주될 수 있다. 이탈리아 통일 운동 Risorgimento이나 독일 통일 운동Unité allemande에서 민족적인 요인의 중요성이야 어찌되었건, 내부적인 경제 변화의 추이가 이 같은 목표를 추구하지 않았다면, 민족의 힘이 현대 사회와 통일국가의 설립으로 마무리될 수 없었을 것이다. 역사적인 분석에 따르게 마련이며 무시할 수 없는 혼란을 낳는 적잖은 난점들은, 사실 이러한 운동들이, 프랑스 혁명 때와는 달리, 민족적인 동시에 사회적인, 일종의 혼합형 혁명이라는 사실에서 기인한다.

그람시Gramsci는 옥중에서 작성한 작업 계획 중의 하나에 "이탈리아 통일 운동에서의 자코뱅주의의 부재"라는 성찰 주제를 기록해두었다.˙ 자코뱅주의를 따로 떼어내어, 혁명을 주도하는 부르주아지와 농민 대다수의 결합이라고 정의한 그람시는 본질적으로 부르주아지 혁명인 이탈리아 통일 운동은 자코뱅파가 활약한 프랑스 혁명처럼 급진적인 혁명이 되지 못했다고 지적했다. 이 지적은 결국 두

■■■■■

- 안토니오 그람시의 『전집』(파리, 1959년) 중에서 이탈리아 통일 운동에 관련된 부분을 읽어볼 것. 또한 『그람시 연구』(로마, 1958년)에 수록된 잔게리R. Zangheri의 「La mancata rivoluzione agraria nel Risorgimento e i problemi economici dell'unità」, 『Problemi dell'Unità d'Italia. Atti del II Convegno di studi gramsciani』(로마, 1962년)에 수록된 알베르 소불의 「Risorgimento e rivoluzione borghese: schema di una direttiva di recerca」도 참조할 것. 『제 10회 로마 국제역사학대회의 폴란드 편』에 실린 비톨드 쿨라Witold Kula의 「19세기 상반기 폴란드에서의 토지 부르주아지와 프롤레타리아의 결탁의 기원」(바르샤바, 1955년)이나 『Problemi dell'Unità d'Italia』에 수록된 같은 저자의 「태동기 자본주의 경제에서 후진 분야와 지역」 같은 논문도 비교삼아 참조할 것.

혁명이 각각 지닌 내용의 문제, 즉 경제, 사회 문제를 제기하는 것과 다르지 않다. 이탈리아 통일 운동에서, 그람시의 표현대로, 민중 혁명, 특히 농민 혁명이 빠져있는 한, 그것이 고전적인 형태의 부르주아지 혁명(프랑스 혁명이 가장 대표적인 예)에서 멀리 떨어져 있는 한, 그렇다는 말이다. 통일이 유행처럼 확산되던 시기에, 이탈리아 부르주아지가 혁명에서 매우 효과적인 동맹 세력이라고 할 수 있는 농민과 손잡기를 한사코 거부했다면, 그런 연후에 봉건귀족과 자본주의자 부르주아지 사이에서 민족통일을 실현했다면, 그 이유는 그로부터 반세기 전에 이들이 농민 문제를 해결한 방식에서 찾아야 할 것이다. 18세기 말에서 19세기 초, 이탈리아 통일에 앞서서, 특히 프랑스 점령 치하에서, 지방별로 다양한 방식에 따라 실시된 개혁에 의해 영주체제는 폐지되었으나, 귀족들의 대규모 토지는 이탈리아 현대 사회 건설 이후까지도 엄연히 살아남았다. 프랑스에서는 혁명 이후 농민들이 복구할 수 없을 정도로 해체되어버린 반면, 이탈리아 농민 대다수는 농업 노동자로서 또는 전통적인 소작인 자격으로 토지 경작을 계속했다. 요컨대 이전의 의존 관계가 그대로 지속되었던 것이다. 프랑스에서, 혁명을 주도한 부르주아지는 봉건제도에 항거하는 농민들의 투쟁을 지원했으며, 적어도 봉건제도가 마침내 폐지될 때까지는 농민과 공동전선을 폈다. 반면, 이탈리아에서는 대다수 농민들에 대항해서 토지 귀족들과 부르주아 자본주의자들이 하나로 뭉쳤다. 이탈리아의 단일성은, 귀족 중심의 토지 소유에 토대를 두고, 몇몇 대토지 소유자와 상층 부르주아지가 지배하는 과두체제에 대다수 농민들을 종속 상태로 묶어두는 식으로 진행되었다. 이탈리아 단일성의 초석을 쌓은 온건파 자유주의자들은, 그 이름만으로도 상징적인 카보우르Camillo Benso Conte di Cavour(1810~1861, 이탈리아의 정치가로, 가리발디, 마치니와 더불어 이탈리아 통일의 3인방으로 추앙받는다-옮긴이)를 필두로, 프랑스 혁명이 밟아간 길을 따라간다는 건 엄두도 내지 못했다. 대다수 농민들이 봉기한다면, 이들의 정치적 지배력이 즉각적으로 위협받을 것이기 때문이었다.

이로 인한 결과는 이탈리아 자본주의 형성에서 매우 중요한 역할을 한다. 프랑스와는 달리, 이탈리아에서는 시장을 위해 생산하는 자유롭고 독립적인 사유재산가 층이 폭넓게 형성되지 못했다. 현물 지대가 여전히 우세했으며, 이로 인해 생산이 시장과 상업적 이익에 종속되는 관계가 오래도록 지속되었다. 따라서 이탈리아에서의 자본주의로의 이행은 산업자본이 상업자본에 종속되는 형태를 유지시키는 상거래 위주의 길을 통해 이루어졌다. 이는 독점 경향이 농후한 과두적 자본주의로 귀착되는 타협의 길이었다.

독일 통일 운동에서도, 방식은 비록 달라도, 이와 유사한 과정이 관찰된다. 비유럽 지역에서 예를 들어보자면, 일본의 메이지明治 혁명la Révolution de Meiji 역시 자본주의 사회를 형성하는 출발점이 되었다고 할 수 있으며, 이 점에서 메이지 혁명은 프랑스 혁명의 기본 노선상에 위치한다고 볼 수 있다. 1867년에 시작된 메이지 혁명은 10

여 년간의 동요 끝에 영주를 중심으로 하는 봉건적 체제의 해체와 국가의 근대화를 가져왔다. 일본 사회 내부에서 경제적인 변동이 같은 목표를 향해 나아가지 않았더라면, 외부 세력만으로 일본 사회를 근대화시킨다는 것은 불가능했을 것이다. 바꿔 말하면, 자본주의 생산체제가 일본의 봉건적 경제 속에서 이미 싹트고 있었다는 말이다. 메이지 혁명의 특수성은 내부적인 변화와 외부적인 압력이 한곳으로 수렴했다는 데에 있다. 물론, 이 역사적 과정을 분석하기 위해서는 우선 도쿠가와德川 시대의 봉건제도와 18세기 일본이 겪고 있던 구조적 위기의 성격에 대한 명확한 규정이 선행되어야 할 것이다. 혁명이 일어나기 전, 권력을 잡은 영주들과 동맹 관계에 있는 대규모 도매상과 금융업자, 직접 경작은 하지 않으면서 현물세 지대를 받는 대규모 토지 소유 농민들에 대한 다른 농민들, 특히 중간 규모 농민들과 중간 규모 제조업자들의 반감은 나날이 격렬해졌다. 미국과 유럽의 압력으로 나라를 '개방'하면서 변화는 급물살을 탔다. 일본 내부의 사회적 경제적 여건이 자율적이고 충분하게 성숙해질 틈을 주지 않고 갑작스럽게 변화가 진행된 것이다. 하지만 부르주아지 혁명이 가능하려면 그 같은 내적 성숙은 필수적이었다.

(일본에서의) 영주제 폐지는 일종의 타협 형태로 실현되었다. 다시 말해서, 프랑스 혁명에서와는 달리, 봉건적 권리가 적절한 보상을 조건으로 폐지된 것이다. 그러니 그 부담은 새로 제정된 토지세地租를 화폐로 물어야 하는 농민들에게로 고스란히 전가되었다. 토지를 소

유한 자영농들 本百姓(조세를 바치던 자작농)은 이들을 종속적인 지위에 묶어두었던 봉건적 관계로부터는 해방되었으나, 새로 제정된 화폐 지대에 발목이 잡힌 셈이었다. 더구나 새로 제정된 세금은 영주에게 현물로 바치던 지대와 맞먹는 액수였다. 그뿐만 아니라 일본의 많은 농민들은, 국유재산 매입을 통해 재산을 획득할 수 있었던 프랑스 농민들과 달리, 토지를 확보할 수 있는 기회도 얻지 못했다. 요컨대, 일본 농촌에서는 '마차를 굴리는' 부유한 농부들을 볼 수 없었다. 대 다수 농민들, 그러니까 자영농이나 소작농들의 경우, 이들의 해방은 무늬만 해방에 불과했다. 대규모 토지 소유자(지주)들이 농업 개혁 에 의해 진짜 토지 소유자이자 화폐로 토지세를 지불하는 납세자가 되자, 직접적인 경작자(소작농)들은 해방이 되기는커녕 계속해서 이 들 토지 소유주들에게 현물 지대를 바쳐야 했다. 그러므로 경작자들 입장에서는 전통적인 종속관계와 초과노동으로 인한 착취가 국가와 국가가 지닌 강제력의 보장하에서 이루어지는, 어찌 보면 이전보다 더 고약한 상황에 처하게 된 것이었다.

메이지 혁명으로 '해방된' 일본의 자영농들은 그러므로 봉토 소유 의 해체로 독립적이고 자유로운 존재가 된 서양의 농민들과 비교할 수 없다. 일본에는 영국의 여먼리yeomanry, 프러시아의 융커junker에 해당되는 중간층 농민이 존재하지 않았기 때문이다. 일본의 농민은 특권을 누리는 상층 부르주아지와 반半봉건적인 대토지 소유주들의 과두체제에 종속되어 있었다.

새로 도래한 일본의 자본주의 사회는 생산의 봉건적 관계 대부분을 답습했다. 따라서 외부 세력의 압력으로 나라가 개방된 후, 메이지 혁명이 궁극적으로 절대적이며 과두체제적인 왕정으로 귀착된 것은 그 같은 연유에서였다고 볼 수 있다. 절대왕권 국가를 와해시키고, 그 폐허 위에 부르주아 민주주의 사회를 건설한 프랑스 혁명과는 달랐던 것이다. 근대 자본주의의 발달에도 불구하고, 봉건적 잔재는, "여러 세기 동안 봉건적 의무 밑에서 억압당한 일본 농민들"의 해방을 골자로 하는 1945년 농업 개혁 때까지도 명맥을 이어갔다. K. 다카하시는, "돌이켜볼 때 이는 메이지 혁명과 그에 따르는 농업 개혁이 경제, 사회에서 봉건적 관계를 청산한다는 부르주아지 혁명의 역사적 사명을 이루지 못했음을 입증"한다고 평가했다.

***

프랑스 대혁명은 현대 세계사에서 독보적인 위치를 차지한다. 고전적인 부르주아지 혁명으로서의 프랑스 대혁명은 영주제와 봉건제도를 타파했다는 점에서 프랑스의 역사에서 자본주의 사회, 자유민주주의 사회로 가는 출발점이 되었다. 또한 프랑스 대혁명은, 타협하지 않는 반反봉건적인 성격을 통해서 두 차례(혁명력 2년의 시도는 필연적으로 실패할 수밖에 없었지만, 실패라는 결과에도 불구하고 오래도록 예언자적인 일화로서 그 가치를 인정받았다. 그리고 평등주의자들의 음모 사건은 당시를 풍미하던 혁명적인 사고와 행동의 원조가 되었다)나 부르주아지 혁명으로서의 한계를 넘어서고자 했기 때문에, 농민 혁명이자 민중 혁명이기도 하다. 프랑스 대혁명이 지닌 역사적 현실성 또는 사회적, 민족적 특수성을 부정하려는 일부의 집요한 노력은, 프랑스 대혁명을 위험한 전례로 간주하려는 위기의식에서 비롯되었다고 이해할 수 있다. 그런가 하면, 바로 그렇기 때문에, 온 세계가 느끼는 전율, 우리 시대를 사는 사람들의 의식 속에 여전히 울려 퍼지고 있는 프랑스 대혁명의 메아리도 어렵지 않게 이해할 수 있다. 대혁명에 대한 기억, 그것만으로도 벌써 혁명적이지 않은가. 프랑스 대혁명은 여전히 우리의 가슴을 뛰게 한다.

참고도서

엄청나게 방대한 양의 문헌들 중에서, 이 지면에는 프랑스 대혁명 관련 사료들 가운데 가장 기본이 되는 저작물들, 대혁명에 관한 현재의 지식이나 이해 수준을 보여주는 대표작들만 소개하려 한다.

19세기에 출판된 프랑스 대혁명 관련 역사책들을 총체적으로 놓고 볼 때, 미슐레Michelet(1847~1853)의 저술이 뛰어난 문학적 가치로 말미암아 단연 돋보인다. 아울러, 이 시기를 이해하기 위한 훌륭한 저술임에 틀림없으나, 서술이 다소 끊어지는 듯한 느낌을 주는 토크빌Tocqueville의『구체제와 대혁명』(1856년. 조르주 르페브르G. Lefebvre가 서문을 붙인 신판은 1952년에 출판되었다)도 우선적으로 꼽겠다. 텐Taine의『현대 프랑스의 기원(1876~1893)』은 혁명에 반대하는 입장이 강하게 표출된 책으로 유명하다.

프랑스 대혁명에 관한 연구는 19세기 말과 20세기 초에 특히 왕성하게 이루어졌다. 올라르A. Aulard의『프랑스 혁명의 정치사』(1901)도 훌륭하지만, 장 조레스J. Jaurès의『사회주의 역사』1~4권(1901~04년)도 빼놓을 수 없다. 마티에A. Mathiez가 편찬한 1922~24년 판본

은 1939년에 재인쇄되었으며, 알베르 소불의 주석을 곁들인 판본
은 1968~73년에 출판되었다(총4권, 인덱스). 사냑Sagnac의 『대혁명,
1789~1792』과 파리제Pariset의 『대혁명, 1792~1799』(파리, 1920년, 총
2권)과 『프랑스 근대사, E. 라비스 지도』, 마티에의 『프랑스 대혁명』
(1922~27년, 총3권, A. 콜랭 총서), 조르주 르페브르의 『테르미도르파』
(1937년. 새로 고친 4판은 1960년에 출판)와 『총재정부』(1946년. 새로 고
친 3판은 1958년에 출판) 등도 필독을 권한다.

무엇보다도 조르주 르페브르의 『프랑스 대혁명』(1951년. 인간과 문
명 총서 제18권, 알베르 소불이 새로 고친 6판은 1968년에 출판)을 비롯하
여, 『프랑스 대혁명기의 노르 지방 농민상』(1924년. 재판은 1959년에 출
판)에서부터 『프랑스 대혁명 연구』(1954년. 재판은 1963년에 출판)에
이르는 그의 저작물 전체를 권한다. 무니에R. Mousnier와 라브루스C.
E. Labrouse가 불루아조M. Bouloiseau와 협력하여 펴낸 『18세기. 지적 혁
명, 기술, 그리고 정치(1715~1815)』(1967년에 출판된 5판, 크루제의 지
도로 편찬된 '문명사' 시리즈의 제5권)에 삽입되어 있는 라브루스의 글
도 뛰어나다. 『간추린 프랑스 대혁명사』(1962년)에 수록된 알베르 소
불의 해설도 도움이 될 것이다.

그 밖의 참고할 만한 문헌으로는 카롱P. Caron의 『프랑스 대혁명
연구를 위한 실용적 입문서』(1912년. 개정판은 1947년에 출판), 빌라S.
Villat의 『혁명과 제정, 1789~1815, 1권: 혁명의회, 1789~1799』(1936
년, 클리오 총서의 제8권), 고드쇼의 『여러 혁명(1770~1799)』(3판은

1970년도에 출판. 누벨 클리오 총서의 제36권)을 추천한다.

　대혁명 관련 사료 연구의 현주소와 앞으로의 연구 전망 등에 관해서는 알베르 소불의 『프랑스 대혁명사 연구를 위한 새로운 길』(1978년)이 도움이 될 것이다.

편집자 주注

1) 알렉시스 드 토크빌Alexis Charles de Tocqueville(1805~1859): 프랑스의 역사가, 정치사상가. 유명한『미국의 민주주의』와『구체제와 대혁명』등의 저서를 남겼다.

2) 프랑스의 구체제는 특권 계급인 귀족과 성직자, 그리고 국민의 절대다수였던 '제3신분'이라는 3개의 신분으로 이루어져 있었다.

3) 삼부회États généraux: 프랑스에서의 성직자, 귀족, 평민의 세 신분 대표로 구성되는 회의로서, 1614년에 소집된 이래 소집되지 않았으나, 재정 위기에 처한 루이 16세가 1789년 5월 5일(개회식)에 베르사유에 소집한 것이 프랑스 혁명의 도화선이 되었다. 종전의 관례에 따르면 중요한 일들을 신분별로 결정했기 때문에 귀족과 성직자가 합세하는 경우 특권 계급에게 유리했다. 그렇기 때문에 개회 초부터 제3신분 대표들은 신분별 투표가 아니라 머릿수 표결을 주장하고, 합동 회의를 제의하여 일부 성직자 대표들의 찬성을 얻어 삼부회를 국민의회로 탈바꿈시키는 데 성공했다. 이 국민의회는 새로운 헌법을 제정할 때까지 해산하지 않겠다는 서약을 했기 때문에 제헌의회로도 불렀다.

4) 주교, 수도원장, 교회참사회원 등 고위 성직자는 특권 계급에 속했지만 하급 성직자, 즉 평민 출신인 대부분의 주임사제와 보좌신부들은 사회적으로 귀족이 아니라 제3신분에 속했다.

5) 대검 귀족帶劍 貴族: 프랑스의 전통적인 귀족을 말한다. 정말로 귀족을 특징짓고 있는 것은 출생과 혈통이었다. 물론 그 밖의 사람도 귀족이 될 수는 있었다. 그러나 누구의 눈에나 진정한 귀족은 귀족으로 태어난 사람이었다. 귀족이 평민에 대해 우월한 근거는 혈통이었으며, 따라서 귀족의 신분은 양도할 수 없는 것이었다. 프랑스의 귀족이란 본래 게르만 정복자들 출신으로서, 로마 제국의 속국 상태에 있던 갈로-로맹 지역의 영주 자리를 차지한 사람들로부터 비롯되었다. '대검帶劍'이란 칼을 찬다는 뜻이다.

6) 법복 귀족法服 貴族: '관복 귀족'이라 불리기도 한다. 고등법원le parlement의 명문가들이 이 귀족의 선두에 있었으며, 행정직에도 진출했다. 왕은 귀족을 만들 수 있었고, 그렇게 함으로써 자신에게 봉사하는 사람들에게 보상하는 것을 잊지 않았다. 왕은 돈을 얻기 위해 재정, 군사, 행정 그리고 사법부문의 직위를 팔았을 뿐 아니라 귀족의 작위까지 주었고 이것은 세습되었다. 법복 귀족은 16~17세기에 상층 부르주아지에서 생겨났다. 처음엔 돈으로 법관의 직위를 샀으나 세습되어 큰 세력을 이루고 있었으며, 대검 귀족과 부르주아지의 중간 위치에 있었다. 귀족은 프랑스 전체 토지의 약 5분의 1을 소유하고 있었다. 궁정 귀족은 약 4천 명에 이르렀는데, 그들은 국왕의 주변을 둘러싼 채 베르사유에 살고 있었다.

7) 4대에 걸쳐 귀족 혈통이 입증된 자에게만 군대의 계급을 준 칙령.

8) 알베르 마티에Albert Mathiez(1874~1932): 혁명의 정치적인 면은 물론 사회 경제적인 면을 밝히는 데 많은 노력을 기울였다. 마티에에게 혁명의 큰 추진력은 계급의 이익이었다. 마티에는 프랑스 혁명을 몇 개의 단계로 보고 있다. 첫째가 왕권에 대해 귀족들이 반항한 귀족 혁명이고, 둘째가 1789년 5월의 삼부회에서 시작된 부르주아 계급의 전면 등장이다. 그들은 입헌군주제를 확립하고 1791년의 헌법을 선포한다. 셋째는 왕의 바렌 도주를 계기로 도시 노동자와 농민들의 지원을 받아 지롱드파의 공화국이 성립한 것이다. 넷째가 전쟁과 민중의 비참한 삶 속에서 산악파와 민중이 결합하여 만들어낸 산악파 정권의 등장이다. 그리고 마지막이 테르미도르 반동과 그 후의 잇따른 쿠데타로 인한 혁명의 종말이다. 마티에는 로베스피에르를 탁월한 지도자로 높이 평가했으나 당통은 음모가이자 이중적인 정치인으로 좋게 평가하지 않았다. 마티에는 1874년 자작농의 아들로 태어나 파리고등사범학교를 졸업했으며, 소르본 대학에서 프랑스 혁명사를 강의했다. 그는 1932년 뇌출혈로 세상을 떴다.

9) 몽테스키외Montesquieu(1689~1755): 프랑스의 법학자이며 철학자. 보르도에서 법복귀족의 아들로 태어났으며, 나중엔 그곳의 고등법원장이 되었다. 그는 저서 『법의 정신』에서 삼권분립과 영국식 입헌정치를 논하여 큰 반향을 불러일으켰다.

10) 조르주 르페브르George Lefevre(1874~1959): 19세기의 프랑스 혁명사

연구는 주로 정치적이고 이념적인 투쟁 중심으로 이루어졌다. 20세기에 들어와 장 조레스와 알베르 마티에에 의해 사회 경제적 측면이 개척되었으나, 혁명은 어디까지나 도시의 주민들을 중심으로 전개된 것으로 파악되었다. 물론 농민이 배제된 것은 아니었으나 어디까지나 부수적인 것이었다. 이러한 해석에 대해 르페브르는 자발적이고 독자적인 농민 혁명이 도시의 시민 혁명과는 별개로 전개되었다는 견해를 밝혔다. 그는 프랑스 혁명을 귀족 혁명, 시민 혁명, 도시의 대중 혁명, 그리고 농민 혁명의 4막 극으로 보았다. 르페브르는 1874년 노르 현의 릴에서 태어나 집안이 넉넉지 못하여 줄곧 장학금으로 공부했다. 대학 졸업 후 교수자격시험에 합격했으며,「노르 현의 농민 연구」라는 논문으로 혁명사가로서의 지위를 확립했다. 그는 1934년 소르본에서 강의를 맡았고 1937년 사냐의 뒤를 이어 이 대학의 유서 깊은 프랑스 혁명사 강좌의 주임을 맡았다. 그는 1959년 8월 86세로 세상을 떠났다.

11) 명사회는 왕이 국정 현안, 특히 과세 문제에 대한 자문을 얻기 위해 소집하는 임시 자문회의로, 명사회라는 명칭은 1596년에 처음으로 등장했다. 주로 성직자나 귀족들 중에서 왕이 지명한 사람들로 구성되었다는 점에서 선출된 사람들로 구성되는 삼부회와는 성격이 다르다. 명사회는 고위 성직자 14명, 대영주 36명, 고등법원 법관 33명, 지사와 참사회 회원 13명, 지방 삼부회 및 도시 대표 37명 등 귀족 계급의 각계 대표로 구성되었다.

12) 앙시앵 레짐은 가장 부유한 부르주아에서부터 가장 가난한 거지에 이

르기까지 모든 평민을 아무 구별 없이 제3신분에 포함시켰는데, 구체
제 말기에 그 수는 약 2천4백만 명에 이르렀다. 구성 요소의 다양성으
로 보면 제3신분이란 말은 주로 법률적인 것이다.

13) 푀이양파la faction feuillantine: 민주주의에 대해 적대적이었고, 입헌군주
제와 부르주아지의 우위를 지지했다.

14) 지롱드파Girondins: 프랑스 혁명 당시의 온건 공화파. 이들 가운데 많
은 수가 지롱드 현 출신으로, 1791년 10월부터 1792년 9월까지 입법
의회를 장악했다. 지롱드파는 보르도, 낭트, 마르세유 등 부유한 도시
의 돈 많은 상공인, 무역업자, 은행가 등과 밀접한 관계를 맺고 그들
의 이익을 옹호했다. 반면 민중과의 유대는 없었다. 그들은 전쟁의 승
리로 반혁명파를 몰아내고 정정政情의 불안을 해소하는 것이 부르주
아 자유주의를 안정시키는 길이라고 생각하였다. 왕정을 폐지하고 공
화정의 실현을 주장하는 점에서는 산악파와 같았지만 민중 봉기를 두
려워하며 혁명의 격화를 두려워한다는 점에서 결정적으로 달랐다. 그
들은 상-퀼로트가 요구한 공정가격제, 징발 등 여러 규제 조치에 반
대하면서 경제적 자유, 기업 활동의 자유, 이윤추구의 자유 등을 열렬
히 지지했다. 결국 지롱드파는 전쟁을 수행하면서 그 약체가 드러나
고, 악화되는 경제 위기 속에서 반혁명의 움직임이 각지에서 발생하
자 이를 수습하지 못하여 1793년 5월 31일-6월 2일의 민중 봉기로
정권에서 추방되었다. 브리소, 콩도르세, 베르니오, 장소네, 그랑즈네
브, 귀아데 등이 그 주요 인물들이다.

15) 자코뱅파Jacobins: 제3신분의 대표들이 자주 모였던 자코뱅이란 수도원의 이름에서 비롯되었다. 원래는 다양한 사상을 가진 사람들이 자코뱅 수도원에 본거지를 두고 모였던 정치적인 클럽이었는데, 전국에 지부를 두고 혁명 운동을 적극적으로 벌였다. 그러나 혁명이 진행되면서 신념과 정책에 따라 분열이 일어나 입헌군주파였던 푀이양파가 떨어져 나가고 지롱드파가 탈퇴하여 마침내 산악파가 남아 주도권을 장악했다. 따라서 자코뱅파는 넓은 의미에서 자코뱅 클럽에 참가한 시민이나 혁명 지지자들을 가리키지만, 일반적으로는 급진공화파를 가리키는 말이 되었다. 로베스피에르가 자코뱅파를 중심으로 혁명을 주도한 시기가 자코뱅파 혁명 운동의 절정기가 된다.

16) 상-퀼로트Sans-culotte: 상-퀼로트는 상류층이 입었던 몸에 착 달라붙는 짧은 바지인 퀼로트를 입지 않은 사람이라는 뜻인데, 단순화시켜 말하면 '민중'을 뜻한다. 수공업자들과 상점 주인들, 직공과 날품팔이 노동자들이 주류를 이루고, 여기에 소수의 소부르주아들이 결합한 '혁명적 민중 세력'을 가리킨다. 처음엔 특권 계급이 하층민인 과격 혁명분자에게 붙인 경멸적인 호칭이었다. 그러나 혁명이 본격적으로 전개되면서 민중들은 이 호칭을 자랑스럽게 여겼다.

17) 장인 및 소상점주인 프티부르주아지는 전체 부르주아지의 3분의 2를 차지하고 있었다.

18) 1789년의 프랑스 전체 인구는 2천5백만 명으로 추산되었다. 이 가운데 도시 인구는 약 16%였고, 나머지는 거의 농촌 인구로 그 수는 도

시 인구보다 압도적으로 많은 약 2천만 명이었다.

19) 자유 보유지 세금은 귀족의 소유인 봉토를 보유하는 평민이 내야 하는 굴욕적인 세금이었다. 이에 해당하는 평민들은 국왕에게 20년에 한 번씩 1년 치의 수입에 해당하는 금액을 바쳐야 했다.

20) 영주는 자신의 영지에서 상급 및 하급 재판권을 행사했다. 특히 하급 재판권은 부과조의 납부를 강요하는 경제적 무기로서 영주에게 필요 불가결한 착취의 수단이었다.

21) 종속령은 일반적으로 종신從臣에게 주어지는 귀족령과 토지세 납부 농민에게 속하는 서민령으로 나뉘었다. 종속령을 가진 사람은 불완전한 토지 소유자였다. 영주가 종속령에 대해 '특별한 재산권'을 행사하고 있었기 때문이다. 영주는 자기가 양도한 귀족령과 서민령 전체에 대해 징세권을 갖고 있었다.

22) 울타리 치기 칙령, 공유지 3분법 등이 그것이다. 공유지 3분법에 따라 영주는 공유지의 3분의 1을 차지했다.

23) 1798~1874, 프랑스의 역사가. 고등사범학교에서 역사학을 강의했다. 그의 저작으로는 기념비적인 『프랑스의 역사』(전24권)가 있다.

24) 특권 계급의 반란(반항): '귀족 혁명'이라고도 불리는 귀족들의 반란은 성직자와 함께 타도대상이 되었던 귀족이 왕권에 도전해 혁명의

문을 열어놓았다는 점에서 프랑스 혁명이 보여준 하나의 '역설'이라고 할 수 있다. 귀족이 왕권에 대해 공공연하게 반항한 것은 지배 계급 내의 심각한 모순 때문이었다. 귀족은 자신의 특권을 보호하는 것을 넘어 왕과 더불어 권력을 나누어 가질 뿐만 아니라 그것을 확장하려 했다. 귀족은 사법과 행정 분야에서 왕권을 동요시키고 그 토대를 점점 침식해갔다. 고등법원은 원래 사법기관이지만 그들이 갖고 있던 두 가지 기능 때문에 정치 활동을 할 수 있었다. 즉 왕의 칙령은 고등법원에 등록되기 전에는 법으로서의 효력을 발휘할 수 없었다. 그리고 칙령을 등록하기 전에 왕에게 간언할 권리를 갖고 있었다. 왕은 고등법원에 나가 회의를 열고 강제로 칙령을 등록시킬 권리가 있었지만, 18세기엔 고등법원이 그러한 행동을 무효라고 선언할 정도로 권력이 강화돼 있었다. 왕이 끝내 등록을 고집할 경우엔 법원은 문을 닫고 심의를 중지하기까지 했다. 고등법원은 특히 재정 문제에서 왕권과 갈등을 빚었는데, 그들은 납세자의 권리를 옹호하는 체하면서 그들의 특권을 제한하려는 개혁을 좌절시키려 했다.

프랑스 왕정의 위기는 만성적인 재정난으로부터 시작되었다. 루이 16세는 미국의 독립운동을 원조함으로써 재정 상태를 크게 악화시켰다. 재무대신 네케르는 국채를 발행해 억지로 전쟁을 수행했지만 1783년 미국의 독립전쟁이 끝났을 때는 더 이상 세금을 징수해 재정 적자를 메울 수 없었다. 1783년 네케르의 뒤를 이은 칼론도 세금을 더 걷어 적자를 메울 수 없었기 때문에 대규모 공채 발행에 의존하는 정책을 계속할 수밖에 없었다.

1788년의 재정보고에 따르면 수입은 5억 3백만 리브르였는 데 비해 지출은 6억 2천9백만 리브르로, 적자는 지출의 약 20퍼센트에 달하는

1억 2천6백만 리브르였다. 칼론은 3년간 여기에 6억 5천3백만 리브르의 공채를 추가했다. 1789년의 부채는 약 50억 리브르였는데, 이 부채를 갚는 데만 1년에 약 3억 리브르(세입의 약 60퍼센트)가 들었다.

이런 부채를 메우기 위해 세금을 또 올릴 수는 없었다. 임금에 비해 물가가 약 3배나 올랐기 때문에 민중에게 더 이상 큰 희생을 요구할 수 없었다. 유일한 해결책은 만인이 평등하게 세금을 낸다는 원칙에 따라 특권 계급에게도 세금을 물게 하는 것이었다. 칼론의 주요 세제 개혁안은 면세의 특권이나 신분의 차별 없이 모든 토지 재산에 대해 정률로 보조지세를 내게 하는 것이었다. 성직자든 귀족이든 평민이든, 경작지든 아니든 모든 토지에 부과한다는 것이었다. 특권 계급은 타이유세와 기타 세금도 면제 받고 있었으므로 이 개혁안은 미온적인 것이었다. 칼론은 전임자가 고등법원의 반대에 부딪쳐 고배를 마신 것을 잘 알고 있었으므로 특권 계급 출신들로 이루어진 명사회의 승인을 얻어 문제를 해결하려고 했다. 그리고 이를 가지고 고등법원에 압력을 가할 계획이었다. 그러나 명사회는 자신들의 이해관계에 배치되었으므로 이 개혁안을 승인해주지 않았다. 루이 16세는 측근들의 압력을 받아 칼론을 해임했다.

칼론의 후임자인 툴르즈의 대주교 로메니 드 브리엔도 전임자의 계획안을 다시 채택할 수밖에 없었다. 그러나 브리엔도 명사회의 동의를 얻을 수 없었다. 브리엔은 명사회를 해산시켜버렸다. 그러나 그 역시 고등법원과 정면으로 맞서지 않을 수 없었다. 명사회와 마찬가지로 고등법원도 저항했다. 이 개혁안이 그들의 특혜를 침해한다고 보았기 때문이다. 1787년 8월 6일, 왕은 친림법정에서 세제개혁에 대한 칙령을 고등법원에 강제 등록시켰으나 고등법원은 이를 불법이라고 무효화시켰다. 고등법원은 과세에 대한 동의권은 성직자와 귀족과 평민으로 이루어진 삼부회, 즉 국민만이 갖고 있다면서 삼부회의 소집을 요구했다. 세제 개혁이 특권 계급의 대변자인 고등법원의 저항 앞에서 불가능하다는 것이 입증되었다. 브리엔은 귀족의 반항 앞에서 굴복했다. 그는 1787년 8월 삼부회의 소집을 약속하고 1789년 5월 1일을 삼부회의 소집일로 정했다. 고등법원을 비롯한 귀족들은 삼부회가 열려 각 신분이 각각 한 표를 행사하면 귀족과 성직자의 특권 계급이 2표를 갖기 때문에 1표를 가진 제3신분에 대해 승리를 거두게 될 것이라 믿어 의심치 않았다. 좌절한 브리엔은 사임했고 왕은 네케르를 다시 불러들였다.

25) 배가倍加 문제: 삼부회를 앞두고 제3신분에게 가장 중요했던 것은 제3신분 대표자 수를 두 배로 늘리고, 표결할 때 신분별로 투표하는 것이 아니라 머릿수로 하는 것이었다. 신분별로 투표하면 성직자와 귀족계급이 각각 1표씩 갖고 있어 특권 계급의 2표 대 제3신분의 1표의 대결이 될 것이므로 패배할 것이 뻔했기 때문이다. 그래서 제3신분 대표자 수를 배로 늘려 머릿수대로 표결하자는 것이었다. 제3신분은 머릿수 표결이 이루어질 경우 자유주의적인 귀족과 평민 출신의 교구 신부들을 자기 편으로 끌어들일 수 있다고 생각했다. 그들의 이런 판단은 옳았다.

26) 국민의회: 귀족과 성직자 등 특권층이 개혁을 무마시킬 것을 우려한 제3신분의 대표들은 삼부회의 제3신분회의가 곧 국민의회임을 선언했다. 그 후 루이 16세는 제3신분 대표들의 단호한 행동에 굴복하여

성직자와 귀족들에게 국민의회에 합류할 것을 권고했고 1789년 7월 9일 귀족과 성직자들의 두 신분까지 모두 참여한 국민의회가 제헌의회(헌법제정국민의회)임을 선언했다.

27) 테르미도르 쿠데타: 산악파의 혁명정부를 무너뜨린 1794년 테르미도르 9일(열월, 혁명력 11월, 즉 1794년 7월 27일)의 쿠데타. 로베스피에르와 생 쥐스트 등의 산악파 혁명정부는 공안위원회를 중심으로 공포정치를 실시하고, 총력전체제總力戰體制를 펴면서 경제 위기를 수습하고 반혁명 세력을 진압시키며 외세에 맞서 혁명전쟁을 호전시켰다. 이에 대하여 산악파 내부의 반反로베스피에르파는 당통파의 잔당殘黨과 지롱드파, 평원파平原派 등 부르주아 당파와 제휴하여 로베스피에르, 생 쥐스트 등을 국민공회에서 규탄, 단죄斷罪하고 처형했다. 테르미도르 반동의 주동자는 바라스·탈리엥·프레롱 등으로, 쿠데타가 성공하자 공안·보안 양 위원회를 해산하고, 통제경제를 해제하는 한편(1794. 12) 혁명입법들을 폐기했다. 테르미도르파는 자신들의 부르주아 정권을 유지하기 위해 자코뱅파와 구체제(앙시앵 레짐)의 양 세력에 대하여 강력한 억압정책을 폈다.

28) 1795~1799년의 프랑스 혁명정부, 5명의 총재가 행정권을 행사하여 붙여진 이름.

29) 네케르의 해임: 1777년 재무대신에 임명된 후 공채를 발행해 국가의 재정 위기를 해결하려고 했으나, 성과를 거두지 못했다. 1781년 국가의 수입과 지출, 그리고 궁정의 귀족들이 받은 연금의 내역을 폭로하

는 보고서를 발표한 뒤 해임되었다. 1788년 8월 다시 재무대신에 임명되었으나 특권층의 반대를 무릅쓰고 삼부회에서 제3신분 배가가 결정된 뒤 1789년 7월 11일 또다시 해임되었다. 그가 해임되었다는 소식은 민중을 자극하여 바스티유 습격의 한 원인이 되었다.

30) 1792년의 학살: 1792년 9월 2일 아베이 감옥에 수감돼 있던 선서거부파 성직자들이 감옥을 지키던 연맹군에게 살해된 사건. 그 뒤 소상점주, 수공업자, 연맹군, 국민방위병들이 곳곳에서 떼를 지어 감옥에 갇혀 있던 선서거부 성직자들을 살해했는데, 그 전체 수는 1천1백 명에 이르렀다. 전체 수감자의 4분의 3에 해당했다. 투옥돼 있는 혐의자들이 적과 내통해 봉기할지도 모른다는 두려움 때문이었다.

31) 입법의회와 국민공회: 입법의회Assemblée nationale législative는 1791년 10월 1일부터 1792년 9월 5일까지 계속되었던 프랑스의 입법의회이다. '1791년 헌법'에 따라 소집되어 '8월 10일 사건' 이후 국민공회를 위한 의원 선거를 실시하고 해산했다. 정식 명칭은 '입법국민의회'이고 '입법의회'는 약어이다. '입법의회'는 정권의 변화가 있은 후 '국민공회Convention nationale'로 바뀌었다.

　입법의회는 1791년 9월 3일 제헌국민의회가 새로운 헌법을 공표하면서 시작되었다. 이 헌법은 구체제의 폐허 위에 국민주권을 확립했다는 점에서 자유주의적이었고, 유산계급의 지배를 보장했다는 점에서 부르주아적이었다. 제헌의회는 회기를 끝내면서 로베스피에르의 발의에 따라 제헌의원들을 다음에 실시될 입법의회의 의원선거에 나설 수 없게 했다. 1791년 8월 29일~9월 5일 실시된 선거에서 745명의 입법의회 의원들이 선출되었는데, 모두가 초선이었다. 이 가운데 푀이양파에 가입한 우파가 264명, 자코뱅파 및 코르들리에파에 속한 의원이 136명, 기타가 345명이었다. 입법의회가 계속되는 동안 프랑스는 구세력과 부르주아 의회와 민중의 3자가 여러 형태로 대립하고 타협하는 계급관계를 보여주었다. 귀족과 성직자는 왕을 버리는 것은 자신의 묘혈을 파는 것이라는 것을 잘 알고 있었으므로 어떻게든 왕권을 유지하려고 했다. 부르주아는 주권을 왕권과 나누어 갖고자 했으나 뜻대로 되지는 않았다. 시민들과 농민들이 혁명에 개입하여 실력 행사를 했기 때문이다. 의회는 입헌군주제를 옹호하려 했고, 민중은 공화정을 지향하고 있었다.

2년 임기의 입법의회는 법률 제안과 통과 권한 그리고 선전포고와 조약체결에 대한 동의권을 가졌다. 왕은 법률제안에 대한 거부권을 가지고 있었으나 이 또한 법안이 입법의회를 3차례 통과하면 효력을 상실했다. 하지만 입법의회의 선거는 아직 제한적이었고 부르주아 계급의 이익을 반영하고 있었다. 3일간의 임금에 해당하는 직접세를 납부하는 시민들만이 일정액 이상의 재산을 보유하고 있는 선거인단을 선출하고, 이 선거인단이 다시 입법의회 의원들을 뽑는 구조였다. 1792년 9월 급진적인 자코뱅당이 힘을 얻는 가운데 입법의회 뒤를 이어 국민공회가 새로 구성되었으며 왕정 폐지와 공화정 수립을 선언하였다.

국민공회는 1792년 9월 20일부터 1795년 10월 26일까지 프랑스 혁명 기간 동안 존속했던 프랑스의 입법 기관이다. 1792년 8월 10일 파리 시민의 봉기로 왕권이 무너진 후 새로 구성되었다. 의원은 보통선거에 의하여 선출되었으며, 개회와 함께 왕권을 폐지하고 공화정을 선언하였다. 이것이 프랑스의 제1공화정이다. 1792년 9월 22일을 공화국의 기원으로 하는 혁명력革命曆을 쓰기로 결정하고, '유일불가분唯一不可分의 공화국'을 선언하였다.

의원 총수 750명 중 상공업 부르주아가 중심이 된 지롱드파가 약 160명, 파리의 자코뱅파 의원을 중심으로 한 산악파山嶽派가 약 200명, 평원파平原派와 소택파라고 하는 중간파가 약 390명이었다. 제1공화정 선언 직후부터 우익 지롱드파와 좌익 산악파의 대립이 격화되었으며, 각각 국민공회의 주도권을 장악한 시기에 따라 지롱드파 국민공회, 산악파 국민공회, 테르미도르파 국민공회로 구분된다. 테르미도르 쿠데타 후엔 총재정부가 뒤를 이었다.

32) 구희장Jeu de paume의 선서: 1789년 6월 19일 각의閣議는 삼부회에서 '평민부(즉 제3신분)'에 합류하려는 성직자 대표들을 막기 위해서 수리한다는 핑계를 대고 므뉘의 삼부회의 회의장을 폐쇄해버렸다. 제3신분 대표들은 이를 발견하고 회의장에서 멀지 않은 실내 구희장球戲場(실내에서 하는 공놀이의 일종으로, 흔히 테니스의 전신으로 간주되나, 라켓을 사용하지 않아 엄밀한 의미에서 오늘날의 테니스와는 다르다)으로 옮겨갔다. 그리고 그곳에서 "우리는 헌법이 제정되어 확고한 토대 위에 자리를 잡을 때까지 해산하지 않고 어떤 장소에서도 회합을 가질 것"이라고 선서했다. 그들은 단호한 개혁의지를 담은 '구희장의 선서'에 서명했다.

33) 봉건적 부과조 되사기: 영주의 농지를 경작하는 사람이 봉건적 부과조에서 벗어나려면 그 부과조에 해당되는 토지를 되사는 수밖에 없었는데, 농민들은 이 땅을 되살 돈이 없었다. 이처럼 토지로부터 해방되

기에는 농민들이 너무나 가난했다.

34) 인간과 시민의 권리 선언(인권선언): 1789년 8월 12일부터 2주일에 걸쳐 '인간과 시민의 권리 선언'에 대한 토론을 거듭하여 8월 26일 확정지었다. 처음 제출된 초안은 모두 24개조로 되어 있었으나 마지막엔 17개조로 축소되어 발표되었다. "인간은 태어나면서부터 자유롭고 또한 모든 권리에서도 평등하다." 너무나 유명한 이 말은 인권선언 제1조의 첫머리에 있는 것으로 프랑스 혁명의 기본 정신을 요약해 보여주고 있다. 인권선언의 나머지 조항은 이 구절을 확대한 것이라 볼 수 있다.

35) 혁명력 1년의 헌법: 프랑스 의회는 1793년 6월 24일 역사적으로 높이 평가되는 '1793년 헌법'을 새로 통과시켰다. 이 헌법은 장 자크 루소의 민주주의 사상을 기초로 하고 있다. 1791년의 헌법이 국민주권에 바탕을 두고 있는 데 비해, 이 헌법은 인민주권에 바탕을 두고 있는 것으로 평가된다. 인민주권이 최고의 위치에 있고 거기에 종속하여 입법기관이 있으며, 입법기관에 종속되어 집행기관이 있도록 한 것이다. 의원이나 의회의 독립성은 인정되지 않고, 선거인 집회의 발의나 결정에 구속되게 함으로써 인민의 '일반의지'는 의원에 의해 대표될 수 있는 것이 아니라는 루소의 이론을 따르고 있다. 의원은 보통·직접선거에 의해 선출되며, 재산에 따른 제한선거는 인정되지 않았다. 의회는 매 1년마다 절대다수 득표제에 의해 선출되고, 24인으로 구성되는 행정내각은 보통선거에 의해 각 현에서 1명씩 지명한 총 83명의 후보 가운데 입법의회가 선출하게 함으로써 행정내각이 국민의

대표제에 종속되게 했다. 헌법 전문에서 노동할 권리, 부조를 받을 권리, 교육을 받을 권리 등을 명시하고 압제에 맞설 수 있는 저항권까지 인정하여 19세기 전반기의 공화주의자들에게 '민주주의의 복음서'로 받아들여졌다. 이 헌법은 인민의 비준을 받아 1793년 8월 10일 공표되었다. 하지만 이 헌법의 시행은 평화로운 시대가 올 때까지 시행이 연기되었다. 비록 아름답고 완벽에 가까운 헌법이라 할지라도 1793년의 위태로운 현실에서는 실현이 불가능하다고 보았기 때문이다. 이 헌법의 원본은 '언약의 궤에 넣어져 국민공회의 의사당에 보관되었다(56쪽).

36) 아시냐assignat: 사실상의 국채로 프랑스 혁명 당시 불환지폐의 역할을 했다. '충당한다는' 뜻의 동사 assigner에서 나온 말로, 국유재산에 의해 충당되어야 제구실을 할 수 있다는 뜻을 담고 있는 것으로 보인다.

37) 성직자 민사기본법Constitution civile du clergé: 행정구역을 교회 조직의 기본 틀로 만들어 현縣이 하나의 교구教區가 되었다. 주교와 주임신부는 다른 관리들과 마찬가지로 선거에 의해 선출되었다. 특권단체 역할을 했던 교회참사회는 폐지되고 주교참사회가 교구 행정을 맡았다. 프랑스 교회와 교황의 관계는 악화되어 교황의 교서가 프랑스 정부의 검열을 받는 등 교회는 프랑스의 국민적 교회가 되어갔다. 프랑스의 제헌의회는 1790년 11월 27일 모든 성직자들에게 헌법과 성직자 민사기본법에 충성을 서약하라고 요구했다. 주교들은 7명만이 서명했다. 선서의 여부에 따라 선서파와 선서거부파로 나뉘었는데, 선서거부파는 그 뒤 반혁명 진영에 가담한 사람들이 많았다.

38) 교황에게 바치던 일종의 소득세, 특히 취임 첫해의 수입은 전부 교황에게 바쳤다.

39) 가톨릭교회에서는 축성祝聖 행사를 하는 일이 많은데, 당시엔 성직자 민사기본법에 누가 축성을 해주느냐가 곤란한 문제로 등장했다. 반혁명적인 주교들의 책동을 염려한 제헌의회는 이 일을 가톨릭교회의 교의회教議會에 맡기지 않고 대신 교황에게 맡기기로 했다.

40) 바렌 도주La fuite à Varennes: 1791년 6월 20~22일 국왕 루이 16세 일가가 파리에서 도주했다가 체포된 사건이다. 바렌은 체포된 장소의 지명으로, 베르 근처 생트므누 동북쪽의 에르 강 가까이에 있다. 국왕 일가의 바렌 도주 사건이라고도 한다. 이 도주 사건은 왕비 마리 앙투아네트의 스웨덴 태생 애인인 페르젠 백작이 오랜 동안 준비한 것이었다. 왕은 도주 후 네덜란드에 주둔하고 있는 오스트리아군과 함께 파리로 돌아와 의회를 해산하고 자신의 절대권력을 다시 확립할 작정이었다. 1791년 6월 20일, 한밤중에 루이 16세는 궁정 하인으로 변장하고 가족과 함께 궁을 떠났다. 루이 16세의 대형 4륜마차는 특별히 설계된 것이었다. 6월 21일, 국왕이 한밤중에 바렌에 도착했을 때 그는 예정된 교대용 역마차를 발견할 수 없었고, 그래서 그곳에 멈출 수밖에 없었다. 루이 16세는 그곳에서 변장을 풀었고 그로 인해 드루에라는 그곳 역장의 아들에게 발각되고 말았다. 드루에는 그것을 알고는 앞질러 에르 강의 다리 위에 바리케이드를 쳤다. 국왕은 그 때문에 더 이상 전진할 수 없었다. 농민들이 떼지어 몰려들고, 달려온 경기병들마저 민중 편에 가담해버렸다. 국왕은 달려온 국민방위대에 둘러싸

인 채 파리로 돌아왔다.

이 사건은 당시 사람들에게 큰 충격을 주었다. 결과적으로 프랑스의 국왕의 권위는 실추되었고, 공화파가 전면에 등장하고 입헌군주제의 가능성이 없어졌다. 루이 16세가 반反혁명 쪽에 가담해 있다는 인식이 퍼져 그가 단두대에서 처형되는 원인이 되기도 했다.

41) 루이 16세와 궁정은 외국의 개입으로 자신들이 구원될 수 있다고 믿고 있었다. 전쟁에서 패배하면 절대권력을 다시 확립할 수 있다는 기대를 갖고 전쟁을 부추겼다. 전쟁은 브리소파도 바라고 있었다. 전쟁을 통해 루이 16세와 반역자들의 정체를 폭로할 생각이었다. 그러나 로베스피에르는 전쟁에 반대했다.

42) 지롱드파는 구희장의 선서 3주년과 바렌 도주 사건 1주년을 기념하기 위한 시위를 조직했다. 왕권을 강화시키는 쪽으로 헌법을 개정하고 적과 타협하여 전쟁을 끝내려는 정책에 맞서 왕에게 압력을 가하기 위해서였다. 포브르의 민중은 군대의 전투 의욕 상실과 법령재가의 거부 등에 항의하는 시위 행진을 궁 앞에서 벌였다. 그러나 이런 시도는 실패했다.

43) 8월 10일의 혁명: 적과 협정을 체결하려는 왕권에 맞서 프랑스의 민중은 분노했다. 그리고 혁명 운동의 중심은 자코뱅 클럽과 민중으로, 각지에서 모여든 연맹병으로 옮겨갔다. 로베스피에르는 연맹제에 참가한 사람들에게 의회에 청원문을 보내 완전한 인민주권을 요구하라고 호소했다. 국민을 능동적 시민과 수동적 시민으로 나누는 선거제

도를 바꾸자는 것이었다. 연맹제 참가자들은 의회에 청원서를 잇따라 제출하여 처음엔 1792년 7월 17일까지, 다음엔 7월 23일까지 국왕을 폐위시키라고 요구했다. 한편 로베스피에르는 의회를 해산하고 헌법을 개정하기 위한 국민공회를 만들어야 한다고 주장했다. 보통선거에 의해 구성되는 새로운 헌법제정 의회를 만들 필요가 있다고 역설했다. 8월 3일엔 파리의 48개 구 가운데 47개 구가 국왕의 폐위를 요구하는 청원서를 의회에 보냈다. 그러나 의회는 왕권에 대한 결정적 행동을 망설였으며, 군사독재를 계획한 라파예트에 대한 책임 추궁도 거부한 채 폐회했다. 민중은 궐기했다. 그들은 연맹군과 함께 튈르리 궁으로 행진했다. 궁을 지키던 수비대 소속 국민방위병들은 이탈해 있었고 스위스 용병만이 지키고 있었다. 연맹군은 수비군의 발포로 한 때 격퇴당했으나 다수의 민중과 함께 다시 공세를 취했다. 왕은 가족과 함께 의회의 보호를 받기 위해 궁을 빠져나왔으나 민중을 피해 갈 수 없었다. 의회는 봉기군의 승리가 확실해지자 왕의 폐위가 아니라 권한을 정지시켰다. 봉기한 민중과 연맹병은 루이 16세와 가족들을 탕플 성당 건물에 가두고 엄중하게 감시했다. 왕권은 몰락했다. 그리고 산악파가 이끄는 수동적 시민들, 즉 장인들과 소상점주 등의 민중이 정치의 전면에 등장했다. 8월 10일의 혁명은 전쟁을 통해 혁명을 압살하려던 왕권이 거꾸로 압살당한 역사의 아이러니였다. 그리하여 법률혁명보다는 사회혁명이, 부르주아적 개혁보다는 민중적 개혁이 시작되었다. 이 혁명은 봉건제를 일소시켰다. 8월 10일 혁명 후 발표된 법령은 모든 영주의 권리는 무상無償으로 금지된다고 선언했다. 보통선거제를 채택하고 수동적 시민도 무장할 수 있게 됨에 따라 민중은 국민 속으로 통합되었다.

44) 방데 지방의 반란: 오랜 가난에서 벗어나지 못한 농민들의 불만이 군
징집령을 계기로 터져 나왔다. 그들은 결원이 생겼을 때 추첨으로 징
집하는 제도인 충원제가 구체제의 제도라면서 반발했다. 귀족들과 선
서 거부 성직자들은 자신들의 목적을 이루기 위해 이 반란을 이용했
다. 한때 반란군은 브르쉬르, 숄레, 파르트네 등 꽤 넓은 지역을 점령
하여 혁명의 위기를 절정으로까지 끌고 갔으나 낭트에서 패배했다.
국민공회는 무장한 반도들을 사형에 처하고 재산을 몰수했다. 이 반
란은 지롱드파의 몰락을 촉진하는 결과를 가져왔다.

45) 파리의 각 구와 파리 콤뮌의 청원자들이 국민공회의 주변을 에워싸고
지롱드파의 지도자들을 제명하고 체포할 것, 12인 위원회를 해산시
킬 것, 혁명군을 조직할 것 등을 요구했다. 국민공회는 지롱드파 의원
29명의 체포를 인준했고, 지롱드파는 몰락했다.

46) 공안위원회: 활동이 부진했던 국방위원회(1793년 1월 1일 만들어짐)의
역할을 대신하기 위해 1793년 4월 5~6일 설치되었다. 국민공회의 의
원들 가운데 선출된 9명의 위원으로 구성되었으며, 비밀토의 방식을
취했다. 임시 행정내각에 위임된 행정을 감독하고 촉진시키는 임무를
맡았다. 비상시에는 국가 방위의 조치를 취할 수 있는 권한도 갖는 등
막강한 권력을 갖고 있었는데, 행정내각은 이 조치를 즉시 수행해야
만 했다.

47) 혁명력 또는 공화력le calindrier républicaine이라고도 하며, 프랑스 대혁
명 기간 동안에 새로 제정되어 1792년부터 1806년 사이에 사용된 달

력을 가리킨다. 파리 콤뮌 기간에도 잠깐 사용되었다. 이전에 사용되던 그레고리안 달력과 달리 왕정이나 기독교와 무관한 보편적 체계를 추구한다는 취지에서 제정된 혁명력은 공화국 선포일인 1792년 9월 22일을 방데미에르 1일로 삼아 한 달을 30일로 하며, 나머지 5일은 제일 마지막 달에 붙이는 방식을 채택했다.

48) 생활비의 앙등과 임금가치의 하락으로 민중은 극심한 생활고를 겪었으며, 이로 인한 분노의 폭발이 국민공회와 공안위원회에 가장 큰 압력으로 작용했다. 1793년 9월 4~5일 수많은 노동자들이 광장에 모여 빵을 달라고 외치면서 국민공회를 향해 행진했다. 그들은 매점하는 자들과 유산자들의 이기주의를 규탄하면서 혐의자들을 체포하고 혁명위원회에서 불순한 자들을 축출하라고 요구했다. 최고가격제의 전반적인 실시는 이런 압력에 의해 얻어진 것이었다. 민중의 압박으로 국민공회와 공안위원회는 공포정치와 통제경제의 길을 걷지 않을 수 없었다. 공안위원회는 국민공회를 붙잡아두는 데 민중의 압력을 이용하고 민중의 압력을 완화하는 데 국민공회를 이용하면서 권한을 강화해나갔다.

49) 공안위원회는 정책을 효율적으로 집행하기 위해 민중의 무질서한 행동을 더 이상 용납하지 않았다. 과격파는 과격한 선동에서 앞장서려고 서로 다투어 경쟁을 벌였는데, 그들 내부의 이런 분열은 이들을 숙청하려는 공안위원회에 좋은 빌미를 제공했다.

50) 공안위원회는 평화가 찾아올 때까지 프랑스 정부는 '혁명적'이어야

하며, 1793년에 채택된 새 헌법은 시행이 보류되어야 한다고 믿었다. 국내의 반혁명적인 반란을 분쇄하고 국경에서 승리를 확보하기 전에 헌법을 시행하는 것은 혁명을 또다시 위태롭게 할 것이라고 보았기 때문이다.

51) 입헌파의 성직자들 대부분은 군주주의와 지롱드파를 지지하고 있었기 때문에 민중의 분노를 사 비기독교화 운동이 일어났다. 콤뮌은 교회 밖에서의 모든 종교의식을 금지했고, 국민공회는 가톨릭의 예배를 포기할 권리를 지닌다고 선언했다. 반혁명 세력에 의해 처형된 '자유의 순교자들'이 혁명의 수호신이 되어 그들의 초상이 점차 가톨릭의 성인상을 대신하게 되었고, 교회는 신에 대한 예배의 신전이 아니라 '이성의 신전'으로 축성되었다. 그러나 로베스피에르는 이런 비기독교화 운동이 프랑스에 대해 중립을 지켰던 나라들을 멀어지게 하고 더 많은 적을 만들어낼 위험이 있는 실책으로 보고 이에 반대했으며, 예배의 자유를 옹호했다. 그리고 공안위원회는 민중의 비기독교화 운동에 제동을 걸었다.

52) 관용파indulgents: 혁명적 독재와 공포정치의 완화를 요구하고 경제 통제에도 반대하였던 프랑스 혁명기 자코뱅의 우파로서 조르주 당통Georges Danton이 이끌었다. 1793년 12월 카미유 데뮬랭Cammille Desmoulins이 《르 비외 코르들리에Le Vieux Cordelier》지紙를 발행하고 당통이 창설하려고 했던 '관용위원회'의 설치 계획을 추진하면서 형성되었다. 지도자인 당통과 더불어 로베스피에르파의 공포정치에 반대하고 관용을 주장했다.

한편 산악파 내부의 과격파는 전쟁을 계속하기 위해 민중의 적극적 참여를 유도하고, 민중의 궁핍을 덜어주는 과감한 사회정책을 펴기 위해 통제경제와 최고가격제를 추진했는데, 부르주아적 입장이었던 당통은 이를 유명무실하게 만들었다. 그리하여 관용파와 자크 에베르가 영도하는 과격파 사이의 싸움을 피할 수 없었다.

지도자인 당통이 동인도회사 청산위원회 독직 사건의 공범자이자 반혁명의 초점으로 규탄받으면서 처형이 임박해오자 로베스피에르파에 대한 역습을 기도하다가 그들의 일부가 1794년 3월 30일 공안위원회에 체포되었고, 1794년 4월 5일 당통, 들라크루아Delacroix, 카미유 데물랭 등 14명이 체포되어 단두대에서 처형되었다.

53) 파리 콤뮌의 민중 봉기를 가리킨다. 국민공회가 로베스피에르의 체포령을 통과시키자 파리 콤뮌은 민중 봉기를 시도했지만 실패했다. 48개의 구 가운데 6개 구만이 파리 콤뮌에, 즉 그레브 광장에 국민방위대의 분견대를 파견했을 뿐이었다. 혁명정부의 구민지도자들에 대한 탄압의 결과를 여실히 보여준 것이었다.

54) 1794년 7월 27일(열월 9일) 국민공회 본회의에서 생 쥐스트와 로베스피에르는 음모자들의 악착같은 의사방해 공작 때문에 침묵을 강요당했다. 큰 소란 속에서 이름도 잘 알려지지 않은 국민공회 의원 루셰의 제안에 따라 로베스피에르에 대한 체포령이 제안되고 통과되었다. 로베스피에르는 "공화국은 망했다. 악당들이 승리를 거두었다"고 소리쳤다. 다음 날(7월 28일) 저녁 로베스피에르, 생 쥐스트, 쿠통은 그들을 지지하던 19명과 함께 재판도 없이 단두대에서 처형당했다. 그다음

날엔 71명이 처형됐는데, 이는 혁명이 터진 이래 가장 많은 사람을 집단적으로 죽인 것이다.

55) 혁명정부는 서로 모순되는 잡다한 세력으로 구성되어 있었던 만큼 동질적인 계급의식을 갖지 못했다. 자코뱅 클럽도 하나의 계급으로 이루어진 것이 아니었기 때문에 계급정당이라 할 수 없었다. 전쟁은 불가피하게 독재를 필요로 했지만, 독재는 본질적으로 민주주의와 상반되는 것이었다. 민주주의의 내용도 산악파가 추구하는 민주주의와 상-퀼로트가 추구하는 민주주의가 달랐다. 로베스피에르와 생 쥐스트는 이러한 모순 가운데 놓여 있었다. 그들은 상-퀼로트와 일치하여 결합하기에는 부르주아 계급의 이익을 의식하지 않을 수 없었고, 전적으로 부르주아지 편에 서기에는 상-퀼로트들의 요구를 무시할 수 없었다.

56) 반동이 진전되고 기근 사태가 만연되자 일련의 민중운동이 다시 일어났다. 여인들의 무리와 여러 구의 국민방위대원들이 국민공회 의사당에 진입하려고 시도하는 등 민중의 저항이 강력하게 전개되었으나 테르미도르 세력에 의해 격퇴당하는 등 실패로 끝나고 말았다. 봉기에 가담한 사람들 다수가 처형되어 '목월의 순교자'가 되었다.

57) 혁명력 8년 브뤼메르(안개의 달) 18일, 즉 1799년 11월 9일에 일어난 쿠데타. 이로 인해 나폴레옹 전제정치의 서막이 열렸으며, 프랑스 혁명은 종말을 맞았다.

58) 혁명력 2년의 체제는 여러 법령이나 국민구호법 등과 같은 것들이 보여주듯이 민중적인 성격을 지니고 있었다. 정치적으로는 민중이 국사에 대한 감독권을 갖고 있었다. 부르주아지의 부의 특권과 정치적 독점은 큰 타격을 받았다.

59) 평등주의자들의 음모: 프랑스 혁명 당시 공산주의를 실현시키고자 했던 최초의 시도를 말한다. 바뵈프는 민중의 비참한 빈곤과 정부의 무능을 보고는 폭력으로 사회를 전복시키고 공산주의 사회를 만들어야 하겠다는 생각을 갖게 되었다. 총재정부가 체포령을 내리자 그는 숨을 수밖에 없었다. 1796년 3월 30일 바뵈프와 함께 부오나로티 Buonarroti, 앙토넬, 다르테 등 공산주의 사상을 가진 인사들이 반란위원회를 조직했다. 조직의 중앙에는 지휘부가 있었다. 그들은 사회를 바꾸고 새로운 제도를 실현시키기까지의 필요한 기간에는 소수에 의한 혁명적 독재가 불가피하다는 생각을 갖고 있었다. 이러한 생각은 부오나로티를 통해 블랑키에게 전해졌고, 그것이 다시 레닌의 프롤레타리아 독재 이론으로 계승되었다고 한다. 첩자의 고발로 바뵈프는 1796년 5월 10일 체포된 후 다르테와 함께 단두대에서 처형되었다. 부오나로티는 1828년 브뤼셀에서 '바뵈프의 평등의 음모'에 관한 책을 출판하여 공산주의 혁명사상에 큰 영향을 끼쳤다.

60) 혁명력 3년의 헌법에 따른 총재정부의 권력 조직은 엄격한 삼권분립의 원칙에 따라 이루어졌다. 입법권은 양원兩院에 속해 있었다. '상원' 上院에 해당하는 '원로원le Conseil des Anciens'은 40세 이상의 250명으로 구성되었으며, 하원에 해당하는 '5백인회의le Conseil des Cinq-Cents'

는 만 30세 이상의 500명으로 구성되었다. 양원은 각각 매년 3분의 1
이 개선되었다. 입법발의권을 가진 5백인회의가 '결의안'을 채택하면
원로원을 그것을 검토한 후 법령으로 만들었다. 행정은 5명의 총재로
이루어진 '총재정부'가 맡았다. 총재는 5백인회의가 작성한 선출 예
정 인원의 10배에 달하는 후보자 명단 가운데서 원로원이 선출했고,
매년 정원의 5분의 1이 개선되었다. 총재정부는 행정을 담당했던 여
러 위원회들을 해산하고 그 대신 6명의 장관을 임명했다.

61) 1799년 브뤼메르 18일의 쿠데타를 말한다. 보나파르트 부대의 위협
속에서 일어난 이 쿠데타로 나폴레옹 보나파르트의 전제정치가 시작
되었으며, 이로 인해 프랑스 대혁명은 종말을 맞이했다.

62) 총재정부하에서는 크게 3차례의 쿠데타가 있었다. (1) 나폴레옹 부대
의 지원 아래 총재정부와 의회에서 왕당파를 몰아낸 프뤽티도르 18
일의 쿠데타(1797년 9월 4일), (2) 1798년 4월의 선거에서 새로 당선된
자코뱅파 의원 106명을 몰아내기 위해 일으킨 플로레알 22일의 쿠데
타(1798년 5월 11일), (3) 자코뱅의 음모로부터 양원兩院을 보호한다는
구실 아래 군대를 동원, 쿠데타를 일으켜 총재정부를 폐지시키고 나
폴레옹 보나파르트의 전제정치 시대를 연 브뤼메르 18일의 쿠데타
(1799년 11월 9일)가 그것이다.

63) 1797년 봄 선거에서 자코뱅파가 거둔 승리에 불안감을 느낀 온건 노
선의 총재정부가 일으킨 쿠데타로, 이들은 선거에서 당선된 신참들의
입성에 앞서 당선 유효자들, 곧 그들의 구미에 맞는 자들을 선정했다.

64) 나폴레옹 전쟁 중인 1797년 프랑스와 오스트리아가 맺은 평화조약. 이탈리아의 상당 부분을 정복한 나폴레옹 군대가 빈으로 진격하자 오스트리아는 화해를 요청. 이 조약으로 프랑스는 오스트리아령 네덜란드(현재 벨기에)를 얻었고, 베네치아를 제외한 이탈리아의 다른 곳에 대한 오스트리아의 불간섭권을 따냈다.

프랑스 대혁명의 인물 해설

네케르, 자크 Necker, Jacques, 1732~1804

프랑스의 재정가, 정치가. 튀르고Turgot가 실각한 후 재무대신이 되었으나 프로테스탄트라는 이유로(실제로는 매사에 경비를 너무 줄이려 한 것이 주원인) 루이 16세에 의해 파면되었다.

당통, 조르주 자크 Danton, Georges Jacques, 1759~1794

농민이었던 아버지를 두 살 때 잃고, 어머니는 재혼했다. 파리로 나와 법률사무소에서 수습으로 일하다가 변호사가 된 뒤 1787~1791년 국왕참사회에서 변호사로 일했다. 백과전서파의 영향을 많이 받았다. 용모가 좀 괴이하여 잘 생기지 못했지만 정력적인 인물로 알려져 있다. 혁명이 일어나자 마라, 에베르 등과 함께 코르들리에 클럽을 만들었으며, 자코뱅 클럽에도 참여했다. 열정적인 웅변으로 청중을 사로잡았다. 정적들조차 그를 '민중의 미라보'라고 부를 정도로 대중적 인기가 높았으며, 특히 국왕의 바렌 도주 사건 이후엔 루이16세의 폐위를 주장하여 인기가 절정에 달했다. 그러나 샹 드 마르스 발포 사건 이후 민중과의 관계가 미묘해져 잠시 영국에 피신해 있다가 귀국한 후 파리 콤뮌의 검찰관대리로 선출되었다. 루이 16세의 권한 정지와 왕정 폐지를 가져온 1792년의 8월

10일 민중 봉기 후 법무장관에 취임했다. 그러나 1792년 파리의 민중이 감옥에 수감된 반혁명 혐의자들을 재판 없이 사형에 처한 '9월 학살'에 관대한 처분을 내려 지롱드파의 공격을 받았다. 처음 국민공회에서는 산악파에 가담했으나 공화주의자들의 연합을 주장하면서 점차 온건한 지롱드파에 가까워졌다. 특히 롤랑 부인과 밀접한 관계를 맺었다. 의회에서 그의 낭비벽에 대한 논란이 일면서 그의 수뢰收賂가 주요 공격 대상이 되었는데, 이는 마티에 등 사학자들에 의해 사실로 입증되었다. 산악파 내에서는 우파인 관용파에 속해 좌파인 에베르와 대립했다. 혁명적 독재와 공포정치의 완화를 요구하고 통제경제에도 반대하여 로베스피에르와의 관계가 극도로 악화되었다. 젊은 애인과 함께 파리를 떠나 있는 동안 로베스피에르는 그의 축출을 준비했다. 이런 가운데 동인도회사와의 오직汚職 추문이 폭로되어 1794년 5월 4일 카미유 데물랭 등 13명과 함께 반혁명분자로 단두대에서 처형되었다. 형장으로 끌려가는 수레 위에서 그는 "로베스피에르여, 그대도 내 뒤를 따를 것이다"라고 외쳤다.

데물랭, 카미유 Desmoulins, Camille, 1760~1794

로베스피에르와 루이 드 그랑 학원 동창생으로, 바스티유 공격 당시 민중 선동 연설로 유명해졌다. 프랑스 혁명 당시 강력한 영향력을 가진 언론인이었고 국민공회 의원이었다. 제헌의회의 개혁안을 지지하고 공화주의를 지지했으며, 1791년 6월 루이 16세의 바렌 도주 사건이 실패한 후 국왕을 폐위하고 공화국을 수립하려는 운동을 강력히 추진했다. 자코뱅 클럽과 코르들리에 클럽에서 당통과 긴밀하게 협력했으며, 당통이 법무부 장관에 취임하자 그 아래서 사무국장으로 일했다. 국민공회에서는 산악파에 속해 지롱드파 숙청에 앞장섰으며, 당통과 더불어 산악파 내의 우파인 관용파의 지도자가 되었다. 그는 자신의 신문《르 비외 코르들리에》를 통해 극좌 에베르파의 비기독교화 운동을 비판했다. 그러나 공안위원회의 통제경제정책 및 공포정치를 또한 비난하여 로베스피에르와 대립하게 되었고, 1794년 3월 29~30일 밤 당통 일파와 함께 체포, 처형되었다.

두에, 메를랭 드 De Douai, Merlin, 1754~1838

변호사 출신으로 제헌의회와 국민공회 의원을 지냈다. 제헌의회에서는 봉건제 폐지에 기여했다. 그러나 테르미도르 쿠데타 이후엔 자코뱅 클럽을 폐쇄하고 파리 콤뮌을 무력화시키는 데 앞장섰다. 총재정부 아래서 법무장관과 경찰장관을 지냈으며, 나폴레옹 치하에서도 관직을 맡았다.

뒤포르, 아드리앵 Duport, Adrien, 1759~1798

파리 고등법원 판정관의 아들로 치안판사를 거쳐 파리 고등법원의 명망 있는 판사를 역임했다. 파리 시내에 성과 같은 집과 여러 채의 가옥을 지닌 귀족으로 삼부회에 귀족 대표로 선출되었으며, 스스로 국민의회임을 선포한 제3신분에 귀족 대표들과 함께 가담하여 인기를 끌었다. 국민의회에서는 사법제도 개혁에 중요한 역할을 담당했으며, 바르나브, 알렉상드르 드 라메트와 함께 '삼두파'를 구성했다. 이 삼두파는 라파예트의 영향력이 약화된 1790년 말경부터 그들이 자문역을 맡게 될 군주제를 지지하는 쪽으로 선회했다. 국왕의 바렌 도주 사건 이후 민주제의 진전과 민중 봉기에 놀라, 더 이상의 민주개혁은 군주제와 사유재산 제도를 위협할 것이라 보고 라파예트의 화해정책을 답습해 혁명의 진행을 저지하려고 했다. 1792년 8월 10일의 봉기로 왕정이 무너지자 당통의 도움으로 영국으로 망명했다. 테르미도르 이후 프랑스로 돌아왔으나 나폴레옹이 정권을 장악한 프뤽티도르 18일의 쿠데타(1797. 9. 4)가 일어나자 스위스로 또다시 도주했다.

라메트, 알렉상드르 Lameth, Alexandre, 1760~1829

용모 단정한 궁정 귀족. 형제인 샤를 및 테오도르와 함께 미국의 독립전쟁에 참가, 식민지 편에 서서 싸웠다. 자유의 정신과 함께 야심도 갖고 돌아왔다. 귀국 후 기병대 대령이 되었다. 삼부회에 귀족 대표로 선출되었다. 국민의회에서는 '인권선언' 초안을 만드는 데 참여했으며, 봉건제를 폐지하고 절대왕권을 제한하는 조치들을 지지했다. 바르나브, 뒤포르와 함께 삼두파의 한 사람이 되었다. 그러나 민중의 투쟁이 격화되는 것을 보고 두려움을 느꼈으며, 국왕의 바렌 도주 후엔 왕실 쪽으로 돌아서 1791년부터 비밀리에 왕실의 자문역을 맡았다. 이들은 그 후 자코뱅 클럽을 탈퇴하고 푀이양 클럽을 만들어 의회 내에서 자코뱅에 맞섰으나 뜻을 이루지 못했다. 1792년 오스트리아와 전쟁이 벌어지자 북부군의 장교로 참전했지만 1792년 8월 10일 왕정이 무너지자 오스트리아에 투항했다. 약 3년 동안 오스트리아에 억류되어 있었으나 나폴레옹이 집권하자 귀국하여 그의 충실한 부하가 되었다. 왕정복고 후에는 의원이 되었다.

라파예트, 마리 - 조제프 La fayette, Marie-Joseph, 1757~1834

명문 대검 귀족 출신(후작)으로 장군이며, 정치가였다. 1774년 미국의 독립전쟁에 참가하여 독립군 편에 서서 싸워 신세계의 영웅으로 불리었다. 귀국 후엔 명사회에서 자유주의적 귀족 대표로 활약했고, 1789년 삼부회에는 귀족 대표로 참여했다. 삼부회를 국민의회로 전환시키는 과정에서는 제3신분의 여러 조치들을 지지했다. 1789년 7월 14일 바스티유 공격 사건 직후 새로 조직된 국민방위대 사령관으로 선출되었다. 1789년 10월 6일 성난 민중이 베르사유 궁을 습격했을 때는 루이 16세와 왕비 마리 앙투아네트를 구하고 왕과 가족들을 파리까지 호위했다. 1790년 파리의 연맹제 때는 국민방위대 사령관으로 인기가 절정에 달했지만, 1790년 8월의 '낭시' 사건에서는 병사들에 대한 탄압을 지지하여 인기가 퇴조하기 시작했다. 1791년 7월 17일 민중이 샹 드 마르스에 모여 왕의 폐위를 요구했을 때는 국민방위대에 발포를 명령하여 50여 명의 사상자를 냄으로써 민중의 증오의 대상이 되었다. 이 사건으로 그의 인기는 추락하여 그해 8월 국민방위대 사령관에서 물러났다. 그는 혁명이 급진화되어 재산권을 침해하고 공화정이 등장하는 것을 두려워했다. 1792년 4월 오스트리아와 전쟁이 시작된 뒤 급진적인 혁명 세력을 탄압하고 왕권을 회복하려고 했으나 1792년 8월 10일 민중 봉기로 왕정이 무너지자 오스트리아로 투항했다. 그러나 그의 기대와는 반대로 5년 동안 포로가 되어 감옥을 전전했다. 나폴레옹이 정권을 잡자 1799년 귀국, 나폴레옹의 지배에 반대하는 운동을 벌이다가 라 그랑주 성에 반 유폐되는 상태에 이르렀다. 왕정복고 후 루이 18세 때는 야당인 자유파의 대의원을 지냈다. 1830년 7월엔 국민방위대를 지휘하여 '7월혁명'에 가담, 샤를 10세를 타도하고 루이 필립의 입헌왕정을 수립하는 데 크게 기여했다.

로베스피에르, 막시밀리앙 Robespierre, Maximilien, 1758~1794

북프랑스의 아라스 시에서 변호사의 장남으로 태어났다. 6살 때 어머니를 여의고, 아버지도 가정을 버려 할아버지 슬하에서 자랐다. 1769년 파리의 루이 드 그랑 학원의 장학생으로 선발되었으며, 뛰어난 성적으로 학업을 마칠 수 있었다. 1782년 아라스 고등법원의 변호사로 개업, '피뢰

침 사건'으로 유명해졌으며, 1786년 이후엔 민권을 신장하기 위한 문필 활동을 시작하여 특권 계급으로부터 비난을 받았다. 삼부회에 아르트와 주의 제3신분 대표로 선출되었다. 바스티유 감옥 습격 때는 이를 지지하는 연설을 하여 파리 민중의 찬사를 받았으며, 자코뱅파의 지도자가 되어 상-퀼로트(민중)의 해방을 위해 싸웠다. 제헌의회 의원이 된 후 1791년 7월 루이 16세의 바렌 도주 사건이 일어나자 푀이양파와 심각한 대립에 들어갔다. 당시 그는 "나는 혁명이 아직 끝나지 않았다고 생각한다"고 선언하면서 혁명을 심화시킬 것을 요구했으며, 1792년 5월엔 지롱드파에 대항해 자신의 신문《헌법의 옹호자》를 발간했다. 국민공회 선거에서는 제1위로 파리에서 당선되었으며, 1792년엔 국왕의 처형을 요구하는 연설을 해 지롱드파와 결별했다. 1793년 7월 국민공회 공안위원회의 위원으로 참여한 뒤에는 산악파의 독재를 이끌었다. 그해 12월엔 '혁명정부의 여러 원칙'을 국민공회에서 밝히고 당통이 이끄는 온화주의, 에베르가 이끄는 과격파를 함께 공격했다. 1794년 4월 당통과 그 일파를 처형하고 5월에는 당시 파리 민중을 휩쓸던 무신론에 맞서 이신론理神論을 내세웠으나 비기독교화 운동에는 찬성하지 않았다. 1794년 6월 28일 카르노가 공안위원회에서 그를 독재자로 비난하자 생 쥐스트와 함께 약 한 달 동안 공안위원회를 보이콧한 후 자코뱅 클럽에 전념하면서 부패분자들을 배제할 것을 역설했다. 그러나 그의 이런 호소에도 불구하고 파리의 콤뮌은 봉기에 나서지 않았다. 1794년 7월 17일(혁명력 테르미도르 9일) 국민공회에서 '폭군 타도'를 외치는 고함과 소란 속에서 발언할 기회조차 얻지 못한 채 체포되어 다음 날 혁명재판소에서 인정人定심문 외에 정식 재판을 받지 못한 채 사형 선고를 받고, 그날 저녁 6시 단두대에서 처형되었다. 청렴했던 그는 많은 사람들로부터 '부패할 수 없는 사람'이란 말을 들었다. 그는 안정된 중산층 시민들로 이루어진 고대의 공화국 같은 나라를 꿈꾸었다.

롤랑 부인, 마농 Roland, Manon, 1754~1793

전형적인 부르주아 가정에서 태어났다. 자유사상을 받아들이고 폭넓은 교양을 지닌 당대의 재원이었다. 20세 연상의 장-마리 롤랑과 결혼한 후 남편을 초기의 혁명 대열에 참여시키고 출세시키는 데 적극적인 역할을 했다. 지롱드파 국민공회 의원인 뷔조Buzot와 연애하여 더 유명해졌다. 지롱드파의 흑막에 싸인 여인으로 알려져 산악파의 공격을 받다가 지롱드파가 숙청될 때 1793년 11월 단두대에서 처형되었다. "오, 자유여! 그대의 이름으로 얼마나 많은 범죄가 저질러지는가?"라고 외친 그녀의 유언 또한 유명하다.

롤랑, 장-마리 Roland, Jean-Marie, 1734~1793

피카르디의 공장감독관 출신으로 국민공회 의원을 지냈다. 리옹의 콤뮌 의회 의원으로 정치 생활을 시작, 1791년 파리로 올라와 브리소 등 지롱드파 지도자들과 친교를 맺었다. 아내의 도움으로 1792년 지롱드파 내각의 내무장관으로 임명되어 뛰어난 행정능력을 보여주었다. 한때 왕과 충돌하여 지롱드파 각료들과 함께 해임되었다가, 1792년 8월 10일 민중봉기로 왕정이 무너진 뒤 다시 내무장관에 임명되었다. 그러나 9월 학살을 비판하고 국왕의 처형에 반대하다가 인기를 잃고 1793년 1월 사임했다. 지롱드파가 몰락하자 노르망디로 피신했으나, 아내가 처형당했다는 소식을 듣고 자살했다.

루, 자크 Roux, Jacques, 1752~1794

서남부 프랑스에서 보병 중위의 아들로 태어났다. 신학교에서 공부한 성직자로 각지의 수도원을 전전했으며, 한때 물리·철학 교사를 하기도 했다. 파리 교구의 부주교로 있을 때 1789년의 혁명을 맞았으며, 1790년엔 지방에서 농민들의 반영주투쟁을 도왔다. 1791년 파리 콤뮌의 위원으로 선출되었으며, 코르들리에 클럽에 가입했다. 한때 마라에게 접근했다가 그 후 급진적 혁명파인 과격파의 지도자가 되었다. 과격한 성격으로, "헌법보다는 빵"이라는 입장에 섰으며, 매점하는 자의 처형, 최고가격제의 실시, 물자 징발 등을 요구했다. 오스트리아와의 전쟁이 시작된 후 경제가 악화되자 매점하는 자들을 처형하라고 주장했다. 1793년 2월의 파리 식량 폭동과 1793년 5월의 봉기에서 주도적인 역할을 했다. 그의 과격한 주장과 행동이 혁명을 해치고 있다고 본 로베스피에르로부터 반혁명분자라는 비난을 받았으며, 그 뒤 파리 콤뮌과 코르들리에 클럽에서 추방되었다. 1793년 9월 체포된 뒤 감옥에서 자살했다.

루이 16세 Louis XVI, 1754~1793

1754년 8월 23일 베르사유 궁전에서 태어났다. 아버지는 루이 15세의 아들 루이였다. 루이 16세는 1765년 아버지 루이가 죽는 바람에 할아버지에 의해 키워지고, 할아버지의 왕위를 이어받았다. 어머니는 작센 선제후의 딸인 마리 조제프였는데, 남편의 사후 2년 뒤 남편처럼 결핵으로 죽었다. 이렇듯 루이 16세는 11세에 아버지를, 13세에 어머니를 여의었다. 15세가 된 루이 16세는 오스트리아의 여제 마리아 테레지아의 딸인 14세의 마리 앙투아네트와 베르사유에서 성대한 결혼식을 올렸다.

　루이 16세는 정치적인 사람이 못 되었다. 따분한 정치나 의전, 사교보다는 자물쇠를 만들거나 해체, 조립하는 일을 즐겼다. 대식가이고 뚱뚱했으며, 소심하고 나약한 데다 우유부단했다. 그러나 선대 왕들이나 왕비와는 달리 사치를 즐기지는 않았다. 그는 권력을 유지하기 위해 애쓰다가 지쳐버려 참사회 등 회의에 참석하는 것을 싫어했으며, 사냥을 하거나 자신의 자물쇠 작업장에 틀어박혀 있는 것을 좋아했다.

　그는 재정 파탄으로 나라가 위기에 처해 있음을 잘 알고 있었다. 조세 제도의 결함, 징세 과정에서 저질러지는 악폐, 과세의 불평등 등이 파탄의 큰 원인이었다. 궁정의 낭비와 미국 독립전쟁에서 독립군을 지원한 것도 재정을 악화시켰다. 공채公債는 파국적으로 늘어나고 있었으며, 이자만도 연 3억 리브르에 이르러 왕국 예산의 절반을 넘어서고 있었다.

　이런 재정 위기를 극복하기 위해서는 무엇보다 귀족의 특권을 제한하여 그들에게도 세금을 징수하는 것이 절실했으나 귀족은 세제 개혁에 맹렬히 반대하면서, 이런 개혁을 하려면 신분회의의 동의가 반드시 필요하다고 주장했다. 그리하여 1789년 5월 5일 신분 대표들이 모이는 삼부회가 소집되었다. 176년 만에 열린 것이었다. 그러나 삼부회에서도 개혁에 저항하는 귀족들의 태도엔 변함이 없었다. 삼부회에서 제3신분의 대표들은 표결방식을 놓고 귀족과 대립하는 등 구체제에 대한 저항을 본격적으로 전개했으며, 삼부회를 제3신분 중심의 '국민의회'로 바꾸어놓고, 민중과 더불어 혁명 운동을 더욱 세차게 추진해나갔다.

　1791년, 왕은 가족을 데리고 바렌으로 도주하려다 실패한 후 권위와 신뢰를 모두 잃었다. 1792년 8월 10일의 혁명 후 9월 21일 국민공회에서 왕정은 폐지되었고, 왕과 왕비, 그리고 자녀들은 탕플 사원에 감금되었다. 1792년 12월, 왕은 국외의 반혁명 세력과 비밀 교섭을 한 것이 문서로 드러나 혁명정부에 의해 혁명의 적으로 고발당했고, 1793년 1월 16일 사형 선고를 받은 뒤, 1월 21일 콩코르드 광장의 단두대에서 처형당했다. 왕비도 1793년 10월 16일 단두대에서 목숨을 잃었다. 루이 16세와 마리 앙투아네트 사이엔 두 아들과 두 딸이 있었다. 첫째 아들 루이 조제프 자비에 프랑수아는 1789년 6월에 사망했고, 둘째인 루이 샤를은 감옥에 갇힌 채 방치돼 있다가 1795년 열 살의 나이에 폐결핵으로 사망했다. 샤를은 왕위에 오르지 못했지만 왕당파에 의해 루이 17세로 옹립되었다.

르바, 필립 Lebas, Philippe, 1765~1794

법률가 출신의 국민공회 의원. 한때 지롱드파에 속했지만 곧 생 쥐스트의 사람이 되었다. 1793년 보안위원에 임명된 후 군대관계 일에 몰두하면서 북부 및 동부에서 생 쥐스트와 함께 파견의원으로 활동했다. 로베스피에르가 머물던 하숙집 주인의 딸 엘리자베트 뒤플레와 결혼했다. 로베스피에르와 아주 가까웠으며, 자신의 의견을 내세우지 않고 생 쥐스트의 의견을 충실히 따랐다. 1794년 테르미도르 반동 직후 체포되었는데, 한 마디의 변명도 없이 자살했다.

마라, 장 폴 Marat, Jean Paul, 1743~1793

아버지가 스위스 인으로, 정의감과 명예심이 강한 아이로 자라났다. 프랑스와 영국에서 의학을 공부했으며, 1765년부터 10년 동안 의사로 영국에서 살았다. 일찍이 프리메이슨에 가담했으며, 1774년엔 『노예제도의 사슬』을 써서 절대주의 정치를 공격했다. 혁명이 일어나자 《인민의 벗》을 창간해 갈팡질팡하던 제헌의회에 대해 날카로운 공격을 퍼부어 한때 투옥되기도 했으며, 1790년 초에는 영국으로 피신하기도 했다. 샹 드 마르스 발포 사건과 국왕의 바렌 도주 사건이 일어난 후에는 민중의 독재를 부르짖으며 민중의 궐기를 호소했다. '9월의 학살'을 준비했다는 설도 있는 데다가 왕정 철폐 주장을 펴서 왕당파의 큰 증오의 대상이 되었다. 용모도 수려하지 못한 데다가 피부병에 걸려 외모는 별로였으나, 파리의 시민들로부터 큰 신망을 얻어, 1792년 국민공회의 의원으로 선출되었다. 의회에서는 누진소득세, 노동자의 직업훈련, 군 복무기간의 단축 같은 개혁 조치들을 옹호했다. 그러나 민중의 힘에 의한 폭력적 혁명론을 펴서 지롱드파를 불안하게 만들었다. 그는 오스트리아에 대한 선전포고에 반대했으나, 1792년 4월 전쟁이 시작된 후 침략군의 압력이 가중되자 비상 사태를 이끌어갈 임시 독재 체제를 주장했다. 이런 그의 급진적 언동에 위협을 느낀 지롱드파는 그를 체포하여 혁명재판소에 넘겼으나 혐의를 벗고 무죄판결을 받아 풀려났다. 그 뒤 그는 민중의 더 많은 지지를 받아 산악파의 상징적 인물이 되었다. 그러나 지롱드파는 몰락의 길을 걷기 시작했다. 1793년 7월 13일 지롱드파 지지자인 25세의 젊은 여성 샤를로트 코르데가 마라의 보호를 받고 싶다는 구실을 대고 마라의 방에 들어가 욕조 속에 있던 그를 칼로 찔러 죽였다. 그는 민중의 대익를 위해 싸운 순교자로 평가받아 혁명적 숭배의 대상이 되었다. 이 때문에 그의 유해는 한때 팡테옹에 안치되었으나, 테르미도르 반동 후 다른 곳으로 옮겨졌다.

마리 앙투아네트 Marie Antoinette, 1755~1793

오스트리아 여제 마리아 테레지아와 신성로마제국의 황제 프란츠 1세 사이에서 1755년 태어났다. 1770년 14세 때 한 살 위의 루이 16세와 정략 결혼했다. 마리 앙투아네트는 1774년 왕비가 된 후, 베르사유 궁전의 트리아농 관邸에서 살기도 했다. 사교모임이나, 관극觀劇, 수렵, 미술, 음악

등의 모임에 아름다운 모습을 나타내어 작은 요정妖精이라고 불리기도 했다. 검소한 국왕 루이 16세와는 달리 사치와 낭비가 심해 '적자부인赤字夫人'이라는 빈축을 사기도 했다. 1785년에 일어난 '다이아몬드 목걸이 사건'은 그녀의 평판을 더욱 나쁘게 만들었다. 또 그녀에겐 스웨덴의 잘 생긴 무관 페르젠을 비롯해 몇 사람의 연인이 있다는 풍문이 돌 만큼 염문을 뿌리고 다녔다.

1789년에 시작된 프랑스 혁명은 그녀의 일생을 완전히 바꿔놓았다. 왕과 그 일족은 1789년 10월 6일 베르사유에서 파리의 왕궁으로 연행되어 불안한 생활을 해야만 했고, 1791년 6월 20일에는 왕과 자녀들과 함께 바렌으로 도주했다가 실패하여 치욕스럽게 파리로 돌아와야만 했다. 그녀는 루이 16세를 격려하기도 하고, 왕가의 안녕을 위해 미라보를 매수하는 일에 일익을 담당하기도 했다. 그러나 그녀가 혁명 세력으로부터 큰 불신을 산 것은 반혁명을 적극적으로 획책했기 때문이다. 1792년 8월 10일의 민중 봉기로 그녀는 왕과 함께 탕플 탑塔에 유폐되었다가, 국고를 낭비한 죄와 오스트리아와 공모하여 반혁명을 시도했다는 죄명으로 사형 판결을 받았다. 루이 16세가 처형된 후 왕자로부터도 격리되었다가 1793년 10월 16일 38세의 나이에 단두대에서 처형되었다. 그녀에게는 왕과의 사이에 4명의 자녀가 있었으나, 장녀 마리 테레즈(1778~1851)만이 성인이 되어 훗날 당글렘 공비公妃가 되었다. 맏아들 루이 조제프(1781~1789)도, 둘째 딸 소피-엘렌 베아트릭스(1786~1787)도 일찍 세상을 떴으며, 차남 루이 샤를(1785~1795, 나중에 왕당파에 의해 루이 17세로 옹립되었다)은 감옥에 버려진 채 열 살의 나이에 폐결핵으로 사망했다.

무니에, 장-조제프 Mounier, Jean-Joseph, 1758~1806

그르노블 출신의 변호사. 삼부회의 의원으로 '구희장의 선서'를 발의했다. 제헌의회에서 일찍이 이름을 날렸으나 민중의 행동에 반감과 공포를 느껴 온화한 입헌군주제를 지향했으며, 의회의 결정에 대한 군주의 절대적 거부권을 주장했다. 1789년 10월 베르사유 행진 때 의회의 의장이었던 그는 국왕에게 법의 재가를 요구하는 역할을 맡았으나, 며칠 뒤 의원직을 사임하고 고향으로 내려갔다. 1790년 스위스를 거쳐 독일로 망명했으며, 나폴레옹 시대에 귀국했다.

미라보, 오노레-가브리엘 리게티 Mirabeau, Honoré-Gabriel Riqueti, 1749~1791

자유주의적 사상을 가진 귀족으로 젊은 시절 방탕과 낭비벽, 결투와 복잡한 여자관계 등으로 많은 스캔들을 일으켜 아버지한테도 버림받고 한때 감옥에 수감되었다. 삼부회에는 귀족 대표로 진출하려 했으나 귀족들의 반대로 뜻을 이루지 못하고 제3신분으로 진출했다. 특이한 용모와 웅변으로 혁명 초기의 프랑스를 이끌었던 제헌의회의 가장 중요한 인물 중 하나다. 파리 시민의 인기를 한껏 누리며 라파예트와 함께 혁명 초기의 거물이 되었다. 혁명 초기에는 국민의 옹호자로 비쳤으나 급격한 변화에 겁을 먹고 제한적인 절대군주제를 지지하는 쪽으로 바뀌었다. 그리하여 왕의 거부권을 지지했으며, 왕실로부터 돈을 받고 삼부회에서 왕권옹호 활동을 벌였다. 1791년 병으로 죽기까지 그와 왕실 간의 거래가 밝혀지지 않아 그의 유해는 팡테옹에 안치될 수 있었다. 그러나 1792년 8월 10일 민중 봉기 때 튈르리 궁전의 철제 금고에서 미라보와 왕실 사이의 은밀한 관계를 밝혀주는 비밀문서가 발견되어 그의 정체가 밝혀졌다. 결국 1794년 국민공회의 명령에 따라 그의 유해는 다른 곳으로 옮겨졌다.

바르나브, 앙투안 Barnave, Antoine, 1761~1793

도피네 지방 그르노블 고등법원 출신의 삼부회 의원이자 제헌의회 의원으로, 뛰어난 웅변술을 자랑하는 열렬한 애국파의 한 사람이었다. 뒤포르, 라메트와 함께 삼두파를 이루고 국왕을 옹호하는 라파예트와 미라보에 맞섰다. 1781년의 헌법을 만드는 데 크게 기여했다. 그러나 국왕의 바렌 도주 실패와 샹 드 마르스 발포 사건 이후 입헌군주 지지로 돌아섰다. 궁정에 접근하여 비밀 자문역을 맡고자 했으며, 공포정치하에서 루이 16세의 비밀 서신이 폭로되자 체포되어 처형되었다.

바를레, 장 Varlet, Jean, 1746~1832

매우 급진적인 상-퀼로트 운동 지도자의 한 사람. 일찍 아버지를 여의고 혁명 전에는 우정국에서 일했다. 혁명이 일어나자 열렬히 혁명을 지지했고 국왕의 바렌 도주 후에는 공화정 청원운동의 지도자가 되었다. 가두街頭 정치가로서 빈곤의 철저한 퇴치, 재산의 평등, 매점한 자의 처형 등을 요구했다. 자크 루와 함께 과격파의 일원으로서 최고가격제와 물자의 징발을 강력히 주장했다. 1793년 5월 31일의 봉기에서는 봉기위원회의 위원으로 적극 참여했으나 과격한 주장 때문에 자코뱅 클럽에서 추방되었다. 산악파와 대립하다가 1794년 에베르파 숙청 때 체포되었으나 처형을 면했다. 그 후 '바뵈프의 음모'에 가담한 것으로 알려져 있다.

바뵈프, 프랑수아-노엘 Babeuf, François-Noël, 1760~1797

북프랑스의 농가에서 태어났다. 아버지는 군인이 되었으나 몰락하여 토공土工으로 살아갔다. 바뵈프는 아버지의 교육을 받은 것 외에는 정규 교육을 받지 못한 채 가난한 환경에서 자랐다. 15세에 영주의 토지대장 대리인 일을 보면서 가난한 농민들과 접촉했으며, 그 후 영주의 지대 징수 일을 하면서 가족을 돌보았다. 그는 자신의 일을 통해 영주의 봉건적 착취를 직접 보게 되었고, 농민들의 비참한 상태를 알게 되었으며, 봉건제도의 본질을 깨닫게 되었다. 1794년《호민관》지를 창간한 그는 테르미도르 반동이 일어나자 본격적인 활동을 시작했는데, 테르미도르파를 공격하다가 1795년 2월 체포당했다. 석방된 뒤엔 과격파의 잔류자들과 협력해 토지와 소득의 균등한 분배를 옹호하면서 직업 혁명가로서 활동했다. 총재정부가 성립된 후에는 경제적 정치적 평등을 옹호하는 팡테옹 클럽의 지도자가 되었다. 그는 총재정부에 대한 비밀 반란조직을 결성했으나 한 밀고자의 고발로 1796년 5월 10일 가담자들과 함께 체포되어 단두대에서 처형당했다. 이른바 '평등주의자들의 음모'를 꾸몄다는 이유에서였다. 그의 평등주의는 프랑스 혁명에서 사회주의 사상을 대표하며, 그의 폭력 혁명론을 바뵈프주의라 부르기도 한다.

베르니오, 피에르 Vergniaud, Pierre, 1753~1793

보르도 출신의 변호사. 입법의원과 국민공회 의원을 지냈으며, 고대 그리스의 철인인 플라톤의 '공화국' 실현을 이상으로 삼았다. 지롱드파 숙청 때 처형되었다.

보나파르트, 나폴레옹 Bonaparte, Napoléon, 1769~1821

이탈리아 제노바에 기원을 두고 있는 코르시카 소귀족 출신인 샤를 마리 보나파르트, 이탈리아 어로는 카를로 마리아 디 부오나파르테의 둘째 아들로 태어났다. 그가 태어나기 1년 전 그의 고향 코르시카는 1768년 루이 15세 치세하에서 프랑스에 병합되었다. 그가 태어날 때의 이름은 이탈리아 어로 나폴레오네 디 부오나파르테였다.

어머니 레티지아의 엄격한 규율 아래 어린 시절을 보냈으며, 아홉 살이 지난 1779년 1월 코르시카를 떠나 오툉에 있는 예수회 학교에 입학했다. 당시의 나폴레옹은 조용하고 사색적인 학생이었으며, 친구들과 어울리기보다는 홀로 산책하는 일이 많았다고 한다. 코르시카 방언만 아는 나폴레옹에게 프랑스 어는 외국어였고, 자연스레 프랑스 학생들과 어울리기 힘들었던 것으로 보인다. 같은 해 5월 브리엔르샤토 군관학교에 입학했고, 문학과 어학보다는 수학 쪽에서 뛰어난 성적을 거두었다.

1785년 9월 군관학교를 졸업한 후 나폴레옹은 11월부터 라 페르 포병 연대 소위로 임관하여 복무하게 되었으나 1789년 프랑스 혁명 소식을 듣고 자코뱅파 지지자가 되었다. 하지만 동시에 열렬한 코르시카 민족주의자였으므로 당시 코르시카 민족운동 지도자였던 파스쿠알레 파올리에게도 지지를 보냈다. 나폴레옹은 1792년 혁명정부 아래에서 코르시카 제2의용대대의 지휘권을 부여받아 혁명전쟁을 수행했다. 하지만 프랑스 혁명을 지지했던 그는 영국식 입헌군주정을 추종하는 파올리와 충돌을 일으켜 1793년 한때 마르세유로 피신하지 않을 수 없었다.

다시 정규군 대위로 편입된 나폴레옹은 자코뱅 혁명정부의 열렬한 지지자로 활동했고, 군인으로서 툴롱 공성전 등을 통해 중앙집권적인 자코뱅 정권에 반대하는 연방주의자들이나 왕당파 세력들을 제압했다. 1794년에 테르미도르 반동으로 자코뱅 정권이 몰락하고 온건한 총재정부가 들어서자 잠시 감옥에 갇히기도 했다. 풀려난 후에는 1795년 10월 5일에 발생한 왕당파 반란을 파리 시내 포격으로 과감하고도 잔혹하게 진압함으로써 총재정부의 신임을 얻게 되었다.

1796년 연인 데지레와 헤어지고 귀족 미망인이었던 조제핀 드 보아르네와 결혼했다. 나폴레옹은 1791년 1월 이탈리아 원정에 나서 북부 이탈리아에 주둔하고 있는 오스트리아군을 궤멸시켰다. 이후 나폴레옹은 오스트리아까지 진격해 나갔고 오스트리아 정부는 수도 빈이 위험해지자 뢰벤 조약과 캄포 포르미오 조약을 통해 프랑스에 북부 이탈리아와 네덜란드 지역을 할양했다. 나아가 그는 오스트리아와 연합한 베네치아도 정복했다.

스물여덟 살의 젊은 장군이 이루어낸 놀라운 전승 소식은 프랑스에서 그에 대한 열렬한 지지자들을 만들어냈다. 나폴레옹의 인기가 높아지자 총재정부는 그의 정치세력화를 염려하여, 영국과 인도를 연결하는 길목을 차단한다는 명분으로 그에게 이집트 원정 명령을 내렸다. 1798년 5월 나폴레옹은 5만 5천 명의 병력과 167명의 과학자들을 대동하고 이집트로 떠났다. 7월 1일 알렉산드리아에 상륙한 나폴레옹의 군대는 곧 피라미드 전투에서 마물루크 왕조의 군대에 대승을 거두고 이집트를 장악했다.

하지만 8월 1일 넬슨이 이끄는 영국 함대가 두 척을 제외한 프랑스의 모든 전함들을 격침시켰고, 이집트 곳곳에서도 반프랑스 봉기가 일어났다. 이때 나폴레옹은 유럽의 제2차 반프랑스 동맹이 결성되어 프랑스가 위험에 빠졌다는 소식을 들었다. 그는 8월 24일 일시적인 영국 해군의 철수를 이용하여 군대를 클레베르 장군에게 맡기고 이집트를 몰래 빠져나와 프랑스로 향했다.

나폴레옹이 파리에 도착해보니 재정은 파탄났고 총재정부는 국민들로부터 신뢰를 상실한 상태였다. 5백인회와 원로원이 나폴레옹의 전선 이탈 문제를 두고 격론을 벌이기 시작했으나 나폴레옹은 총재정부 지도자들인 엠마뉘엘 조제프 시에예스와 로제 뒤코스, 조제프 푸셰, 탈레랑 등과 협력하여 1799년 11월 9일, 즉 안개의 달Brumaire 18일에 쿠데타를 감행하여 체제를 전복시키고 통령정부를 수립했다. 3명의 통령들이 선출되었지만 나폴레옹은 내정과 외교, 군사권 등을 담당한 제1통령이 되어 사실상 가장 막강한 권력을 지니게 되었다. 1802년 그는 종신 통령이 되었고, 1804년엔 황제가 되었다.

　1812년 나폴레옹은 대륙봉쇄령을 강화하기 위해 이를 어기고 있던 러시아를 정벌하기로 결정했다. 6월 나폴레옹은 60만 대군을 이끌고 러시아로 출정, 모스크바까지 어려움 없이 진군하여 이 도시를 점령했으나 결국 12월에 들어 본격적인 겨울이 시작되자 추위와 기근 때문에 철수할 수밖에 없었다. 한겨울 혹한기의 귀국길은 그의 군대에 치명적인 타격을 주어 병사들 대부분이 동사했다. 나폴레옹은 이런 불리한 조건 속에서 1813년부터 다시 결성된 반프랑스 동맹의 공격에 맞서 싸워야 했다. 초반에는 전력의 열세에도 불구하고 승기를 잡았으나 결국 라이프치히 전투에서 대패했다. 1814년 3월 31일 파리가 함락되면서 퇴위당했고, 이탈리아 서쪽에 있는 엘바 섬으로 유배되었다.

　나폴레옹이 몰락하자 오스트리아의 재상 메테르니히의 주도하에 모든 것을 프랑스 혁명 이전으로 되돌리고자 하려는 빈체제가 결성되었다. 프랑스에서도 임시정부가 구성되어 망명생활을 하고 있던 루이 16세의 동생 루이 18세를 왕위에 올렸다. 하지만 프랑스 혁명의 세례를 받은 자유주의자들과 공화주의자들은 이러한 왕정복고에 강한 불만을 품을 수밖에 없었다.

　왕정복고 초기의 무질서한 상황은 나폴레옹에게 다시 재기할 기회를 주었다. 1815년 2월 26일 나폴레옹은 엘바 섬을 몰래 탈출하여 28일 프랑스 본토에 상륙했고, 파죽지세로 올라와 3월 20일 마침내 파리에 도착했다. 루이 18세는 다시 벨기에로 피신했다. 권력을 다시 잡은 나폴레옹은 주변국들과의 평화를 원했으나 동맹국들이 볼 때는 그의 세력 확대를 위한 시간 벌기에 불과했다. 초반의 승세에도 불구하고 나폴레옹은 6월 18일 영국과 프로이센이 주축이 된 동맹군과 벌인 워털루 전투에서 대패했다.

나폴레옹은 남대서양 한가운데에 있는 세인트 헬레나 섬으로 유배되었다. 프랑스의 임시정부위원회는 벨기에에 도피해 있던 루이 18세를 다시 받아들여 입헌군주정 체제를 수립했다. 세인트 헬레나 섬에 유배된 나폴레옹은 1821년 5월 5일 오후 5시 49분 사망했다. 사망 원인은 위암으로 되어 있지만 비소에 의한 독살설이 제기되기도 했다. 그의 유해는 1840년 루이 필리프 1세에 의해 프랑스로 되돌아올 수 있었고, 1861년 그의 조카인 나폴레옹 3세에 의해 현재 전쟁박물관이 된 앵발리드에 안치되었다.

부아시 당글라 Boissy d'Anglas, Francois Antoine, 1756~1826

신교도 의사 집안에서 태어났다. 파리로 나와 변호사가 되었으며, 루이 16세의 동생 프로방스 백작과 사귀었다. 제헌의회와 국민공회의 의원으로서 항상 다수파에 속했으며, 신중하게 행동했다. 1789년 제3신분 대표로 삼부회에서 정치 활동을 시작한 이래 고위직을 유지한 기회주의자의 전형이라 일컬어진다. 그는 평원파의 지도자로 왕의 처형에 반대했다. 테르미도르 반동 후 가장 적극적으로 정치활동을 했으며, '재생'공안위원회의 일원이 되었고, 목장의 달 봉기 무렵 국민공회 의장에 선출되었다. 브뤼메르 쿠데타 때는 그 낌새를 미리 알아채고 자진해 감옥에 들어감으로써 쿠데타 후 자유로운 몸이 되었다. 그 뒤 나폴레옹에게 인정받아 원로원 의원, 제국의 백작에 임명되었다. 나폴레옹 이후엔 루이 18세에 의해 귀족 서열에 들어가 죽을 때까지 부귀를 누렸다.

부이예, 프랑수아 Bouillé, François, 1739~1800

왕당파 장군. 1790년 동부군 사령관으로 낭시에서 일어난 혁명적 장병들의 반란을 무자비하게 진압하여 악명이 높았다. 루이 16세의 바렌 도주를 은밀하게 추진했으나 실패로 끝나고 말았다. 그 후 루이 16세의 동생들 및 영국의 요크 공작과 함께 프랑스군에 맞서 싸우다가 영국으로 망명했다.

브르퇴이유, 루이 오귀스트 르 토넬리에 Breuteuil, Louis Auguste le Tonnelier, 1730~1807

국왕의 신임을 얻었던 귀족으로 1789년 6월 국왕에게 탄압조치를 취하라고 조언했다. 바스티유 함락 후 외국으로 망명했는데, 국왕은 그에게 외국 궁정과 협상할 권한을 주었다.

브리소, 자크-피에르 Brissot, Jacques-Pierre, 1754~1793

파리 근교 샤르트르 출신의 변호사이자 저널리스트. 계몽사상, 특히 루소에 심취했다. 초기엔 문필가로서 활동하면서 영국과 미국으로 건너가 여행했다. 1784년 필화 때문에 바스티유 감옥에 투옥되었으나 석방되었다. 미국 여행 중 흑인 문제에 관심을 갖고 '흑인들의 벗 모임'을 만들어 피부색에 따른 인종차별에 반대했으며, 신문《프랑스 애국파》를 창간했다. 웅변가로 입법의회 의원에 선출된 후부터 독설로 이름을 날렸다. 혁명 초부터 자코뱅 클럽 회원이었으며, 국왕의 바렌 도주 사건 후에는 국왕의 폐위와 공화국 선포를 주장했다. 그러나 그 후 국민공회에서는 루이 16세의 처형에 반대, 집행유예를 지지했고, 산악파 및 파리 콤뮌에 반대하는 입장에 섰다. 베르니오, 롤랑과 함께 지롱드파의 지도부를 이루었다. 국민공회에서는 산악파와 로베스피에르를 격렬히 비난했다. 산악파 집권 후 스위스로 도주하다가 붙잡혀 파리로 압송, 혁명재판소에서 사형선고를 받고 단두대에서 처형됐다.

블랑키, 루이-오귀스트 Blanqui, Louis-Auguste, 1805~1881

아버지는 프랑스 혁명기에 지롱드파 의원을 지냈고, 형은 경제학자였다. 1822년 파리에서 법학과 의학을 공부했다. 17세 때 비밀결사인 샤르보느리Charbonnerie에 가입했다. 바뵈프의 사상으로부터 많은 영향을 받았다. 1830년 7월 혁명 때는 바리케이드 위에서 싸웠으며, 1848년 혁명 때는 프롤레타리아 운동의 극좌파에 속해 폭동을 지도했다. 1870년의 파리 봉기에서도 지도적 역할을 했고, 파리 콤뮌 때는 옥중에 있었다. 이런 투쟁 경력에서 보듯이 그는 거의 모든 혁명 운동에 가담하여, 생애의 절반 가까운 30년 이상을 옥중에서 보냈다. 철저한 공산주의 사상을 지닌 그는 점진적인 사회 개량을 거부하고 소수 정예에 의한 폭력 혁명과 프롤레타리아 독재를 주장했다. 폭력 혁명을 주장한 그의 사상을 가리켜 '블랑키주의'라고 부른다.

생 쥐스트, 루이 앙투안 드 Saint Juste, Louis Antoine de, 1767~1794

중부 프랑스의 농가에서 태어났다. 20대 초반에 이미 혁명 이념의 열렬한 지지자가 되었다. 1791년 「혁명과 프랑스 헌법의 정신」이라는 글로 명성을 얻었으며, 1792년 9월 국민공회 의원에 선출되었다. 그의 나이 25세였다. 고대 그리스의 이상주의적인 국가에 바탕을 둔 평등하고 덕치德治주의적인 공화정을 대담하고 강력하게 주장하여 산악파 의원들에게 깊은 영향을 끼쳤다. 냉엄한 논리와 과단성 있는 정책으로 혁명과 전쟁에 대처할 뿐만 아니라, 용모 또한 수려하여 민중의 우상이 되었다. 그러나 그는 오히려 로베스피에르의 혁명 이념과 인격에 경도되어 긴밀한 관계를 유지하며 그를 도왔다. 로베스피에르, 쿠통과 함께 공안위원회 위원으로 삼두체제를 이루면서 국민공회 안에서 혁명적 독재의 논리를 강력하게 펴나갔다. 혁명방위전쟁 중에는 3차례나 라인 강 전선과 북부 전선에 파견되어 군대의 사기를 북돋아 전선에서 승리하는 데 크게 기여했다. 정치적 반대파인 지롱드파, 에베르파, 당통파 등을 숙청하는 데 결정적 역할을 했다. 망명귀족의 재산을 몰수하여 가난한 사람들에게 나누어주는 것을 골자로 한 유명한 '방토즈Ventose법'을 만들고 통과시켰다. 로베스피에르가 탄핵당하던 테르미도르 9일, 국민공회 회의장에서 로베스피에르를 옹호하려고 절규했지만 반대파의 방해로 연설을 할 수 없었으며, 마침내 로베스피에르와 함께 체포되어 단두대에 섰다. 그의 나이 27세였다. 죽은 뒤 그가 구상했던 사회개혁안이 발견되었다.

스탈 부인, 제르맨 드 Staël, Germaine de, 1766~1817

구체제 말과 혁명 초기에 재무대신이었던 네케르의 딸로, 프랑스 주재 스웨덴 대사였던 스탈과 결혼하여 스탈 부인이 되었다. 처음엔 혁명을 지지했으나, 공안위원회의 독재가 절정에 달했을 때 스위스로 망명했다가 테르미도르 쿠데타 후 귀국했다. 방자맹 콩스탕과 함께 왕당파와 싸우고 총재정부에 영향력을 행사하려고 했다. 그 후 나폴레옹 보나파르트와 대립하여 1803년 망명했다. 소설 『델핀Delphine』(1802)을 쓰는 등 문재文才가 뛰어나 유럽 여러 나라를 돌면서 많은 저술을 남겼다. 열정적이고 낭만적인 삶을 산 재원才媛이었다.

시에예스, 에마뉘엘 조제프 Sieyès, Emmanuel Joseph, 1748~1836

남프랑스의 중류 가정에서 태어났다. 신학교에 들어간 후 샤르트르 주교 관구의 보좌신부가 되었으나 신분의 제약으로 더 이상 교회에서 출세할 수 없었다. 삼부회에 제3신분 대표로 선출되었고, 1789년 1월 『제3신분 이란 무엇인가?』라는 소책자를 발표해 유명해졌다. '구희장의 선서' 초 안을 기초했고, 제헌의회에서는 인권선언 계획을 제출했다. 왕의 거부권 에 반대했고, '성직자 민사기본법'을 제정하는 데 기여했으나, 국민공회 에서는 좌파에게 압도당해 큰 활약을 보여주지 못했다. 그는 루이 16세 의 처형에 찬성했다. 자코뱅이 혁명의 주도권을 장악하여 공포정치를 시 작하자 정치에서 물러났다. 테르미도르 쿠데타 이후 5백인회의 의원으 로 선출되었다. 1799년 나폴레옹의 브뤼메르 쿠데타 이후엔 보나파르트 독재헌법의 초안을 마련했고, 3인 통령정부의 한 사람이 되었다. 나폴레 옹 치하에서 원로원 의원과 귀족이 되었다. 1815년 왕정복고가 이루어지 자 국왕 처형에 찬성한 죄로 추방되어 망명했다가 1830년 7월혁명 후 귀 국했다. 그는 "미라보와 함께 혁명을 낳았으나 나폴레옹과 함께 혁명을 매장했다"는 말을 들었다.

에베르, 자크-르네 Hébert, Jacques-René, 1757~1794

금은 세공업을 하는 부르주아 가정에서 태어났으며, 청년 시절에는 보헤 미안적인 생활을 한 것으로 알려져 있다. 혁명이 일어나자 열광적으로 환영했으며, 1791년《르 페르 뒤셴》이란 급진적인 신문을 발행하면서 뛰 어난 저널리스트로 활약했다. 그는 이 신문에서 대중적인 속어와 비어卑 語를 구사해 부유층과 특권 계급을 통렬하게 비난하고 야유함으로써 파 리 민중에게 지대한 영향을 끼쳤다. 1791년 코르들리에 클럽에 참여했으며, 샹 드 마르스 발포 사건이 일어나자 국왕의 퇴위를 요구하는 청원 운동을 벌였고, 1792년 8월 10일 봉기 때는 콤뮌의 지도자로 활약했다. 1792년 9월 학살때는 직접 관여하지 않았으나 이 사건을 공공연히 옹호하여 지롱드파에 의해 한때 체포되기도 했다. 그러나 파리 콤뮌의 압력에 못 이겨 곧 석방되었다. 지롱드파 추방 이후 그의 과격주의는 한층 가열해져서 1793년 9월 국민공회 침입 사건으로 발전했으며, 최고가격제 등의 과격한 조치들을 국민공회에 요구하고 식량폭동을 지도했다. 그 밖에도 쇼메트Shaumette와 함께 비기독교화 운동을 전개하고, '이성의 여신' 제전을 노트르담 성당에서 열었다. 로베스피에르는 그의 과격한 무신론이 민중에게 끼칠 영향을 우려하여 그를 초혁명적 인물로 단정, 경계했다. 반면 에베르는 로베스피에르를 '온화주의자'라고 비판했다. 그는 1794년 3월 생 쥐스트의 고발로 체포되어 처형되었다. 그가 처형된 뒤 그의 영향을 받고 있던 상-퀼로트와 로베스피에르의 공안위원회 사이에 균열이 커졌으며, 이것은 테르미도르 반동을 막지 못한 원인의 하나로 지적되기도 한다.

칼론, 샤를 알렉상드르 Calonne, Charles Alexandre de, 1734~1802

루이 16세 때의 재무대신으로서 재정 위기를 타개하기 위해 귀족과 성직자에 대해 과세하는 등 개혁을 단행하려 했으나 반대에 부딪쳐 실각했다.

콜로 데르부아, 장 마리 Collot d'Herbois, Jean-Marie, 1749~1796

금은 세공직으로 일하던 사람의 아들로 태어나 배우이자 희곡 작가가 되어 전국을 돌아다녔다. 혁명이 일어나자 배우로서의 능력을 발휘하여 하층 민중들 사이에서 인기 있는 선동가가 되었다. 1792년 8월 10일 봉기에서 중요한 역할을 담당하여 콤뮌의 간부가 되었고, 뒤이어 국민공회에 진출했다. 공안위원회의 위원이 된 후엔 공포정치의 여러 조치들을 취하는 데 참여했다. 루이 16세의 처형에 찬성했고, 비기독교화 운동을 지지했다. 친구 비요바렌과 함께 에베르파에 가담했다. 공안위원회에 들어간 뒤 푸셰Fouche와 함께 리옹에 파견되어 왕당파를 가혹하게 학살했다. 그의 잔인한 행동을 보고 로베스피에르는 그를 소환했는데, 이를 계기로 둘의 사이가 벌어졌으며, 마침내 테르미도르 반동의 주역으로까지 변신했다. 그러나 테르미도르에 기여했음에도 불구하고 국민공회는 그를 기아나로 추방했으며, 그곳에서 말라리아에 걸려 죽었다.

콩스탕, 방자맹 Constant, Benjamin, 1767~1830

사상가, 작가, 정치가. 스위스 로잔에서 태어났다. 벨기에, 영국에서 공부했다. 귀국 후엔 유명한 스탈 부인과 알게 되어 그녀의 애인으로 살롱에 출입했다. 프랑스 혁명 당시엔 공화적 자유주의의 입장에 섰다. 나폴레옹 1세 치하에서는 강권정치에 반대했다가 추방되어 망명했으며, 망명지에서 괴테, 쉴러와 사귀었다. 왕정복고 후 다시 추방되었으나 귀국하여 하원의원이 되었으며, 그때도 자유주의를 주장했다.

쿠통, 조르주 Couthon, Georges, 1755~1794

오베르뉴에서 공증인의 아들로 태어났으며, 변호사로 클레르몽에서 활약했다. 혁명 중 하반신이 마비되어 '앉은뱅이 쿠통'이란 말을 들었다. 입법의회, 국민공회 의원으로 로베스피에르를 열렬히 지지하여 '제2의 로베스피에르'라 불리기도 했다. 1793년 알프스 군대에 파견의원으로 파견되었으며, 리옹의 반혁명을 진압하는 책임자가 되어 혁명에 크게 기여했다. 1793년 5월 공안위원으로 선출되었고, 로베스피에르, 생 쥐스트와 긴밀한 관계를 유지하면서 삼두체제를 이루었다. 1794년엔 남프랑스로 가게 되어 있었으나 테르미도르를 예감하고 파리에 머물러 있다가 로베스피에르와 함께 체포되어 단두대에서 처형되었다.

▬ 1786년

8월 20일   재무대신 칼론, 토지세를 새로 만드는 등 재정개혁안
              제출.

▬ 1787년

2월   루이 16세, 명사회 소집. 칼론에 대한 귀족들의 원성
              이 높아짐.

4월 8일   칼론 해임. 후임에 브리엔 임명.

5월   브리엔, 명사회를 해산시킴.

7월 16일   고등법원, 토지세에 대한 칙령의 등기를 거부.

8월 6일   어전법원, 토지세에 대한 칙령의 등기를 고등법원에
              강요.

8월 7일   고등법원, 토지세의 강제 등기를 거부.

▬ 1788년

봄, 각지에서 식량 폭동이 일어남.

5월 8일   루이 16세, 고등법원의 권한을 축소시키기 위한 사법

개혁안의 등기를 강요, 고등법원은 이를 거부.

5월~6월   지방 고등법원 및 귀족들의 국왕에 대한 저항이 격화
          됨. 파리, 디종, 툴루즈 등지에서 폭동이 일어남.

7월 21일 도피네 주의 지방 삼부회 열림. 제3신분의 대표 수가
          다른 신분의 2배로 늘어나고 투표는 각 신분별로가
          아니라 개인별로 이루어짐.

8월 8일   삼부회를 1789년 5월 1일 소집하기로 포고함.

8월 24일 브리엔 사임하고 후임 재무대신에 네케르가 임명됨.

9월   제3신분의 대표자 수를 두 배로 늘리는 (배가倍加) 운
          동 일어남.

11월   명사회, 네케르가 제안한 제3신분 대표 수 배가에 반대.

12월 5일 파리 고등법원, 제3신분의 대표자 수 배가를 승인.

12월 27일 루이 16세, 제3신분 대표자 수 배가를 승인.
          식량 폭동이 여러 곳에서 잇따라 일어남.

■ **1789년**

1월   시에예스의 『제3신분이란 무엇인가』 간행됨.

1월 24일 삼부회의 소집과 선거규칙이 포고됨.

4월 26일 로베스피에르, 삼부회의 아르투아 제3신분 대표로
          선출됨.

5월 5일   베르사유에서 삼부회 열림. 다음 날부터 자격심사와
          표결 방법을 둘러싸고 다툼이 일어남. 머릿수 표결과
          신분별 표결이 문제가 됨. 제3신분의 대표자 수가 배
          가되었기 때문에 머릿수 표결은 제3신분에 유리하고

신분별 표결은 2 대 1로 특권층에 유리했기 때문이다.

6월 17일   제3신분 대표들, 삼부회의 제3신분회의가 '국민의회'임을 선언. 특권층에 맞서 제3신분이 사실상 국민의 대표임을 선언한 것이나 다름없음.

6월 20일   베르사유 궁에 있는 삼부회의 회의장을 폐쇄해버리자 제3신분 대표들은 근처의 구희장으로 이동, 무니에의 제안에 따라 '구희장의 선서'를 함. 이들은 이곳에서 "우리는 헌법이 제정되어 확고하게 자리 잡을 때까지 해산하지 않고 어떤 장소에서도 회합을 가질 것"이라고 선서했다.

6월 23일   어전회의가 신분별 회의를 열 것을 명령했으나 제3신분은 이를 거부.

6월 24일   151명의 사제가 제3신분에 합류.

6월 25일   47명의 자유주의적인 귀족이 제3신분에 합류.

6월 27일   국왕, 제3신분 대표들에게 굴복하여 성직자와 귀족들에게 국민의회에 합류할 것을 권고함.

7월 7일   헌법기초위원회 구성.

7월 9일   성직자와 귀족까지 포함한 국민의회가 '제헌의회'(헌법제정국민의회)임을 선언. 국민의회가 폭력이 아닌 법률상의 절차를 통해 절대왕정을 붕괴시키기 시작했다는 점에서 이를 '법률혁명'이라고 부르기도 함.

7월 11일   재무대신 네케르를 해임하고 후임에 브르퇴이유 남작을 임명.

7월 12일   파리 시민들, 성 외곽의 입시세入市稅 징수처가 있던 관문에 방화.

7월 13일 파리 선거인들, 시청사에서 집회를 갖고 상임위원회
를 결성하는 한편 시민군을 편성하기로 결정.

7월 14일 아침, 파리의 성난 민중들, 앵발리드(상이군인회관)를
습격하여 무기와 탄약을 탈취. 오후, 폭정의 상징인
바스티유 요새 감옥을 공격하여 저녁에 요새를 함락
시킴. 요새 수비대장 드 로네와 파리 시장 플레셀이
살해됨. 바스티유 공격은 혁명의 시작을 알려주는 사
건이었다.

7월 15일 파리 선거인들, 시장에 바이이를, 새로 만든 국민방위
대 사령관에 개혁지향적이었던 귀족 라파예트를 선임.

7월 16일 네케르, 재무대신에 다시 임명됨. 혁명이 지방 도시로
번짐.

7월 20일 농촌에서 귀족의 음모론과 비적에 대한 두려움이 합
쳐진 '대공포' 확산.

8월 4일 제헌의회, 봉건제 폐지를 선언. 경악하고 분노한 왕실
과 특권 계급이 저항함.

8월 11일 봉건제 폐지 선언이 성문화되어 포고됨. 여러 유보조
항이 법령 속에 들어가 봉건지대는 유상폐지有償廢止.

8월 26일 제헌의회, '인간과 시민의 권리 선언'(인권선언) 채택.

9월 마라, 신문《인민의 벗》창간. 공업, 상업이 쇠퇴하고
식량 부족이 전국적으로 심각한 상태에 이름.

10월 1일 근위대가 플랑드르 연대의 사관들을 베르사유 궁의
연회에 초대.

10월 5일	국왕이 봉건제 폐지 법령과 '인권선언'의 승인을 거부하자 파리의 민중이 궐기. 부녀자들이 중심이 된 군중(6천~7천 명)과 국민방위대가 베르사유로 행진.
10월 6일	봉기한 군중의 요구에 떠밀려 국왕 일가, 파리에 도착해 튈르리 궁에 들어감. 제헌의회도 왕을 따라 파리에 입성하여 헌법 제정 작업에 들어감.
10월	자코뱅 클럽 창립. 생토노레가(街)에 있는 자코뱅 수도원에서 모임을 가지고 일반 시민에게도 문호를 엶.
11월 2일	교회 재산을 몰수하는 국유화 법령 포고.
11월 14일	몰수한 교회 재산을 담보로 아시냐 증권을 발행. 그 후 아시냐는 지폐가 됨(1790년 8월 27일).

■ **1790년**

3월 15일	의회, 봉건적 권리의 되사기에 관한 법령을 의결.
4월	마라와 당통의 주도 아래 코르들리에 클럽 창립(원래의 이름은 '인간과 시민의 권리의 벗').
5월 14일	의회, 교회 재산을 매각하기로 결정.
6월 21일	교황령 아비뇽을 프랑스에 복귀시키기로 결정.
7월 12일	의회, '성직자에 대한 민사기본법'을 제정. 선서를 한 성직자와 거부한 성직자로 나뉨.
7월 14일	바스티유 함락 1주년을 기념하여 파리에서 제1회 전국연맹제를 개최함.

▬ 1791년

4월　　　　미라보 사망.

4월 13일　　교황, 성직자 민사기본법을 비난.

6월 14일　　르샤플리에법 성립. 노동자의 단결을 금지.

6월 20일　　국왕 일가, 바렌으로 도주. 6월 21일 도주 실패로 체
　　　　　　포되어 파리로 강제 송환.

7월 16일　　바르나브, 뒤포르, 라메트 등 보수적인 의원들이 바렌
　　　　　　도주 사건 후 국왕의 퇴위를 요구하는 자코뱅 클럽에
　　　　　　서 탈퇴하여 푀이양 수도원에서 푀이양 클럽을 만듦.

7월 17일　　샹 드 마르스 발포 사건. 왕의 도주에 분노한 민중, 코
　　　　　　르들리에 클럽을 중심으로 샹 드 마르스 광장에 모여
　　　　　　공화정을 청원하기 위한 군중 집회를 엶. 의회는 질
　　　　　　서 문란을 이유로 집회의 해산을 명했고, 부르주아만
　　　　　　으로 구성된 국민방위군은 사전 경고도 없이 민중에
　　　　　　게 발포하여 50명이 사망. 계엄령이 선포되고 코르들
　　　　　　리에 클럽 폐쇄시킴.

8월 27일　　필니츠 선언. 오스트리아의 레오폴드 황제와 프러시
　　　　　　아의 빌헬름 황제, 필니츠에서 공동선언을 발표하고,
　　　　　　프랑스 혁명에 대해 무력 간섭을 하겠다고 선언.

9월 3일　　의회, 1791년 헌법을 가결. 이 헌법은 국민주권을 확
　　　　　　립했다는 점에서는 자유주의적이었지만, 가진 계급
　　　　　　의 지배를 보장했다는 점에서는 부르주아적이었다.

9월 30일　　제헌의회 해산.

10월 1일　　입법의회 소집.

11월 9일	망명 귀족의 재산을 몰수하는 법령 가결.
11월 29일	선서를 거부하는 성직자들을 추방하는 법률 가결.
11월	농민의 반영주투쟁 격화.

1792년

1월 25일	의회, 루이 16세가 독일 황제에게 필니츠 선언을 정식으로 취소할 것을 요구하는 결의안 채택.
3월 10일	지롱드파, 푀이양파 내각의 총사퇴 요구.
3월 23일	지롱드파 내각 등장.
4월 20일	의회의 결정에 따라 루이 16세, 오스트리아의 황제에게 선전포고.
5월 27일	의회, 선서 거부 사제들을 추방하기로 결정.
6월 8일	의회, 연맹제에 참가했던 국민방위대원 중 전국에서 2만 명을 뽑아 파리를 지키기 위한 연맹군을 결성.
6월 13일	국왕, 지롱드파(브리소파) 각료들을 해임하고 푀이양파 내각을 출범시킴.
6월 20일	파리의 민중, 왕의 법령 재가 거부와 지롱드파 각료의 해임에 항의하는 시위를 의회와 왕궁 앞에서 벌였으나 지롱드파 각료의 재입각은 거부됨.
7월 10일	푀이양파 내각 사퇴.
7월 11일	의회, 브리소의 발의로 "조국은 위기에 처해 있다"는 선언을 채택.
7월 25일	프러시아군 사령관 브룬슈빅, 프랑스 혁명파의 기를 꺾기 위해서는 각국 군주들의 위협적인 선언이 필요

하다고 판단하여, "만일 프랑스의 왕실이 최소한의 모욕이라도 당한다면 계엄령을 선포하고 파리 시를 군사적으로 응징, 전면적으로 파괴하여 영원히 기억될 만한 복수를 하겠다"고 위협. 그러나 이 선언은 의도와는 달리 프랑스 민중들을 분노케 하는 반대효과를 가져옴.

8월 10일 8월 10일의 혁명. 8월 3일, 파리의 48개 구 가운데 47개 구가 마침내 국왕의 폐위를 요구하는 청원서를 입법의회에 보내고 8월 9일까지 결정해줄 것을 통보. 그러나 의회는 왕권에 대한 결정적 행동을 망설인 채 폐회함. 그러자 각 구에서 보낸 대표들이 '봉기 콤뮌'을 새로 결성한 후 궐기함. 10일 아침, 민중이 연맹군과 함께 튈르리 궁으로 행진하여 공격을 시작, 봉기군의 승리가 확실해지자 의회는 이날 밤 왕의 권한을 정지시키기로 결정. 봉기 콤뮌은 루이 16세와 가족들을 탕플 사원에 가두고 엄중하게 감시함. 이로써 왕권은 몰락했으며, 상-퀼로트 세력이 정치 무대에 등장하기 시작하고 보통선거제가 채택됨. 로베스피에르의 제안에 따라 보통선거에 의한 국민공회의 소집이 의회에서 통과됨.

8월 19일 반란을 일으킨 라파예트, 파리 진군에 실패하고 국외로 도망, 오스트리아군의 포로가 됨.

8월 23일 오스트리아군, 롱위를 점령.

8월 25일 봉건적 권리를 무상 폐지하는 법령 포고. 농민을 억

누르던 모든 영주의 권리를 혁명적으로 배제한다고 선언한 것임.

8월 30일	오스트리아군, 베르됭 포위. 9월 2일 베르됭 함락.
9월 2~6일	9월의 학살. 특권 계급과 그 지지 세력에 대한 공포와 증오심이 수감돼 있는 반혁명 혐의자들에 대한 처단 행위로 나타나 전국적으로 1천1백 명 이상의 수감자들이 학살당함.
9월 20일	발미 전투에서 혁명군이 프러시아의 브룬슈빅 군대를 격파함.
9월 20일	새로 헌법을 제정할 국민공회 소집.
9월 21일	국민공회 왕권을 폐지하기로 의결.
9월 22일	서력기원 폐지. '공화국 연호(혁명력)'를 사용하기로 선포.
9월 25일	지롱드파, 산악파에 대한 공격 개시. 로베스피에르와 마라에 대해서도 독재권력을 장악하려 했다고 공격.
10월 10일	지롱드파, 당통을 수뢰 혐의로 공격.
10월 29일	지롱드파, 로베스피에르를 독재자라고 비난하면서 실각시키려 했으나 실패하고, 로베스피에르는 산악파의 가장 큰 지도자로 부상함.
11월 6일	제마프 전투에서 승리. 혁명군, 벨기에 진입.
11월 20일	튈르리 궁의 철제 금고 속에서 국왕과 미라보가 내통한 것, 혁명을 파멸시키기 위해 루이 16세가 외국과 비밀리에 음모를 꾸민 비밀문서들이 드러남.
11월 27일	사부아, 프랑스에 병합.

12월 11일   루이 16세에 대한 재판 시작.

■ 1793년

1월 14~15일 국민공회, 루이 16세에 유죄 판결. '인민을 향한 상소'
            는 부결.

1월 16~17일 국민공회, 루이 16세에 대해 사형 선고.

1월 21일   루이 16세 처형.

1월 31일   니스를 프랑스에 병합.

2월 1일   국민공회, 영국과 네덜란드에 선전포고.

2월 16일   혁명군, 네덜란드에 진격.

3월   제1차 반프랑스동맹 결성.

3월 7일   국민공회, 스페인에 선전포고.

3월 10일   혁명재판소 설립.

3월 10일   방데의 반란. 혁명정부의 30만 명 모병에 반대하여
            방데 지방의 농민들이 반란을 일으켜 반혁명파에 이
            용당함. 반혁명 반란 지도자들이 왕당파와 손을 잡아
            혁명정부는 안팎으로 위협에 직면.

3월18일   네르빈덴 전투에서 뒤무리에군이 오스트리아군에 패
            배.

4월 1일   지롱드파, 당통을 고발.

4월 2일   뒤무리에, 국경에서 오스트리아 군영으로 도망.

4월 10일   로베스피에르, 지롱드파를 공격

4월 13일   지롱드파, 폭동을 선동했다며 마라를 고발.

4월 24일   혁명재판소, 마라에게 무죄 판결.

5월 4일   곡물과 밀가루의 최고가격 결정.

5월 8일   로베스피에르, 귀족과 푀이양파, 지롱드파를 공격.

5월 18일 지롱드파, 파리 콤뮌을 고발. 조사하기 위한 12인위
         원회 구성.

5월 24일 12인위원회, 콤뮌 지도자들을 공격. 에베르를 체포.

5월 26일 로베스피에르, 자코뱅 클럽에서 민중 봉기를 호소.

5월 29일 파리 33구 대표, 봉기위원회를 조직.

5월 31일 파리에서 민중 봉기. 각 구의 대표들과 콤뮌의 지도
         자들이 국민공회로 몰려듦.
         민중 시위대가 국민공회를 둘러싸고 지롱드파 지도
         자들을 제명할 것, 반혁명 혐의자들을 체포할 것, 행
         정을 쇄신할 것, 혁명군을 조직하고 군대에서 귀족들
         을 추방할 것, 빵 값을 1파운드당 3수로 할 것, 노인과
         병자들을 구제할 것 등을 요구. 그러나 이날의 봉기
         는 일부 성과만 얻었을 뿐 지롱드파를 제거하는 데까
         지는 이르지 못함.

6월 2일   폭동이 다시 일어남. 봉기위원회와 상-퀼로트, 8만
         명의 국민방위대가 포위한 가운데 지롱드파 지도자
         들을 즉시 체포하라고 요구. 국민공회는 굴복, 지롱드
         파 의원 29명을 체포하기로 결정. 지롱드파 몰락하고
         산악파가 권력을 장악, 상-퀼로트는 본격적으로 정
         치무대에 등장.

6월 3일   망명 귀족의 재산매각법 제정.

6월 24일 국민공회, 공화국 제1년의 헌법(1793년 헌법)을 채택.

이 헌법은 루소의 민주주의 사상을 기초로 하고 있음. 1791년의 헌법이 '국민주권'에 바탕을 두고 있다면 이 헌법은 '인민주권'에 바탕을 두고 있는 것으로 평가됨. 즉 인민주권이 최고의 위치에 있고, 거기에 종속하여 입법기관이 있으며, 입법기관에 종속되어 집행기관이 있도록 했음. 의원은 보통·직접 선거에 의해 선출되며, 재산에 따른 제한 선거는 인정되지 않았다. 이 헌법은 전문에서 노동할 권리, 부조를 받을 권리, 교육 받을 권리 등을 명시하고, 압제에 맞설 수 있는 저항권까지 인정하여 19세기 전반기의 공화주의자들에게 '민주주의의 복음서'로 받아들여졌다. 그러나 이 헌법의 시행은 '평화로운 시대가 올 때까지' 연기되었다. 1793년의 위태로운 현실에서는 실현되기 어렵다고 보았기 때문이다. '언약의 궤'에 넣어져 국민공회의 의사당에 보관되었으나, 로베스피에르의 실각으로 실현되지 못했다.

7월	전국적인 식량 위기. 아시냐의 가치는 명목가의 30% 이하로 하락.
7월 13일	마라, 지롱드파 지지자인 샤를로트 코르데에게 살해당함.
7월 26일	국민공회, 매점금지법 가결.
7월 27일	로베스피에르, 공안위원회에 참가하여 중심인물이 됨.
8월 1일	미터법 제정.
8월 9일	반란이 일어난 도시 리옹에 대한 공격 시작.

8월 23일	국민공회, 국민총동원령을 의결.
9월 5일	매점금지법이 만들어지긴 했지만 민중의 물질적 생활조건들이 여전히 개선되지 않자 오랫동안 쌓여온 민중의 불만이 폭발했다. 적은 임금에 화폐가치가 떨어져 생계를 지탱할 수 없게 된 파리의 가난한 노동자들이 몰려나와 빵를 달라고 요구하면서 국민공회에 그들의 의사를 강요했다. 그들은 국민공회를 포위한 후 의사당 안으로 들어가 전국적인 최고가격제 실시, 전면적인 통제경제 실시, 반혁명 분자와 매점하는 자, 독점하는 자들에 대한 강력한 탄압을 요구했다. 국민공회와 공안위원회는 이런 민중의 압력 때문에 통제경제와 공포정치의 길을 가지 않을 수 없었다.
9월	폭력으로 국민공회를 타도해야 한다고 민중의 뒤에서 선동하던 자크 루, 르클레르크, 바를레 등 과격파 지도자들에 대한 체포령을 내림.
9월 29일	생활필수품에 대한 전반적인 최고가격제법을 가결.
10월 2일	리옹의 폭동을 진압.
10월 5일	국민공회, 혁명력을 채택. 1792년 9월 22일을 공화국의 기원으로 하는 공화국 연호를 채택.
10월 10일	"평화가 올 때까지 프랑스 정부는 '혁명적'이지 않으면 안 된다"면서 "정부 자체가 혁명적으로 구성되지 않으면 혁명적 입법은 실현될 수 없다." "정의에 따라 살 수 없는 자는 칼로 다스려야 한다"는 생 쥐스트의 제안에 따라 공안위원회에 전시비상조치권을 부여하

	는 법령을 제정, 공포정치 체제가 강화됨.
10월 15~16일	혁명군, 와티니의 전투에서 오스트리아군을 물리침.
10월 17일	혁명군, 방데의 반란군을 평정.
10월 22일	식량위원회 창설.
11월 10일	노트르담 성당에서 '이성의 제전'을 거행.
11월 15일	동인도회사의 청산을 둘러싸고 사업가 출신 의원들이 거액의 부당 이득과 뇌물을 받은 '동인도회사 사건'이 문제됨.
11월 말	비기독교화 운동으로 파리의 모든 기독교 교회 폐쇄. 그러나 로베스피에르는 예배의 자유를 주장함.
12월	전황이 호전되자 산악파 내부의 대립이 표면화됨. 당통을 중심으로 한 우파는 혁명적 독재를 완화하고 관용정책을 펼 것을 주장한 데 반해 에베르를 중심으로 한 좌파는 반혁명파를 단호하게 처벌하고 경제통제를 강화하라고 요구.
12월 4일	프리메르법(혁명정부에 관한 법령) 제정, 공안위원회 권한 강화.
12월 6일	국민공회, 예배의 자유를 승인.
12월 15~19일	혁명군, 툴롱의 반혁명 봉기에 대해 공격. 포병 중위 나폴레옹 보나파르트도 공격에 참가.

■ **1794년**

2월 26일~3월 3일	국민공회, 반혁명 혐의자들의 재산을 몰수하여 가난한 사람들에게 무상으로 나누어준다는 '방토즈법'을

가결. 그러나 이 법은 결국 실행되지 못했다.

3월 13일 에베르파를 체포하기 시작함.

3월 24일 에베르파 처형.

3월 30일 당통과 그 일파 체포.

4월 5일 당통 처형.

5월 7일 국민공회, "최고 존재와 영혼의 불멸을 인정한다"고 선언.

5월 22일 로베스피에르 암살 미수.

6월 8일 '최고 존재의 제전'을 튈르리 궁 정원에서 엶.

6월 10일 프레리알 22일의 법 가결, 혁명재판소에서 변호와 증인 심문을 폐지.

6월 중순~7월 26일 로베스피에르, 공소생활에서 자취를 감춤.

7월 26일 로베스피에르, 국민공회에서 정적들을 공격하면서 정부 멤버들을 바꾸어야 한다고 연설.

7월 27일 테르미도르 9일의 쿠데타. 생 쥐스트와 로베스피에르가 연설에 나섰으나 음모자들의 사전 계획에 따른 악착같은 의사 진행 방해로 좌절당함. 로베스피에르 반대파가 의석은 물론 방청석까지 큰 혼란 속으로 몰아넣은 가운데 로베스피에르, 생 쥐스트, 쿠통에 대한 체포령을 통과시킴. 로베스피에르와 생 쥐스트, 쿠통, 파리 콤뮌으로 피신했으나 28일(테르미도르10일) 그들의 지지자 19명과 함께 체포된 후 재판도 없이 콩코르드 광장의 단두대에서 처형됨. 다음 날엔 대의원 71명이 처형됨.

8월	방토즈법 폐기.
9월 18일	정교분리, 성직자 민사기본법 사실상 폐지.
11월 12일	국민공회 자코뱅 수도원 폐쇄를 명령, 자코뱅 클럽을 해체시킴.
12월 24일	국민공회, 최고가격제를 폐지. 물가 급등하고 아시냐의 가치는 명목가의 20%로까지 폭락함.
12월 27일	프랑스군, 네덜란드 진입.
12월	지롱드파 의원 73명 복권.

■ 1795년

4월 1일	제르미날 12일의 봉기. 민중들이 국민공회에 몰려가 1793년 헌법의 실시, 기근에 대한 대책, 애국자들의 석방 등을 요구했으나 아무것도 얻어내지 못함. 테르미도르파는 소유자 계급의 이익을 지키기 위해 일치단결했지만 민중은 지도자가 없고 분명한 목표도 없어 폭동이라기보다는 무질서한 시위에 지나지 않아 국민방위대에 쉽게 해산되고 말았음. 민중 봉기가 실패하자 우파의 주도권은 강화됨.
4월 5일	바젤 화약, 프러시아와 강화.
5월 20일	프레리알 1일의 봉기. 파리의 민중과 여인들이 국민공회 의사당에 침입하여 민중 봉기를 시도했으나 국민방위대에 격퇴당함. 이 사태에 연루된 산악파 의원 14명에 대한 체포령이 내려짐. 다음 날에도 민중의 저항이 계속되었으나 지도자 없는 민중 봉기는 절망

적일 뿐, 정부의 진격 명령을 받은 군대에 의해 진압
됨. 6명의 산악파 의원과 수백 명의 민중이 처형당함.
이후 민중은 오랫동안 정치무대에서 사라짐.

5월 31일 　혁명재판소 폐지.

6월 24일 　루이 16세의 동생 프로방스 백작이 국왕 시해파의 처
형과 삼부회의 부활 및 앙시앵 레짐(구체제)의 회복을
약속하는 성명을 발표.

7월 22일 　스페인과 강화.

7월 　　아시냐의 가치 명목가의 3%로 하락.

8월 22일 　테르미도르파, '공화국 3년의 헌법' 즉 1795년의 헌
법을 채택. 부르주아적인 이 헌법은 직접·보통선거
제를 배척하고 재산에 따른 제한선거제를 채택. 입법
권은 양원兩院, 즉 '원로원'(40세 이상의 250인)과 '5백인
회의'(30세 이상)가 갖되 3분의 1을 해마다 개선. 입법
발의권을 가진 5백인회의가 법안을 제출하면 원로원
이 검토하여 채택 여부를 결정, 행정권은 5명의 총재
로 구성되는 총재정부가 갖도록 했음.

8월 30일 　3분의 2 법령을 만들어 양원의 다수를 테르미도르파
가 차지함. 왕당파의 의회 진출을 막기 위해 의회의
의석 3분의 2는 반드시 현 의원이 재선되게 함.

10월 5일 　방데미에르 13일의 반란. '3분의 2법'에 반대하는 왕
당파가 국민공회를 습격했으나 격퇴당함. 이때의 국
민공회 수비대 사령관이 나폴레옹이었음. 정부는 왕
당파와 민중의 민주주의를 똑같이 두려워하여 권력

을 지키기 위한 예방조치를 마련하는 데 골몰함.

10월 26일 국민공회 해산. 왕당파 반란군과 망명자 및 선서 거
부파 사제를 제외한 모든 수감자에게 특별사면령. 총
재정부 수립.

11월 20일 자코뱅 잔여 세력과 바뵈프 등이 주도하여 팡테옹 클
럽 창설.

━ 1796년

2월 28일 총재정부, 팡테옹 클럽을 폐쇄. 정치적 입장을 친우익
쪽으로 전환시킴.

3월 5일 이탈리아 원정군 총사령관에 나폴레옹 임명.

3월 10일 아시냐 폐지.

3월 11일 나폴레옹, 이탈리아 원정.

5월 10일 바뵈프의 '평등주의자의 음모' 사건 일어남.

5월 14일 나폴레옹, 밀라노에 입성.

━ 1797년

2월 2일 나폴레옹, 만토바를 점령.

2월~5월 '바뵈프의 음모' 재판, 바뵈프에 사형.

4월 18일 나폴레옹, 오스트리아와 휴전.

4월 양원의 3분의 1을 개선하는 선거에서 왕당파 득세.

9월 4일 프뤽티도르 18일의 쿠데타. 총재정부, 군대의 힘을
빌려 왕당파 제거. 나폴레옹 부대가 파리를 점령한
가운데 포고령을 발표하고 비상조치를 통과시켜 49

개 현에서의 선거를 무효화하고 177명의 의원직을 박탈. 13명의 의원을 체포.

10월 17일 　나폴레옹, 오스트리아로 진격하여 오스트리아와 캄포포르미오 조약 체결.

1798년

4월 　선거에서 신자코뱅 세력이 다시 대두. 보수적 부르주아지에 위협.

5월 11일 　플로레알 22일의 쿠데타. 4월 선거에서 당선된 자코뱅파와 과격파의 새 당선자 106명을 추방.

5월 19일 　나폴레옹, 이집트 원정.

7월 23일 　나폴레옹, 카이로 입성.

8월 1일 　아부키르 해전에서 프랑스 함대가 넬슨의 영국 함대에 궤멸당함.

1799년

10월 9일 　이집트에서 탈출한 나폴레옹 귀국.

11월 9일 　브뤼메르 18일(1799년 11월 9일)의 쿠데타. 산업 부르주아지들은 자신들의 이익과 권리를 확실하게 보호해주며 산업 발전을 뒷받침해줄 수 있는 안정된 체제를 갈망했다. 그들은 봉건제의 폐허 위에 '자본의 낙원'을 건설하고 싶었다. 이를 위해 헌법 개정을 원했으나 절차가 너무 복잡하고 긴 시일이 필요했으므로 유일한 길은 쿠데타뿐이었다. 시에예스는 쿠데타의

지휘자로 나폴레옹 보나파르트를 선택했다. 원로원
은 자코뱅파의 음모가 진행되고 있다는 구실을 만들
어 양원회의(원로원과 5백인회의)를 파리 가까운 생클
루 성에서 열었다. 파리에서 떨어진 곳에서 나폴레옹
부대의 위협 속에서 회의를 열려는 것이었다. 나폴레
옹은 4천~5천 명의 군대로 성을 포위한 가운데 척탄
병과 장성들을 데리고 원로원과 5백인회의에 나타났
고, 병사들이 의사당 안으로 들어와 의원들을 밖으로
끌어냈다. 그날 임시통령정부가 조직되어 시에예스,
로제 뒤코, 나폴레옹 3인으로 구성되는 '통령행정위
원회'가 설치되었다. 이로써 프랑스 대혁명의 파란만
장하고 장엄한 드라마는 막을 내렸다. 그 후 쿠데타
세력이 만든 권위주의 체제는 나폴레옹 개인의 권력
을 강화하는 방향으로 바뀌어갔으며, 부르주아 명사
들의 공화국은 군사독재 체제로 변해갔다. 나폴레옹
시대에 유럽은 또다시 큰 전쟁의 불길에 휩싸였으나,
자본주의는 빠르게 진전되었고 산업혁명이 본격적으
로 전개되었다.

프랑스 공화국 혁명력

1793년 10월 5일 프랑스의 국민공회는 공화국이 수립된 1792년 9월 22일을 공화국 제1년 1월 1일로 하는 혁명력을 채택했다. 그러나 이 혁명력은 1806년 1월 1일 폐지되고 다시 그레고리력으로 돌아갔다.

혁명력			기간(그레고리력 기준)
1월	방데미에르(Vendémiaire)	포도의 달	1793년 9월 22일 ~ 10월 21일
2월	브뤼메르(Brumaire)	안개의 달	10월 22일 ~ 11월 20일
3월	프리메르(Frimaire)	서리의 달	11월 21일 ~ 12월 22일
4월	니보즈(Nivôse)	눈[雪]의 달	12월 22일 ~ 1794년 1월 19일
5월	플루비오즈(Pluviôse)	비의 달	1월 20일 ~ 2월 18일
6월	방토즈(Ventôse)	바람의 달	2월 19일 ~ 3월 20일
7월	제르미날(Germinal)	씨앗의 달	3월 21일 ~ 4월 19일
8월	플로레알(Floréal)	꽃의 달	4월 20일 ~ 5월 19일
9월	프레리알(Prairial)	목장의 달	5월 20일 ~ 6월 18일
10월	메시도르(Messidor)	수확의 달	6월 19일 ~ 7월 18일
11월	테르미도르(Thermidor)	열(熱)의 달	7월 19일 ~ 8월 17일
12월	프뤽티도르(Fructidor)	열매의 달	8월 18일 ~ 9월 16일

| 편집자의 말 |

알베르 소불과 프랑스 대혁명사

알베르 소불Albert Marius Soboul은 1914년 4월 27일 알제리의 암미 무
사Ammi Moussa에서 소농의 아들로 태어났다. 그러나 아버지가 곧 사
망하고 어머니마저 여덟 살 때 여의자 형과 함께 프랑스에 사는 큰
어머니의 손에서 자랐다.

파리의 루이 르 그랑 뤼세를 거쳐 소르본 대학을 졸업했고, 1938
년 역사학과 지리학에 대한 교수 자격을 얻었다. 2차 세계대전이 일
어나자 1939년 징집되어 군에 입대했으며, 제대 후 몽펠리에 뤼세의
교수로 임명되었다. 그리고 같은 시기에 레지스탕스 운동에 적극 참
여했다. 1942년 7월 14일 바스티유 함락 기념제에 참가했다는 이유
로 비시 정권에 의해 교수직을 박탈당한 뒤 다시 지하활동에 들어가

행동하는 지식인임을 보여주었다. 프랑스가 해방된 뒤 1946년 몽펠리에 교수로 다시 임용되었고, 앙리 4세 뤼세에서도 교편을 잡았다. 1958년 11월엔 조르주 르페브르가 심사하는 가운데 국가박사학위를 받았고, 1967년엔 소르본 대학의 프랑스 혁명사 강좌주임이 되었다. 이런 지위는 그가 프랑스 혁명사 연구의 중심이 되었다는 것을 뜻했다. 그것은 또한 지난 한 세기 동안 올라르Aulard, 마티에, 르페브르로 이어지는 위대한 전통의 뒤를 잇게 되었다는 것을 뜻했다.

그가 스승인 르페브르에게 배움의 은혜를 입었다고 회상한 것으로도 알 수 있듯이 소불의 연구는 르페브르 및 마티에와 연결돼 있다. 올라르, 사냑에 이어 소르본에서 프랑스 혁명사 강의를 맡은 르페브르는 프랑스 혁명에 대한 정통 해석의 대표적인 권위자였다. 그는 혁명 당시의 농민 연구를 통해 농민 혁명의 전개 과정과 실상을 밝힘으로써 정통 해석의 부르주아 혁명관을 심화시켰다.

마티에는 혁명의 정치적인 측면은 물론 사회 경제적 측면을 밝히는 데 많은 노력을 기울였다. 그가 보기에 혁명의 원동력과 추진력은 계급의 이익이었다. "정치 형태나 지배자를 바꾸는 데 만족하지 않고 제도를 변혁하고 재산의 위치를 바꾸는 혁명"이라고 말한 것이 그의 혁명관을 말해주고 있다.

프랑스의 사학자 미셸 보벨Michel Vovelle은 "마티에와 르페브르에 이르면서 매우 강한 개성을 지닌 프랑스 혁명에 대한 '자코뱅적' 역사가의 준거틀이 형성되었다"고 말했다. "부르주아 민주혁명의 틀을 간직하면서 사회사, 특히 대중의 역사를 강조하게 되었다"고 했다. 프랑스 혁명을 자코뱅적 관점에서 보았다는 뜻이다.

소불은 선배들이 이룩한 이러한 업적의 토대 위에서 프랑스 혁명에서 보여준 상-퀼로트의 역할에 특히 주목하여 민중 운동으로서의 혁명을 규명하는 데 많은 노력을 기울였다. 상-퀼로트의 혁명 운동이 절정에 달했을 때 그것이 지녔던 정치적, 사회적, 이데올로기적 차원을 분석하려고 애썼다. 상-퀼로트는 주로 조그만 점포를 가진 독립적인 소생산자와 임금노동자라는 사회층이 결합한 역사적인 복합체였다. 소불은 로베스피에르주의자임에도 불구하고 상-퀼로트의 민중 운동이 산악파 및 자코뱅파의 부르주아지에 못지않게 강력한 집단적 개성을 지녔다는 점을 밝혀냈다. 그리하여 프랑스 혁명은 '민중의 지지를 받은 부르주아 혁명'이라는 분명한 성찰에 이르렀다. 그래서 미셸 보벨은 이렇게 말했다. "소불은 파리의 상-퀼로트 연구가로서 역사에 남을 것이다. 그는 혁명의 사회사 연구에서 새로운 지평을 열었으며, 따라서 그의 역사적 위치는 매우 특별한 의미를 지닌다." 요컨대 소불의 『프랑스 혁명사』는 선학先學들의 연구성과들을 발전적으로 수렴하면서 이 위대한 혁명의 역사를 새로운 시각에서 다시 씀으로써 프랑스 혁명사 연구를 새로운 단계로 진입시켰다고 보는 것이다. 소불의 프랑스 혁명사는 프랑스의 사학연구가 도달해낸 가장 앞서 나간 탁월한 성과로 평가받고 있다.

소불은 1982년 9월 세상을 떠났다.

이 책의 번역 대본으로는 소불의 *La Révolution française*, Quadrige/ Puf판을 사용했다.

편집자

찾아보기

옮긴이 **양영란**

서울대학교 불어불문학과와 동대학원을 졸업하고, 프랑스 파리 3대학에서 불문학 박사 과정을 수료했다. 《코리아헤럴드》 기자와 《시사저널》 파리 통신원을 지냈다. 옮긴 책으로 『인류는 어떻게 진보하는가』, 『탐욕의 시대』, 『빼앗긴 대지의 꿈』, 『굶주리는 세계, 어떻게 구할 것인가』, 『공간의 생산』, 『그리스인 이야기』, 『물의 미래』, 『위기 그리고 그 이후』, 『빈곤한 만찬』, 『현장에서 만난 20thC: 매그넘(MAGNUM) 1947~2006』, 『미래의 물결』, 『식물의 역사와 신화』, 『잠수복과 나비』, 『상뻬의 어린 시절』, 『지금 이 순간』 등이 있으며, 김훈의 『칼의 노래』를 프랑스 어로 옮겨 갈리마르사에서 출간했다.

프랑스 대혁명

1판 1쇄 발행 2016년 6월 30일
1판 3쇄 발행 2019년 10월 25일

지은이 알베르 소불
옮긴이 양영란
펴낸이 조추자 | 펴낸곳 도서출판 두레
등록 1978년 8월 17일 제1-101호
주소 서울시 마포구 마포대로 14가길 4-11
전화 02)702-2119, 703-8781 | 팩스 02)715-9420
이메일 dourei@chol.com

* 책값은 뒤표지에 적혀 있습니다. 잘못 만들어진 책은 구입처에서 바꾸어 드립니다.
* 이 도서의 국립중앙도서관 출판예정도서목록(CIP)은 서지정보유통지원시스템 홈페이지 (http://seoji.nl.go.kr)와 국가자료공동목록시스템(http://www.nl.go.kr/kolisnet)에서 이용하실 수 있습니다.(CIP제어번호: CIP2016014687)

ISBN 978-89-7443-108-2 03920